高职高专"十三五"规划教材

大学生体育与健康

主　编　王文军　张　淼
副主编　夏廷成　孙大勇
参　编　宿宁轩　陈忠辉
　　　　江守杰　王国庆

南京大学出版社

图书在版编目（CIP）数据

大学生体育与健康 / 王文军，张淼主编. 一南京：
南京大学出版社，2017.8（2020.9重印）
高职高专"十三五"规划教材
ISBN 978-7-305-18937-1

Ⅰ. ①大… Ⅱ. ①王… ②张… Ⅲ. ①体育－高等职
业教育－教材 ②健康教育－高等职业教育－教材 Ⅳ.
①G807.4 ②G647.9

中国版本图书馆 CIP 数据核字（2017）第 160426 号

☞扫一扫可申请
教师教学资源

☞扫一扫可见
学生学习资源

出版发行 南京大学出版社
社 址 南京市汉口路 22 号 邮编 210093
出版人 金鑫荣

书 名 大学生体育与健康
主 编 王文军 张 淼
责任编辑 王抗战 吴 华 编辑热线 025-83596997

照 排 南京理工大学资产经营有限公司
印 刷 南京京新印刷有限公司
开 本 787×1092 1/16 印张 16.75 字数 430 千
版 次 2017 年 8 月第 1 版 2020 年 9 月第 7 次印刷
ISBN 978-7-305-18937-1
定 价 41.80 元

网 址:http://www.njupco.com
官方微博:http://weibo.com/njupco
微信服务号:njuyuexue
销售咨询热线:(025)83594756

前　言

　　大学生正处于身体发育的黄金阶段,树立健康第一的思想,培养良好的体育健康习惯,掌握科学的体育锻炼方法,对于提高大学生个人身体素质,进而提高全民体质,具有特别重要的意义。

　　《国家中长期教育改革和发展规划纲要(2011—2020 年)、《山东省教育厅关于加强高校体育课程建设的意见》、《国务院办公厅关于强化学校体育促进学生身心健康全面发展的意见》等文件精神提出,要"强化体育课和课外锻炼,促进青少年身心健康、体魄强健",以"天天锻炼、健康成长、终身受益"为目标,健全学生人格品质,切实发挥体育在培育和践行社会主义核心价值观、推进素质教育中的综合作用,培养德智体美全面发展的社会主义建设者和接班人。

　　共青团中央、教育部、国家体育总局、全国学联联合印发的《关于深入开展大学生"走下网络、走出宿舍、走向操场"主题群众性课外体育锻炼活动的指导意见》也指出,各地各高校要围绕"立德树人"的根本任务,坚持群众性、自主性、课外性、创新性、长效性原则,加强顶层设计,拓展实践载体,完善配套保障,协同配合,形成合力,切实发挥"三走"活动在促进大学生体育锻炼意识提升、习惯养成、意志磨炼、体质增强、健康成长方面的重要作用。

　　这些规定和精神充分体现了体育课程在人才培养中的地位和重要意义,同时也为体育课程建设指明了方向。

　　《大学生体育与健康》应当成为普通高校体育课有目的、有组织地进行体育学习和锻炼活动的内容纲要和目标体系,体育教师与学生学习和锻炼活动的总体规划和依据。在这一精神指导下,我们组织常年工作在一线的优秀教师编写了本书,以期达到树立健康第一的指导思想,构建较为完整的体育与健康的教学体系,在传授体育知识和体育技能的基础上,将体育的德育、智育、美育及心理品质教育功能突出化的目的。

　　在本书编写过程中,参阅了大量文献,借鉴了诸多专家、学者的著作精华,在此一并表示感谢! 由于编者理论修养和实践经验所限,书中存在的疏漏或不当之处,敬请专家和读者批评指正。

编　者
2017 年 5 月

目　录

第一章　体育与健康

第一节　体育与健康的概述

体育与健康是一门以身体练习为主要手段,以增进学生健康为主要目的的必修课程。它是对原有的体育课程进行深化改革,突出健康目标的一门课程。它是学校课程体系的重要组成部分,是实施素质教育和培养"德、智、体、美、劳"全面发展人才必不可少的重要途径。

一、体育

体育是人类社会发展中,根据生产和生活的需要,遵循人体身心的发展规律,以身体练习为基本手段,为了增强体质、提高运动技术水平、施行思想品德教育、丰富社会文化生活而进行的一种有目的、有意识、有组织的社会活动,是伴随人类社会的发展而逐步建立和发展起来的一个专门的科学领域。

体育虽然有悠久的历史,然而"体育"一词却出现得较晚,它是19世纪中期由国外传入我国的。它的本意是指以身体活动为手段的教育,直译为"身体的教育",简称为"体育"。

体育刚传入我国时,是作为教育的一部分出现的,主要指身体的教育,是一种与维持和发展身体的各种活动有关联的教育过程,这与国际上理解的体育是一致的。随着社会的进步和体育事业的不断发展,其目的和内容都大大超出了原来体育的范畴,体育的概念也出现了广义与狭义的解释。广义的体育是指以身体练习为基本手段,结合自然环境因素和卫生措施,达到增强体能、增进健康、丰富社会文化娱乐生活目的的一种社会活动。体育对于促进身体的正常发育和发展、提高心理健康水平、增强社会适应能力、培养全面发展的人才具有重要的作用。狭义的体育是指在学校教育环境中,指导学生学习和掌握体育的基本知识与技能,使他们形成体育锻炼意识,提高体育活动能力,从而增进健康的教育活动。体育既是教育的有效手段,又是教育的重要内容。

近年来,国内体育工作者和很多学者对"体育"的概念提出了一些解释,比较趋于一致的是:"体育是以身体活动为媒介,以谋求个体身心健康、全面发展为直接目的,并以培养完善的社会公民为终极目标的一种社会文化现象或教育过程。"体育的这一定义既说明了它的本质属性,又指出了它的归属范畴,同时也把它从与其邻近或相似的社会现象中区别出来。但是,体育的概念并非是一成不变的,随着社会的发展和进步,人们对体育的认识也将有所发展。

二、健康

健康是人的基本权利之一,是人类不懈追求和探索的目标,也是社会发展和进步的重要标志。健康是高质量生活的基础,是人类自我觉醒的重要方面。

什么是健康?很多人一定会说:"身体无病无痛就是健康。"其实,这样的看法是不全面的。世界卫生组织明确提出:健康不仅是身体无病痛,而且是身心健康、社会和谐的完美状态。因此,只有在生理上、心理上、社会上都保持相对的平衡和良好的状态,才能称得上完全的健康。

1. 身体健康

身体健康是指人的体能良好、机能正常、精力充沛的状态。作为学习领域的身体健康,要求学生了解与运动有关的营养、环境、卫生保健等知识,发展体能,提高身体健康水平。

2. 心理健康

心理健康包括两层含义:一种是指心理健康状态,个体处于这种状态时,不仅自我感觉良好,而且与社会处于和谐的状态;另一种是指维持心理健康、减少行为问题和精神疾病的原则和措施。体育活动对于促进人的心理健康具有积极的影响。作为学习领域的心理健康,要求学生学会通过体育活动调节情绪状态,增强自尊和自信,形成坚强的意志品质。

3. 健康的标志

世界卫生组织认为,人的身体健康主要表现在以下几个方面:

(1) 有足够充沛的精力,能从容不迫地应付日常生活和工作压力而不感到紧张;

(2) 处事乐观,态度积极,乐于承担责任;

(3) 善于休息,睡眠良好;

(4) 应变能力强,能适应外界环境的各种变化;

(5) 能抵抗一般性感冒和传染病;

(6) 体重得当,身体匀称,站立时头、肩、臀协调;

(7) 眼睛明亮,反应敏锐,眼睑不发炎;

(8) 头发有光泽,无头屑;

(9) 牙齿清洁,无龋洞,无痛感,无出血症状,齿龈颜色正常;

(10) 肌肉、皮肤富有弹性。

心理健康表现为:

(1) 对现实具有敏锐的知觉;

(2) 热爱生活,热爱他人,热爱大自然;

(3) 能和少数人建立深厚的友谊,并有乐于助人的热心;

(4) 具有真正的民主态度、创造性观念和幽默感;

(5) 在所处的环境中能保持独立和宁静;

(6) 对于最平常的事物都能经常保持兴趣;

(7) 能承受欢乐与忧伤的考验;

(8) 注意基本的哲学和道德的理论。

第二节 体育的产生与发展

一、体育的起源

体育作为人类文化的重要组成部分,是随着人类社会的发展而逐渐形成和发展起来的。据史学家和考古学家的研究,在人类长期的进化过程中,严酷的生活环境改进了人的体力和智力,人迫于环境不得不学习走、跑、跳、投、攀登、游泳、搏斗等技能。50万年前的北京猿人能猎获肿骨鹿、斑鹿和羚羊等善跑的野兽,这就需要有快速持久的非凡奔跑能力。可以肯定,原始人的体能和技巧比现代一般人要强得多。劳动工具出现后,体育便获得了进一步发展的条件。

狩猎用的石块演化出了后世的链球运动和其他球类运动,投矛器是现代弓箭的前身。这些重要的生存技能需要尽可能地传授给下一代,这就产生了原始社会的劳动教育,从而进一步增加了体育因素。可见,劳动是体育产生的重要源头之一,这是人类教学的萌芽,也是体育活动的萌芽。

二、体育的发展过程

体育的发展与教育、军事、科学技术的发展,以及人们的宗教活动、休闲娱乐活动有着密切的关系。必须指出,体育在其整个历史发展过程中,是受一定的政治经济制约,并为一定的政治经济服务的。体育的发展大致经过了以下三个时期:原始的体育萌芽时期、自觉从事体育时期、形成与完善体育制度时期。经过这三个时期,现代的体育体系逐步形成。

1. 原始的体育萌芽时期

在猿进化为人的过程中,这一类灵长类动物的身体动作和行为也随之进化,动物的嬉戏逐渐进化为人类的游戏;劳动(采集、渔猎等)、战争等为这种游戏不断增添着新的形式和内容。到原始社会末期,在原始宗教中,逐渐形成了源于劳动、军事、部落酋长的产生过程和游戏性身体活动等的仪式化的活动。这种仪式化的身体活动带有图腾祭祀或祈神的性质,还具有强烈的为劳动或军事等目的服务的功能,但它已经脱离了直接的劳动或军事过程,已经表现出如今人所认识到的体育的基本外在形式和基本功能,但人们却没有意识到这些活动中的身体活动与结果之间的联系,当然也就无所谓体育的意识或目的。我们把这种建立在原始社会天然经济生活基础和血缘性社会组织方式上的身体活动称为潜在的体育,即通常所说的原始体育。它在形式和内容上都还与其母体活动(如军事、劳动、部落酋长的产生等)有着相当密切的联系,具有基本的体育元素和潜在的体育价值,但尚未具有独立的存在形式和独立的价值,仍属于原始文化的共同体。如果说这个时期有"体育"的话,那也是一种自发的、完全没有被人类意识到的活动。

2. 自觉从事体育时期

进入文明时代以后,人类逐渐积累了大量的有关身体活动与身心变化之间联系的经验知识。比如,古希腊时期对体操学校里的儿童实施的教育,古代奥林匹克祭礼中的竞技和为奥林匹克竞技进行的训练,中国古代的五禽戏、导引术,都是这种经验知识的体现。在这个时期,人类已经开始把某种身体活动与某种身体变化联系起来认识。战国时的触龙说自己因为坚持散步而"稍宜于食",隋代太医巢元方在《诸病源候论》中所列的数百个防病治病的导引术,都表明了人类对运动与健康之间关系的自觉意识,表明人类已经开始自觉地把这些经验用于改善自己的身体状况。因此,我们可以把这个阶段的体育称为经验体育。经验体育的基础是形形色色的自然经济和等级社会。经验体育已经是人类自觉的体育,但由于缺乏对身体活动机理和身体变化规律的深入认识,因而它还带有相当的盲目性和自发性。它具有完整的体育元素、体育价值和很大程度上独立的存在形式,但还主要依赖于习俗的自我维系和自发调节。

3. 形成与完善体育制度时期

文艺复兴、宗教改革和启蒙运动把人类带入了自觉审视人类自身的新阶段,17~18世纪的科学技术革命和19世纪的工业革命,更是极大地扩展和提高了人类的认识能力,人体活动与人类自身自然变化之间的联系及其规律一步步被揭示、被深化。在这一时期,人类不仅开始自觉地运用身体活动,而且开始利用已经获得的对身体活动的科学认识有意识地改变和完善自身身体素质。科学化成为这个时代体育的基本特征,体育开始形成独立的学科体系,注重运用科研成果作为体育发展的基础理论;体育运动已具有竞争性和国际性,成为培养和造就全面发展人才的重要内容和手段;体育项目和规模的发展速度都远远超过了前两个时期。

三、现代体育

现代社会力求把每个社会成员都培养成为"德、智、体、美、劳"全面发展的人才。由于体育是培养全面人才的重要内容和手段,所以社会对体育的需求很大,期望很高。在这种强烈的社会需求动力推动下,体育事业得到了迅猛发展。它对社会的精神文明建设和物质文明建设起到了重要的促进作用。尤其在当今社会科学技术高速发展的驱动下,体育已成为具有广泛社会性和国际性的大规模的特殊文化事业,它对人类社会生活的发展,将会产生巨大的影响。

第三节　体育锻炼与身心健康

一、体育锻炼与身体健康

体育锻炼是指运用体育运动内容、手段和方法,结合自然力和卫生因素,以发展身体、增强体质、调节精神、丰富文化生活为目的的身体活动过程。

大学生在此学习阶段正处在青春发育后期,从生理学的角度来讲,处于青春期的人身体各器官、系统发展迅速,身体发育逐渐成熟。青春期是人身体成长的重要时期。此时进行科学的体育锻炼能够全面地促进人体各器官的生长发育,增强各系统的功能,为身体的成熟发育奠定良好的基础。

1. 体育锻炼对运动系统的影响

(1) 运动系统的组成和功能

人体运动系统由骨、关节和骨骼肌三种器官组成。

运动系统首要的功能是运动。人的运动是很复杂的,包括简单的移位和高级活动(如语言、书写),都是以在神经系统支配下,肌肉收缩而实现的。

运动系统的第二个功能是支持,包括构成人体体形、支撑体重和内部器官以及维持身体姿势。身体姿势的维持除了骨和骨连接的支架作用外,主要靠肌肉的紧张度来实现。

运动系统的第三个功能是保护。运动系统保护着人体重要脏器不受外界损伤。例如,颅骨保护脑、胸廓保护心肺等重要器官。

(2) 体育锻炼对运动系统的影响

对骨的影响:人体长期从事体育锻炼,可以加强骨的新陈代谢,使骨径增粗,肌质增厚,骨质的排列规则、整齐,并随着骨的形态结构的良好变化,骨的抗折、抗弯、抗压缩等方面的能力会有较大提高。

对关节的影响:科学、系统的体育锻炼,可以增加关节面软骨的厚度和骨密度,并可使关节周围的肌肉发达、力量增强,关节囊和韧带增厚,因而可使关节的稳固性加强。在增加关节稳固性的同时,由于关节囊、韧带和关节周围肌肉的弹性和伸展性提高了,关节的运动幅度和灵活性也会大大增加。

对肌肉的影响:

① 肌肉体积增加:体育锻炼对肌肉体积的影响非常明显,一般只要进行力量训练就可以使肌肉体积增加,而且练习时哪些肌肉参与做功,哪些肌肉的体积就增大。

② 肌肉力量增加:体育锻炼可以增强肌肉力量已被大量实验所证实。体育锻炼增加肌肉力量的效果也是非常明显的,数周的力量练习就会引起肌肉力量的明显增加。

③ 肌肉弹性增加:有良好体育锻炼习惯的人,在运动时经常从事一些牵拉性练习,可使肌肉的弹性增加,这样可以避免人体在日常活动和体育锻炼过程中由于肌肉的剧烈收缩而造成各种运动损伤。

2. 体育锻炼对神经系统的影响

(1) 神经系统的组成和功能

人体神经系统由脑和脊髓以及与它们相连并遍布全身各处的周围神经组成,它在人体各器官、系统中占有重要地位。组成人体各系统的不同细胞、组织和器官都在进行不同的机能活动,这些活动都在神经系统的调节下协调起来。

(2) 体育锻炼对神经系统的影响

体育锻炼离不开神经系统的指挥,运动又给神经系统以良好的功能锻炼。人体的一切活动包括体育活动,都是在神经系统的控制和调节下进行的,而神经系统的总指挥就是大脑皮层。在体育锻炼过程中,各项动作的完成要靠大脑对全身运动系统各个有关部位的统一协调指挥;瞬息万变的赛场形势要靠大脑去迅速判断,并做出恰当的决策,这样就使大脑神经细胞的反应速度和灵敏准确性有明显提高,从而使大脑皮层的指挥、综合分析应变能力得以提高。坚持体育锻炼可使全身的骨骼、肌肉在神经系统的指挥下,灵活、准确地完成动作,且反应快速。坚持体育锻炼,能提高中枢神经细胞的兴奋性,表现在工作和学习上就是精力充沛、心情愉快、记忆力增强、注意力集中。坚持体育锻炼又能使大脑皮层细胞的抑制过程增强,入睡快且深,不易失眠。经常参加体育活动,可明显地提高内脏神经功能活动,使新陈代谢旺盛、食欲增强等。由于经常坚持体育活动影响和作用于神经系统,因而提高了神经系统活动的调节功能,使机体不因气候的异常变化而诱发各种疾病。

3. 体育锻炼对心血管系统的影响

(1) 心血管系统的组成和功能

心血管系统包括心、动脉、毛细血管和静脉。

血液在心脏、血管中按一定方向循环流动,称为血液循环。心脏是血液流动的动力,血管是运送血液的管道。心脏和血管构成闭锁性的循环管道系统。血液循环的作用,是通过心脏有规律地收缩和舒张,使血液在血管中不断地、周而复始地流动,把氧气和营养物质输送到人体各组织、细胞中去,同时又把组织、细胞在新陈代谢过程中产生的二氧化碳和废物运送到肺、肾和皮肤等处排出体外,使人体维持正常的生理功能。

(2) 体育锻炼对心血管系统的影响

每搏输出量:心脏每收缩一次所排出的血量

每分输出量:心脏每分钟排出的血量

心输出量＝每搏输出量×心率

体育锻炼能增加心脏的重量、体积,并增大心脏容积。对经常锻炼者而言,运动负荷的刺激,使其心肌发达,心肌壁增厚,腔室加大;训练有素的耐力运动员,心脏的这种变化更为明显,这种心脏被称为运动员心脏或运动心脏。这种运动性心肌肥大使心脏具有更强的工作能力。体育锻炼能使心肌收缩有力,每搏输出量多,心搏徐缓。这就使其安静时心率比一般人减少15～25次/分,心肌获得的休息时间增多,心力贮备增加,工作能力增强,所以他们的心脏有更大的潜力来适应运动负荷的需要,从而完成各种繁重任务(表1-1)。

表1-1 经常锻炼者与一般人心脏指标比较

心脏指标 分组	心脏重量 (克)	心脏直径 (厘米)	心脏容积 (毫升)	安静时心率 (次/分钟)	安静时每分心 输出量(升/分钟)	剧烈运动时每分 输出量(升/分钟)
一般人	300 左右	11～12	750 左右	75 左右	5.25 左右	21.45 左右
经常锻炼者	400～500	13～15	1 000 以上	50～60	5.50 左右	31.20 左右

动脉血管、静脉血管和毛细血管组成了血液流通和营养运输的通道。坚持锻炼可使心血管机能得到改善。运动可使各种血管壁的弹性增加,减小血流的阻力,提高血流量,从而有利于血液循环;同时还可以增加毛细血管的数量及横截面积,从而使心血管机能产生如下良好变化。

① 调动快:为适应运动需要,心血管系统的功能可以迅速调动起来。

② 恢复快:运动后,心血管系统机能可在较短时间内恢复到运动前的安静水平。

③ 潜力大:进行最大强度运动时,心血管系统在神经和体液的调节下可以发挥最大机能潜力,充分调动心力储备。

坚持锻炼能改善血液成分,提高红细胞和血红蛋白的含量,增加白细胞中淋巴细胞的数量,增加血浆中缓冲物质的含量,提高血液对运动后产生的酸性物质的缓冲能力。

血液中有数对具有缓冲作用的物质,其中最为重要的是碳酸和重碳酸钠(钾)。当组织代谢产生的酸性物质进入血液后,重碳酸钠(钾)就很快把这些酸性物质中和成弱酸,弱酸再转化为二氧化碳由呼吸器官排出体外。

坚持锻炼对心血管系统疾病有良好的预防作用。经常锻炼者在增强心脏功能的同时,也改善了体内物质的代谢过程,减少了脂类物质在血管内的沉积,增加了纤维蛋白溶解酶的活力,防止了血栓形成,保持和增进了血管的弹性,改善了微循环,调节了人体内环境的平衡与稳定。另外,在运动过程中,肌肉的收缩会产生一些对血管有扩张作用的化学物质,从而使血压降低。

4. 体育锻炼对呼吸系统的影响

(1) 呼吸系统的组成和功能

呼吸系统是由呼吸道(鼻腔、咽、喉、气管、支气管、细支气管)和肺两部分组成。此外,还有胸膜、胸膜腔和呼吸肌等辅助装置。肺是人体与外界进行气体交换的场所。

人体生命活动是离不开氧的,一旦呼吸停止,人的生命也将停止。而人体的一切活动都需要消耗一定的能量,这些能量来源于人体对营养物质的消化与吸收。这些过程必须经过氧化转变成能量,以供机体活动的需要。人体不断地从外界环境中吸取氧气,又不断向外界呼出二氧化碳。人体与外界环境进行气体交换的全过程称为呼吸。

(2) 体育锻炼对呼吸系统的影响

通过体育锻炼,可使膈肌、肋间肌、腹肌等呼吸肌都得到加强,扩大胸廓的活动范围。长期锻炼,能使呼吸肌发达、胸廓增大,呼吸差增加。深吸气与深呼气时的胸围差为呼吸差,可反映呼吸器官的功能。正常人呼吸差只有5～8 cm,而经常锻炼的人可增加到9～16 cm,这样肺就能容纳更多的空气了。一般人膈肌收缩上下幅度是4 cm左右,运动员可达6～7 cm。膈肌每下降1 cm,胸腔容积就增大250～300 ml。

体育锻炼可以增加肺活量,提高呼吸的功能。肺活量增加是由于呼吸肌收缩的力量加强,胸廓活动范围加大,提高了肺的换气率。肺活量的增加,表明肺的贮备力量和适应能力提高,也反映出呼吸器官最大工作能力的提高。运动员和经常锻炼的人的肺活量比不经常运动的人要大,从而使呼吸频率降低,呼吸变深变慢。一般人呼吸浅而快,每分钟呼吸 12~18 次。经常参加体育锻炼的人,呼吸深而缓慢,每分钟为 8~12 次。这样,增加了换气量,呼吸肌也不容易疲劳,使人能适应较大的运动量,并且能坚持长时间的运动。

体育锻炼促进新陈代谢。由于呼吸功能加强,肺内气体交换充分。一般人的肺通气量只有 40~60 L,而训练有素的运动员,最大通气量男子约为 100~110 L,女子约为 80 L,最大吸氧量可达 6 L 左右,这样血液含氧量增多,促进了新陈代谢,从而物质代谢和能量代谢就更加完善。

体育锻炼还可减少上呼吸道疾病,加强体育锻炼,尤其是冬季户外锻炼,如长跑、滑冰,不仅能多吸入新鲜空气,而且能促进鼻腔血液循环,提高鼻腔黏膜对于空气温湿度差异的适应性,提高了鼻腔御寒抗病的能力,使上呼吸道疾病大大减少。

5. 体育锻炼对消化系统的影响

（1）消化系统的组成和功能

消化系统由消化管和消化腺两部分组成。其基本功能是对人所摄入食物的消化和吸收,供机体所需的物质和能量。食物中的营养物质除维生素、水和无机盐可以被直接吸收利用外,蛋白质、脂肪和糖类等物质均不能被机体直接吸收利用,需要在消化肠道内被分解为结构简单的小分子物质,才能被吸收利用。食物在消化管内被分解成结构简单、可被吸收的小分子物质的过程就称为消化。这种小分子物质透过消化管黏膜上皮细胞进入血液和淋巴液的过程就是吸收。

（2）体育锻炼对消化系统的影响

经常参加体育活动,对胃肠及其消化腺功能有极为良好的作用。它可使胃容量增加、排空时间缩短（正常成人胃容量为 1~3 L,排空速度进食后 30 min 内便开始离胃人十二指肠,约 4~5 h 内可完全排空）,使胃肠蠕动增强,促使消化液分泌增多,食欲增加,提高消化吸收能力,有利于青少年的生长发育。胃肠功能消化吸收不好的人,经常是体弱多病、精神不振、头昏无力、四肢酸软等。如能经常参加体育锻炼,可使消化系统功能得到改善,食欲增加,能吸收更多的营养物质、增强体质。青少年正处在生长突增期,身高、体重大幅度增长,只有积极参加体育锻炼,才能食欲旺盛,消化完全,吸收良好,给生长发育提供充足动力。

造成运动性腹痛的主要原因

① 运动前没有做好准备活动,刚上场就进行剧烈的运动。由于内脏器官的功能还没有调动起来,心脏里的血液不能迅速排出,大静脉的血液回流发生障碍,以致肝脾暂时淤血胀大,肝脾外膜的张力增加,就会引起上腹部疼痛。

② 饭后或大量饮水后立即剧烈运动,导致胃肠重量增加,容易使胃肠系膜受到过分的牵拉,引起腹痛。另外,胃肠道里盛满了食物,在剧烈运动时受到震动,改变了正常的胃肠蠕动规律,甚至发生逆蠕动,这样就容易引起恶心、呕吐、腹痛等现象。

③ 由于呼吸节律紊乱导致腹痛。运动量过大时,由于破坏了均匀的有节奏的呼吸,使吸氧量下降,造成体内缺氧,导致呼吸肌疲劳,膈肌疲劳后减弱了它对肝脏的按摩作用,致使肝脏淤血肿胀而引起腹痛。

④ 原来就患有胃肠疾病、寄生虫病、痢疾、慢性阑尾炎的病人,本来就有腹疼的症状,运动时胃肠受到震动,疼痛就会更明显。

6. 体育锻炼对免疫系统的影响

（1）免疫系统的组成和功能

免疫系统由免疫器官、免疫细胞以及免疫分子等组成。主要功能是抵御外来病菌，清除体内垃圾细胞，监控癌细胞。

（2）体育锻炼对免疫系统的影响

造成人体免疫力下降的因素很多，其中身体过度疲劳、锻炼不够是主要原因之一。过度疲劳给人体的神经造成不良影响，从而影响到内分泌系统和免疫系统，造成一段时间内人体免疫力急剧下降。锻炼不够就会使人体的各个系统经常处在懈怠的状态，这时一旦病菌入侵，各项机能就不能被迅速调动起来并投入运转。不锻炼或很少锻炼的人比经常锻炼的人更容易得流感等一些常见传染病。长期的规律性运动锻炼对免疫功能的影响，主要表现在免疫功能性的增强（如 T 细胞、B 细胞及自然杀伤细胞的功能），还能微弱提高安静状态下外周血中免疫细胞的数量。所以长期适宜的规律性运动对机体免疫机能最有利，可以全面加强机体的免疫机能，增强抗病能力。

二、体育锻炼与心理健康

对社会调查的结果进行分析发现，89%的人认为体育锻炼与心理健康有着很大的关系，体育锻炼有益于心理健康，58%的人在打完篮球之后感觉很痛快。这与科学家研究出来的体育锻炼后大脑会产生一种使人感觉快乐、轻松、情绪开朗乐观的激素相吻合。

1. 体育锻炼有助于获得良好的情绪体验

情绪状态的调控能力是衡量体育锻炼对心理健康影响的最主要的指标。个体在复杂多变的社会环境中，常常会产生紧张、压抑、忧虑等不良情绪，体育锻炼可以使个体从烦恼和痛苦中摆脱出来，降低应激水平，使处理应激情境的能力增强。麦克曼等人的研究表明，经常参加身体锻炼者的焦虑、抑郁、紧张和心理紊乱等消极的心理变量水平明显低于不参加身体锻炼者，而愉快等积极的心理变量水平则明显要高一些。

体育锻炼之所以能够调节情绪，是因为体育锻炼的参与者能体验到运动带来的愉快感觉。心理学家认为，适度负荷的体育锻炼能够促进人体释放一种多肽物质——内啡肽，它能使人们获得愉快、兴奋的情绪体验。因此参加体育锻炼，尤其是参加那些自己喜爱和擅长的体育锻炼，可以使人从中得到乐趣，振奋精神，从而产生良好的情绪状态。

2. 体育锻炼有助于良好的意志品质的形成

意志品质指一个人的自觉性、果断性、坚韧性和自制力，以及勇敢顽强和独立自主的精神，是一个人行为特点的稳定因素的总和。意志品质需要在克服困难的实践过程中培养。体育锻炼本身就要不断克服客观困难（气候条件的变化、动作的难度或外部障碍等）和主观困难（胆怯和畏惧心理、疲劳和运动损伤等），才能取得成功。体育锻炼的参与者要努力克服主客观方面的困难，培养自身良好的意志品质。任务越困难，对个体的意志锻炼的作用越大，而良好的意志品质对于人的活动（尤其是体育锻炼）效果具有重要的意义。

3. 体育锻炼使自我概念更为清晰

自我概念是个体主观上对自己的身体、思想和情感等的整体评价，它是由许许多多的自我认识所组成的，例如我是什么人、我主张什么、我喜欢什么、我不喜欢什么，包括社会方面的自我概念和身体方面的自我概念等。其中，身体方面的自我概念包括身体表象和身体自尊。身体表象是指头脑中形成的身体图像。身体自尊则主要包括一个人对自己运动能力的评价、对自己身体外貌(吸引力)的评价以及对自己身体的抵抗能力和健康状况的评价。

身体表象和身体自尊障碍在正常人群中是普遍存在的。据报告,54%的大学生对他们的体重不甚满意。与男性相比,女性倾向于高估身高和低估体重,而且,身体肥胖的个体更可能有身体表象和身体自尊方面的障碍。身体表象和身体自尊与整体自我概念有关,无论是男性还是女性,对身体表象的不满意会使其身体自尊变低,并产生不安全感和抑郁症状。

坚持体育锻炼可使体格强壮、精力充沛,因而,体育锻炼对于改善人的身体表象和身体自尊至关重要。研究表明,锻炼者比非锻炼者具有更积极的总体自我概念;体能强的人比体能弱的人倾向于具有更高水平的自我概念和更高的身体概念;肌肉力量与身体自尊、情绪稳定性、外向性格和自信心呈正比,并且加强力量训练会使个体的自我概念显著增强。因此,更积极的自尊心,更高水平的身体概念和自我概念与高水平的体能状况相关。

4. 体育锻炼有助于形成和谐的人际关系

现代社会生活节奏的加快使人们越来越趋向于封闭的状态,从而造成人与人之间缺乏感情交流,人际关系的疏远。体育锻炼则打破了这种封闭,让不同职业、年龄、性别、文化素质的人相聚在运动场上,进行平等、友好、和谐的交往,使人们之间互相产生信任感,有效进行情感和信息的交流,互相产生一种默契和交融。研究表明,增加与社会的联系会给个体带来心理上的益处。马塞(Massie)等人的调查发现,性格外向者比性格内向者的社会需要更强烈,这种社会需要可以通过跳舞、球类、做操等集体性活动来得到满足。

5. 体育锻炼有助于消除心理疾患

社会竞争的日益激烈和生活压力的加大可能会使许多人产生悲观、失望的情绪,进而导致忧郁、孤独、焦虑等各种心理障碍的产生。人们参加某个项目运动并坚持锻炼,他的生理技能、身体素质将会得到改善,也会相应掌握并发展一些运动的技能和技巧。由此,个体会以自我锻炼反馈的方式传递其成就信息给大脑,从而获得自我成就的认知和情感体验,产生愉快、振奋和幸福感。因此,适宜的体育锻炼能使有心理障碍的个体获得心理满足,产生积极的成就感,从而增强自信心,摆脱压抑、悲观等消极情绪,并消除心理障碍。

总之,体育锻炼不仅能有效地促进身体健康,还能有效地促进智力的发展、调节情绪、培养良好的意志品质、增强自我概念、改善人际关系等,增进心理健康,使个体发挥最优的心理效能。心理健康是一种持续且积极发展的心理状态,个体表现出良好的社会适应性,并充分发挥其身心的各种潜能,在应付各种问题和环境时更多地表现出积极的倾向。体育活动对于增进个体的心理健康水平、调节情绪状态、消除心理障碍、提高社会适应性具有积极的作用。选择合适的锻炼项目及适宜的运动负荷可以有效发挥体育活动的心理效应,同时应考虑体育活动参与者的个体差异,才能取得良好的心理效应。

复习思考题

1. 健康包括哪些方面? 结合自己实际情况,对比哪些达到标准,哪些还没达到?
2. 体育锻炼对人体有哪些积极的影响?
3. 提高身体素质的方法有哪些?(3 种以上)

第二章 体育锻炼的科学基础

第一节 体育锻炼的生理和心理学基础

体育锻炼的生理学基础,主要反映在体育锻炼过程中人体的生命现象和生命活动规律。

一、新陈代谢

新陈代谢是指生物体不断地与周围环境进行物质与能量交换中实现自我更新的过程,是物质代谢和能量代谢的总和,包括同化作用和异化作用两个互相联系的过程。同化作用是指生物体从周围环境中摄取物质合成自身成分并贮存能量的过程;异化作用是指生物体分解自身成分,同时释放能量,并排出代谢产物的过程。当机体内环境的稳定受到破坏时,会导致代谢失调而出现疾病。有效的体育锻炼能使组织细胞内的酶系统产生适应性变化,提高酶的活动性,加速物质代谢和能量代谢的过程,从而增强体质。新陈代谢是生命的基本特征之一,它一旦停止,生命也就结束了。

同化作用与异化作用是相互依存、同时进行着的,在人体生长发育的不同时期以及身体锻炼过程中,具有不同的特点。儿童和少年时期,同化作用占优势,体内物质合成速度大于分解速度,从而人体不断地生长发育;中年时期同化和异化作用基本上处于平衡状态,使得中年人精力充沛,新陈代谢旺盛;老年时期,异化作用则占优势,身体渐趋衰退,衰老加剧,使得老年人体质不断下降。身体锻炼时,体内能量消耗增加,异化作用占优势,而在锻炼后的恢复阶段,被消耗的能量物质得到恢复,同化作用则占优势,从而加快了人体的物质能量代谢。

二、人体在运动中肌肉的工作过程

(一)人体肌肉的结构

人体的运动是由运动系统实现的。运动系统由 206 块骨骼、400 多块肌肉以及关节等构成。组成人体肌肉的基本单位是肌纤维,许多肌纤维排列成肌束,表面有肌束膜包绕,许多肌束聚集在一起构成一块肌肉。

肌肉的化学组成中大约 3/4 是水,1/4 是固体物质(包括蛋白质、能量物质、酶等),同时肌肉中有着丰富的毛细血管网及神经纤维,保证肌肉的氧气和养料供应以神经协调。

(二)人体肌肉的成分和收缩形式

人体肌肉由多种组织构成,其中肌组织和结缔组织分别构成肌肉的收缩成分和弹性成分。肌纤维是肌肉的收缩成分,通过肌纤维的主动收缩放松,实现各种运动;结缔组织是肌肉中的弹性成分,它与肌肉中的收缩成分并联或串联着,称并联(或平行)弹性成分和串联弹性成分。当收缩成分缩短时,弹性成分被拉长并将前者释放的能量部分吸收储存起来,然后再以弹性反作用力的形式发挥出来,以促使肌肉产生更强大的力量和更快的运动速度。

根据肌肉在完成各种运动时,整块肌肉长度的变化,可将肌肉的收缩分为多种形式,这里仅简单介绍向心收缩、等长收缩和超等长收缩三种形式。

1. 向心收缩

向心收缩是肌肉长度发生缩短的收缩形式,在力量联系中属最普通的一种,例如,利用哑铃、沙袋、杠铃、拉力器等锻炼肌肉均属此类。目前已有多种运动练习器,锻炼增加力量的效果比一般向心练习方法要好。

2. 等长收缩

当肌肉收缩产生的张力与外力相等,或是维持身体某一种姿势时,肌纤维虽积极收缩,但肌肉的总长度没有改变,这种收缩称为等长收缩。肌肉处于收缩时,从整块肌肉外观看,肌肉长度不变,但实际上肌肉的收缩成分(肌纤维)是处在收缩中而使弹性成分拉长,从而整块肌肉长度保持不变。

3. 超等长收缩

超等长收缩是肌肉先进行收缩后紧接着进行向心收缩的形式,例如,跳起落地紧接着再向上跳,此时股四头肌先在落地时离心收缩(被拉长),紧接着又立刻猛烈向上跳起。这种练习方法对肌肉锻炼价值较大,又称离心向心收缩或弹性离心练习。

三、能量代谢

机体在物质代谢过程中伴随着能量释放、储存、转移和利用的过程称为能量代谢。集体的一切活动均需消耗能量。体内的糖、脂肪、蛋白质通过生物氧化而释放能量,所释放的总能量大部分以热的形式释放于体外。运动中能量消耗增多,运动强度越大,运动时间越长,能量消耗就越多,所需要的营养物质也就越多。

ATP 再合成的途径有 3 种,也就是人体存在的 3 种能量系统。

(一)磷酸原系统(三磷酸腺苷-磷酸肌酸,简称 ATP-CP)

磷酸原系统是由细胞内的 ATP 和 CP 这两种高能磷化物构成。它的特点是供能绝对值不大,持续时间很短,但是他供能快速,ATP 是细胞唯一能直接利用的能源,其能量输出的功率也最高。在体育运动中短跑(40~60 m)、跳投、旋转、冲刺等爆发性的动作,全部依靠 ATP-CP 的贮备供能。

(二)乳酸能系统(也叫无氧糖酵解系统)

乳酸能系统的能量产生是靠肌糖原的无氧酵解,最后产生乳酸,而放出的能量被 ADP(二磷酸腺苷)接受,再合成 ATP。它是在机体处于缺氧的情况下的主要能量来源。乳酸能系统对人体进行能量供应,它的作用与磷酸原系统一样,能在暂时缺氧的情况下迅速供能。如田径运动中的 400 m、800 m 跑主要靠乳酸能系统来供能。

(三)有氧氧化系统

有氧氧化系统供能是指糖和脂肪在氧供充分的情况下,分解成二氧化碳和水,同时产生大量的能量,使 ADP 再合成 ATP。有氧氧化系统生成丰富的 ATP,且不生成乳酸这类导致疲劳的副产品,它是人进行长时间耐力活动的主要功能系统,如田径运动中的长跑项目、马拉松等主要靠有氧氧化供能的。作为一般的健身跑,如 10~15 min 或半小时慢跑也是有氧氧化系统供能。

四、人体运动中的氧运输

（一）氧运输系统

氧运输系统对人的健康及生命活动有十分重要的作用，它把氧气从体外吸入体内并运送到各器官组织，供人体生命活动的需要，氧运输系统由呼吸系统、血液与心血管系统组成。呼吸系统把氧气从体外吸入体内，氧气进入血液与血液中的血红蛋白结合，由心脏这个血液循环的动力站不停推动，使血液流遍全身，将氧送到各组织器官。人体从外界环境摄取氧的能力受氧运输系统各个器官功能能力的制约。

氧运输系统工作的第一个环节是肺的呼吸运动，实现肺与外界环境的气体交换及肺泡与毛细血管血液间的气体交换。肺活量是指尽最大可能深吸气后做最大可能的呼气所呼出的气体量。健康成年男性肺活量值大约 3 500～4 000 ml，女性约为 2 500～3 500 ml。

我国健康男性每 100 ml 血液中血红蛋白含量约 12～15 g，女性约 11～14 g。

在整个氧运输系统中，心血管系统的功能处在最重要的地位，心脏是推动血液不断向前流动的动力，血管则是血液流动的管道，起着运输血液与物质交换的重要作用。健康成年人每分钟心跳约 75 次。心脏每搏动一次大约向血管射血 70 ml（称每搏动输出量），心脏每分钟大约向血管射血 5 L（称每分输出量）。心脏射出的血液在血管内流动时对血管壁有一定侧压力，这就是血压。我国健康成年人安静时收缩压约为 10.2～12.2 kPa（100～120 mmHg），舒张压为 6.1～9.2 kPa（60～80 mmHg），脉压为 3.0～4.0 kPa（30～40 mmHg）。血压可随年龄、性别和体内生理状况的变化而有所变动。

正是上述呼吸系统、血液与心血管系统共同组成人体氧运输系统，保证了生命活动对氧的需要。

（二）氧运输系统功能的重要标志——最大吸氧量

衡量人体氧运输系统功能的强弱除了可用呼吸系统或心血管系统的一些指标外，常用的衡量氧运输系统整体功能的综合性指标就是最大吸氧量。

1. 最大吸氧量概念及常值

最大吸氧量是指人体在剧烈运动时，呼吸和循环系统功能达到最大能力时人体每分钟所能摄取的氧量。简单地说，就是运动时每分钟能够吸入并被身体利用的氧的最大量。最大吸氧量直接反映个人的最大有氧代谢能力，标志着一个人氧运输系统功能的强弱。最大吸氧量受年龄、性别、健康状况、训练水平、疾病以及遗传等多方面因素的影响。普通健康人最大吸氧量约为每分钟 2～3 L，而经常锻炼的人或运动员可达 4～5 L，优秀的耐力运动员甚至可达到 6～7 L 以上。

2. 最大吸氧量与运动能力

运动时，肌肉的激烈活动使得机体对氧的需要比平时大大增加，因此人体的最大摄氧能力的高低直接影响运动能力，尤其是以有氧代谢为主的耐久力性运动与最大吸氧量关系更紧密。因此，经常运动的人比不经常运动者最大吸氧量要大，而在不同项目的运动中，耐力性要求越高的运动项目的运动员最大吸氧量越高。

五、运动时能源物质的消耗与补充

人体运动时利用 ATP，但最终是消耗糖、脂肪、蛋白质（主要是糖和脂肪）。

（一）糖与脂肪供能特点及比例

糖和脂肪是运动中合成 ATP 的主要来源,但是不同持续时间和强度的运动,两者供能特点比例并不相同。糖能进行无氧酵解和有氧代谢,而脂肪只能进行有氧代谢,这一特点使不同运动中两者供能比例不同。影响供能比例的重要因素是:

1. 运动强度和运动持续时间

时间短、强度大的运动主要消耗糖,因为时间短、强度大的运动(如短跑等)主要是无氧代谢过程;而持续时间长、强度较小的运动(如长跑、步行等)则脂肪的消耗比例较大。

2. 膳食的类型

从营养学观点来看,合理的饮食,足以能保证身体进行有效的机体活动,经常食用牛奶、肉、鱼、蔬菜、水果和粮食制品,都能满足从事力量或耐力锻炼的需要。当进行力量项目锻炼时,蛋白质和无机盐类的需要量可以略为增加。运动比赛前如食用含糖高一些的食物(或称高糖膳食),有助于比赛开始后糖能源的利用,运动能力比使用普通膳食者有所提高。

（二）运动竞赛前的糖充填

在运动竞赛开始前若干天,通过调整膳食结构,使肌糖原含量增加,称糖充填(或肌糖原充填)。这对提高运动能力,取得良好成绩有重要意义。

（三）赛前饮食原则

有些同学在参加各类运动竞赛前不知如何安排饮食,有时则由于饮食不当而使运动成绩受影响。下面介绍赛前饮食的 6 项原则,供大家参考。

① 赛前宜吃易消化吸收的食物,少吃脂肪肉类,以免比赛时腹部有饱胀感而影响成绩。饮食的量约 8 成饱即可。

② 赛前饮食中的液体摄入量应适宜,一般和平常摄入量相当就行了。

③ 勿食刺激性食品。

④ 赛前食物的种类最好和平常相同,要为参赛者所熟悉,以符合心理因素的要求。

⑤ 赛前的用餐应在临赛前 2~3 小时进行。

⑥ 适当饮用咖啡和茶,有助于运动时脂肪能源的利用。

六、运动后能量物质的恢复

运动时体内代谢过程加强,以不断满足运动时能量的消耗,运动中及运动停止后,能量物质需要不断进行补充与恢复,能量物质的恢复过程大致可分为三个阶段:第一阶段是运动进行当中,恢复过程就已开始。这时机体进行运动消耗的同时也进行能量物质的恢复补充,但由于锻炼中消耗多,此时的恢复跟不上消耗的量,因此能量物质储备逐渐下降;第二阶段是运动结束后,此时体内能量物质消耗逐渐减少,而恢复过程却不断加强,锻炼中消耗的能量物质不断得到补充,直至锻炼前的原水平;第三阶段是超能量恢复阶段,能量物质恢复到原水平,比运动前能量物质的储备量还要多,称超量恢复。过一段时间后能量物质的储备又回到原来水平。如果经常坚持体育锻炼,体内能量物质不断消耗,而恢复能达到更高程度,体质就不断增强。

七、有机体的超量恢复

人体在运动中承受了超量负荷,身体内各种能量物质逐渐消耗,在运动后不仅可以恢复到原有水平,而且还会超过原来的水平,这种现象叫"超量现象"(如图 2-1 所示)。超量恢复的程度与运动负荷的大小有关,据国内外学者研究证明:在一定范围内运动负荷越大,能量物质

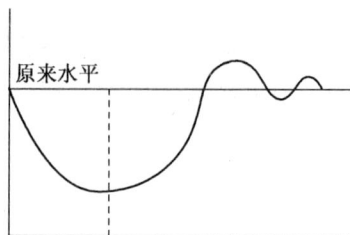

图 2-1　超量恢复曲线

消耗越多，"超量恢复"就愈明显。"超量恢复"原理是人体机能在体育运动中不断得到提高的理论依据。如果身体锻炼的时间很短，而运动强度又不大，对有机体的刺激很小，就不会引起有机体的反应或者反应很小。这种运动负荷极小的身体锻炼，不能起到有效地增强体质、增进健康的作用，只有机体运动达到一定程度负荷即承受了"超量负荷"后，并经过足够的休息和营养补充后，"超量恢复"才会产生。

"超量恢复"出现的早晚，与运动量大小、疲劳程度以及营养供给有关，在身体锻炼中，运用人体超量恢复的规律来指导身体锻炼应注意以下三种情况：

① 一次身体锻炼时间较短且运动强度不大，不会引起机体较大的反应，超量恢复不显著。

② 重复进行身体锻炼的间歇要掌握好，如果间歇时间过短，且身体又长期处在疲劳状态，对健康是不利的。另外，应正确确定两次练习之间的间歇，一般是采用测心率的方法来控制，例如：练习后的心率达到 140～170 次/分，间歇时待心率恢复到 100～120 次/分左右再进行下一次练习较为合适。

③ 要根据各自的身体条件、年龄和锻炼基础，合理地安排运动量和锻炼持续时间，既能引起机体超量恢复，又不要超过机体适应的界限。

八、生长发育与遗传变异

任何生物体在其一生中，由于同化作用大于异化作用的结果，都经历了从小到大的生长过程，其构造和机能也都要经过一系列的变化才能成熟。

在人体生长发育期间，有两个生长发育的高峰，男女生长发育的曲线有两次交叉：第一个生长高峰是在 1 周岁，从出生到 1 周岁，长高约 25 cm，约占原有身长的 1/2，体重增长 2 倍；第 2 次生长高峰期男子是 12～14 岁，女子是 10～12 岁，身高增长值分别是 6.6 cm 和 5.9 cm。

根据人体生长发育规律，一般到 25 岁时，人体各器官系统均已发育成熟，一直到 40 岁，以前这个阶段称为成熟期，也叫青壮年期，这个时期是人的生命最旺盛的时期，人体处于比较稳定的状态。青壮年骨骼的化学成分含量中水分与有机物较多，无机盐（钙）也较多，青年人骨骼中无机盐约占 50%，中年人约占 66%，骨化过程已经完成。这个时期是人体生命过程中的"黄金时代"。而 35～40 岁则是人体生命过程中的分界线，此前是发育成熟期，此后是衰退期。随着年龄的增长，一般情况下衰退速度在逐渐增加，衰退表现为机体组织和器官的改变，机体的功能适应能力和抵抗力的衰退。

体育锻炼过程中各种身体运动都是对机体的一种刺激，对身体的发展起到强化作用，首先是使机体处于异化作用大于同化作用的状态，造成体内的能量物质的消耗，进而在逐渐减少运动量和运动强度的过程中（以至于最后的停止），使机体进入恢复过程，逐渐达到同化作用大于异化作用的状态，形成超过机体原有的能量储备水平，进入新的平衡状态，在这种新的平衡状态下，周而复始地增加刺激，使得机体形态结构发生质的变化，机能水平不断提高，促进了健康，延缓了衰老。

遗传和变异也是生命的基本特征，并且是生物演变过程中的一对矛盾，是生物变化发展的内在依据，并形成了有机体的适应性和多种多样的类型。体育锻炼的过程主要体现在人体遗传基础上，通过体育手段，产生对有机体的某些形态结构、生理机能和心理素质的变化，向适应于社会需要的人的方向发展。在人类社会发展中，随着社会环境的改变，引起了人的需要的变化，从而导致人的行为发生变化。对体育锻炼需要的长期性和体育行为的长期化，以及运动刺激的不断强化，必然使得身体某些器官系统的功能不断加强，使人的体质逐渐增强。

九、体育锻炼的心理学基础，主要反映在锻炼过程中参与者的个体心理方面

1. 身体锻炼的动机

能引起、维持人的活动，并将该活动导向某一目标，以满足个体某种需要的念头、愿望、理想等称为动机。动机是人体的内在过程，行为是这种内在过程的结果，动机有始引发机能、指向选择机能、强化机能。引起动机需要两种条件：一是内在条件；二是外在条件。前者就是"需要"，即个体对某种东西的缺乏而引起的内部紧张状态和不舒服感，动机就是由这些需要构成的，需要使人产生欲望和动力，引起活力；后者是个体之外的各种刺激，这些刺激包括物质因素，也包括社会性因素，可统称为环境因素，它们也是引起动机的原因之一。心理学家把凡能引起个体动机并能满足个体需要的外在刺激称为"诱因"。行为可由需要引起，也可由环境因素引起，但往往是内在条件和外在条件交互影响的结果。同是锻炼身体，青少年是出于活动和身心发展的需要，而中年人多出于健康的需要。

2. 情绪

情绪是指有机体受到生活环境中的刺激时，其生物需要是否获得满足而产生的暂时性的较剧烈的态度及体验，包括愉快、悲哀、愤怒、恐惧、忧愁、赞叹等，客观事物的不同特点及客观事物与人之间的不同关系，使人在情绪上产生不同的态度和体验。情绪是人及其他动物所共有的一种心理的活动，例如，人在恐惧时，可使意识变狭窄，判断力、理解力降低，甚至丧失理智和自制力，造成正常行为的瓦解。如果动机情绪经常反复出现，如神经功能紊乱、内分泌功能失调、血压持续地升高等，可能转变为某些器官、系统的疾病。身体锻炼能促进产生脑腓肽，刺激下丘脑，进而产生愉快的情绪体验，这是身体锻炼对情绪的积极调节作用。另外，经常从事身体锻炼，在体育锻炼中享受成功的喜悦，承受挫折的压力，可以大大提高情绪的适应性，也有利于以更积极的态度迎接生活的挑战，适应各种生活环境。

3. 心理过程和心理特征

人脑对客观现实的反映过程是心理活动的主要方面，由认识过程、情绪过程和意志过程三方面构成。人脑的认识过程又称"休息加工活动"，由感觉、知觉、记忆、思维和想象等活动构成。人在认识客观事物时所产生的态度体验称为"情绪"或"情感"。根据对客观事物的认识，自觉地确定目标、克服困难，力求实现的心理过程，称为"意志"。认识过程、情感过程和意志过程显然有区别，但又相互联系，认识过程是其他心理活动的基础。例如，人们认识到体育锻炼能够增强体质，并在亲身体验中验证了这一点，由此产生了喜爱的情感，从而自我锻炼更加自觉、主动，使体质在进一步的锻炼中得到增强。

心理学认为，人在通过认识、情感和意志反映客观世界的过程中会形成各种各样的心理特征，造成人与人之间的心理差异。体育活动可以塑造和改善一个人的能力、气质和性格。

（1）能力

能力是一种个性心理特征，是顺利实现某种活动的心理条件。能力的发展和发挥要在具体的社会实践中表现出来。身体的整个素质水平是能力发展的条件，身体器官系统功能的健全是发展能力的基础，环境和教育的因素对能力的发展有着重要的作用。

（2）气质

气质是心理活动稳定的动力特征。这些动力特征主要表现在心理过程的强度、速度、稳定性、灵活性及指向性上，如情绪的强弱、思维的快慢、注意力的集中时间的长短、注意转移的难度，以及心理活动倾向于外部事物还是内心世界等。气质较多地受到遗传素质的制约，它比其他的心理特点更具有天然的、稳定的特征，是一种较难改变的个性心理特征。

（3）性格

性格是对现实稳定的态度以及与之相适应的习惯行为方式，是个性心理特征的一个重要的方面。人的性格是在一个人生理素质的基础上，通过社会实践和体育活动逐步形成的，由于每个人所处的具体环境和教育条件的不同，他们所形成的性格具有不同的特征。性格一经形成之后就比较稳定，也正是因为性格的稳定，性格才能突出反映一个人的心理面貌和风格。由于环境的变化，性格也是可以改变的，特别是处于形成过程中的性格具有较大的可塑性，也就为教育提供了良好的条件。此外，体育对性格的影响是巨大的，在体育环境条件和体育教育中，公开的竞争、相互间的协调和尊重、集体的委托和依赖、严格的规则等，对人的性格形成和发展起着特殊作用。

第二节 体育锻炼与合理营养

一、健身、健美运动与营养

随着生活水平的提高，大学生进行健身、健美运动的人越来越多，而健身、健美运动是与营养有密切关系的，下面介绍此类运动的营养知识。

（一）食物的需要量

健身、健美锻炼者究竟一天该摄入多少热量，由于运动项目繁多，没有一个明确的数目。体型是决定食量的一大因素，体重重者所需要食量接近或甚至超过体重轻者2倍之多。第二个影响食量的因素为运动量，体重相同的人运动量大者需要较多的热量。以运动热量的需要量而言，每天跑5 km的人，消耗于运动的能量应是每天跑2.5 km的人的两倍，道理就是如此。除了体型（体重）和运动量外，影响因素还包括年龄，如正值生长发育期者，每千克体重所需热量多，发育期过后，每千克体重所需热量随即减少。

（二）热量物质的比例

我们所指三大营养素是根据蛋白质、脂肪及糖类所占的比例而言，比例的多少影响机体代谢和运动能力。东方人三种营养素的百分比：蛋白质13%，脂肪23%，糖类65%。如以重量计算为：蛋白质1单位，脂肪1.7单位，糖类5单位。

一般来说，最重要的运动食物是糖类，脂肪相应较少，而蛋白质依情况而定，如举重就有增加的必要。耐力性项目的运动员，三大营养素重量比例为1：1：7。应该减少脂肪的摄入，脂肪太多，运动时会氧化不完全，而增加体内酮体含量，对运动产生不良影响。

（三）用餐次数

一般人一日进食三次，事实上以血糖浓度为基准，每日必须进食三次以上。血糖浓度在用餐后2.5～3 h便开始下降，接着引起疲劳感，且运动效率降低。一日三餐食物热量和质量分配，因运动员一天的活动情况而定，摄食时间最好配合运动训练的时间（见表2-1）。一般来说，大量进食后3～4 h，才可进行激烈训练，因此进食时间必须加以适当调整。事实上白天要进食后 3～4 h 再运动比较困难,因此运动员在训练前的进食应予减少,如减少 1/2 或者 2/3 的进食,或者选择易于消化的食物。

表 2-1　运动时段以各餐热量比分配表

运动时段	早餐	午餐	晚餐	宵夜
上午	30%～35%	35%～40%	25%～30%	
中午	35%～40%	30%～35%	25%～30%	
晚上	30%～35%	35%～40%	15%～20%	5%～10%

二、长跑与营养

长跑是最有效、最经济、最普遍的锻炼手段。大学生经常进行长跑,对呼吸系统、心血管系统是大有好处的,它也是减肥的有效手段。长跑运动与营养密不可分,需要经常补充的营养物质有下面几种:

（一）碳水化合物

经常从事长跑锻炼者的营养需求以碳水化合物的补充最为重要,因为长时间的体力消耗需补充大量的碳水化合物,作为能量的补给。

（二）蛋白质

对于提高抵抗力、增粗肌纤维、保持肌肉线条有很好的帮助。

（三）肌酸

能量的"最佳补给手"莫过于肌酸。葡萄糖也是能量来源之一,但它需要经过一连串分解过程,产生 ATP(三磷酸腺苷)才能供给身体直接利用。这就像汽车不能直接使用石油,而只能使用经石油提炼后的汽油一样。肌酸的重要作用就在于负责 ATP 代谢后的再合成作用,以提供源源不绝的持续能量。

（四）氨基酸

蛋白质是构成细胞的主要成分,负责人体建造与修补等机制的进行。而组成蛋白质的最小单位就是氨基酸,摄取氨基酸能使新陈代谢率提高、促进肌肉生长,并使耐力与爆发力增加。

（五）鱼油

补充鱼油可协助其降低血液中的胆固醇及血脂肪,使血液流动顺畅。而近几年鱼油对舒缓关节炎的疼痛问题,在临床上已有显著效果。长跑锻炼者长期的重复性运动,对骨关节的伤害不可忽视,可用鱼油搭配葡萄糖胺制品来保养。

（六）花粉、蜂王浆

花粉和蜂王浆富含维生素 B、C,氨基酸,多元不饱和脂肪酸,酵素,胡萝卜素,钙、铜、铁、镁、钾、钠及蛋白质,还含有天然植物性固醇,有助于调整内分泌,适当摄取对长跑锻炼者是有益的。

三、运动与水

（一）运动与脱水量

剧烈的运动使身体大量流汗,体内液体流失。流汗的同时,电解质也随汗液流失。例如,4 h 的长跑训练平均出汗量可达 4.5～4.8 L,从事中等体能的劳动者在常温下的水分需要量为每天 2.5 L,而当环境的温度在 20 度以上时,每升高 5.5 度,水分的需要量就增加 1 L。可见水对运动能力的影响是明显的,体液的减少明显制约了长时间耐力性运动的能力。若运动前和运动中不补充水分而运动中又大量出汗,就很容易发生脱水现象。

体内缺水时,主要表现在尿量和体液减少。大约1%体重的水分流失会使运动时体温和心率明显上升。轻度脱水指脱水量约占体重的2%,主要是细胞外液减少。身体会逐渐丧失调节的能力,若没有及时补充流汗所失去的水分,体温可能会持续上升,进而导致体力的下降。

当脱水量占体重的4%～6%时,则肌力及耐力下降,同时会出现热痉挛,导致长时间活动能力下降20%～30%,进而会影响体内无氧代谢的供能过程。

脱水对心血管方面的影响,会使血浆容量下降和血液渗透压升高。低血浆容易导致心输出量下降、排尿量减少、体温升高、血液黏稠度增大及增加中暑的危险。当水分流失占体重的6%以上时,则有产生严重热痉挛、热衰竭、中暑、昏迷甚至死亡的可能。所以,必须防止脱水,及时补充水分就能改善运动能力。排汗提高了散热能力,但水分及电解质的流失要立即补充。运动员流失汗液时,电解质也随汗液流失。

（二）水分平衡的重要性

运动中失去水分的补充,应以保持水分的平衡为原则,调整体内水分及电解质平衡的唯一途径是喝水或饮料。由于体液是低渗透液。因此,运动期间补充水分比补充电解质更重要。在热环境下正常人的脱水量为每小时275 ml。长时间进行耐力锻炼的人在热环境下脱水时间拖得越长,对运动能力的影响就越严重。因此,在脱水之前就应补充水分。千万不要等到口渴才喝水,因为当感到口渴时身体已经处于脱水状态了。

在水分吸收方面,胃排空的正常速度是每小时600～800 ml;冷水或温水在胃内排空速度明显高于体温水,运动时喝低温的水对降低体温的效果优于运动前摄取等量水的效果;纯水或低渗透压饮料的胃排空速度高于高渗透压的饮料。

因此,在热环境下激烈运动时,补充水分的重要性大于补充糖类及电解质。在持续时间短的运动中,不必特别在饮料中补充电解质,因为运动中补充电解质会提高渗透压。因此,30～60 min运动时间中,直接补充水分可谓是最经济实用的。

（三）运动前正确喝水法

运动饮料主要是为训练和比赛过程中的选手补充能量、水分、电解质及维生素等,以预防运动员在高强度运动训练下消耗能量过多而引起的低血糖现象,维持身体在大量出汗情况下体内水分和电解质的平衡,防止体内电解质的流失而引起的运动能力降低、心律不齐或肌肉痉挛等现象。

另外,有些特殊的运动饮料还可增强体力、耐力及消除疲劳,进而有助于提高运动成绩。例如,目前研究指出饮用等渗透压运动饮料(isotonic sports drink)比较适宜,其在体内吸收十分迅速,而且能有效地使运动员保持运动机能。

在较长的运动过程中,流汗量可能达到每小时2～4 L,因此在耐力性运动前两小时最好饮用600 ml左右的水(分两次喝),缺水将会导致身体散热作用降低。

（四）运动中正确喝水法

运动及比赛期间的饮水,大部分的研究者认为每隔15～20 min喝200～300 ml的饮料较为适宜。

（五）运动后正确喝水法

在运动后的恢复期补充水分和运动前同样重要,即使在运动员休息时,体内水分依然会以汗水的形式大量流失,而肌肉肝糖浓度可能也会降低一些,使得身体感到虚弱、衰竭,此时正是恢复过程开始的时候,正确补充水分有助于疲劳的恢复。

研究表明,运动后越早开始恢复越好,利用饮料中添加葡萄糖聚合物(polycose)及麦芽糊精(maltodextrin)(其为容易消化的复合碳水化合物),以增加糖类来补充肌肉肝糖含量,促使恢复期缩短。

(六)运动饮料

凡具有调节人体电解质功能的饮料均称之为运动饮料。其电解质浓度一般为:钠离子(Na^+)552 $\mu g/ml$ 以下;钾离子(K^+)195 $\mu g/ml$ 以下;钙离子(Ca^+)60 $\mu g/ml$ 以下;镁离子(Mg^{2+})24 $\mu g/ml$ 以下,pH 值应在 2.5~3.8 之间。

以上为最基本成分的标准,市场上所销售的运动饮料还会添加水溶性维生素、糖类、调味剂等。(注意:非运动时不可长期喝运动饮料,以免造成肥胖及体内电解质不平衡。)

四、运动前的营养

(一)运动前的食物

运动前应以高糖类、低脂肪的食物为主,例如,面包、米饭、面条和水果等,这些食物容易消化,又能提供糖类,因此常作为运动时的能量来源。

① 如果运动的时间超过 60~90 min 以上,可以选择升糖指数(plycemicindex)较低的食物,例如,水果、脱脂牛奶、米饭、豆类,这些食物缓慢地被消化成糖类,能够长时间地供应糖类给运动中的肌肉消耗。

② 如果运动的时间少于 60 min,可以选择高升糖指数的食物,例如,面包、运动饮料,这些食物很快就被消化,能够迅速地提供糖类。

③ 高纤维的食物容易造成肚子不舒服,因为它们需要比较长的时间消化,有些高纤维的食物也富含糖类,例如,全麦面包、高纤饼干、一些高纤饮料等,如果这些食物会使你在运动中感觉不舒服,就应该避免在运动前吃这些食物。

(二)运动前的最佳进食时间

进食的时间随着运动的时间和食物的种类不同而异,共同的原则是:吃进去的食物可以在运动过程中提供充足的营养和能量,而又不至于在运动过程中造成肠胃不适。

身体震动比较大的运动,对胃内的食物通常比较敏感,少量的食物就可能会令人感到不舒服。这就需要运动前较早进食,或是减少食物的摄取,以减轻这些症状。一般而言,身体震动比较小的运动,例如骑自行车和游泳,一般不会受到胃中食物的影响,对于进食的时间和食物的选择有较大的弹性。

1. 清晨 8:00 的运动

前一天的晚餐和宵夜必须富含糖类,喝充足的水,但是经过一个晚上,肝脏中肝糖的含量已经降低,在运动前补充糖类可以提高运动能力。在运动前 90~120 min 吃少量的早餐,例如,面包加果酱或水果,而避免含多脂肪的食物,例如包子、油饼,它们不容易消化,会在胃中停留比较长的时间,也无法提供足够的糖类。有时牛奶也会对某些人造成肠胃不适。若是习惯吃丰盛的早餐,就需要在运动前 2~3 h 吃,才有足够的时间消化。如果无法早起,在运动前10~30 min 也可以饮用运动饮料或是食用一两片面包补充前一天晚上消耗的体内肝糖。

2. 上午 10:00 的运动

前一天晚餐必须富含糖类,喝充足的水。在当天 7:00 左右吃丰盛而高糖类的早餐,3 h 的时间足够消化这些食物,补充肝糖,而且不会造成肠胃不适,但是应该避免油腻的食物。

3. 午间 12:00 的运动

前一天晚餐必须富含糖类,喝充足的水。当天吃丰盛而高糖的早餐,若是 8:00 吃早餐,在 11:00 左右可以再吃一些少量的高糖点心,例如,面包、果汁或水果。若是 9:00 吃早餐,运动前 10~30 min 可以再补充一些运动饮料。

4. 午后 4:00 的运动

前一天晚餐必须富含糖类,喝充足的水。当天早上 8:00 吃丰盛的早餐,中午 12:00 吃高糖类的午餐,下午 3:00 吃少量高糖类的点心,同时在一天中必须摄取充足的水分。也可以从早上开始每 1~2 h 喝一大杯果汁,补充并维持体内肝糖的含量,运动前 20~30 min 再以运动饮料做最后的补充。

5. 晚间 8:00 的练习或比赛

当天吃丰盛而富含糖类的早餐和午餐,下午 5:00 吃丰盛而富含糖类的晚餐,或是下午 6:00 吃少量但是高糖类的晚餐,避免高脂肪的食物,例如,油炸的食物、肥肉等。运动前 20~30 min 喝 200~300 ml 运动饮料或果汁,在一天中都要摄取充足的水分。

五、运动后的营养

(一)糖类的补充

肝糖是运动时的主要能量来源之一,存在于肌肉和肝脏中。肌肉中的肝糖只能供给肌肉细胞用,而肝脏中的肝糖可以葡萄糖的形式释放到血液中,供给肌肉以及身体其他器官所用。体内肝糖存量不足以满足运动后所需,是造成疲劳、运动能力降低、无法维持运动的原因之一。运动后体内的肝糖存量显著地降低,若是没有肝糖的补充,下次运动时的表现会受到肝糖不足的影响而降低。

研究表明,在运动后的 2 h 内,身体合成肝糖的效率最高,2 h 后则恢复到正常水平,因此如果在运动后迅速补充糖类,就可以利用这段自然的高效率时段迅速地补充体内消耗的肝糖。如果下次运动是在 10~12 h 之内,这段高效率期间特别重要,因为如果错过这个时段,即使在后面的时间吃进了足够的糖类,身体可能没有足够的时间完全补充消耗的肝糖,使得体内的肝糖含量一次比一次降低,越来越容易感觉疲劳。若是下一次运动在 24~48 h 之后,即使错过这段时间,接下来只要着重于摄取高糖类的食物,仍然有足够的时间补充所有消耗掉的肝糖。

建议在运动后 15~30 min 之内进食 50~100 g 的糖类(大概是每千克体重需要补充 1 g 糖类),然后每两小时再吃 50~100 g 糖类,正餐以及其他运动期间饮食也应该以富含糖类的食物为主。

(二)肌肉和组织的恢复

即使是没有身体接触的运动也会造成肌肉纤维和结缔组织的伤害。身体接触性的运动,例如,篮球、足球等会造成更多的肌肉损伤。运动后迅速地补充蛋白质有助于修复受伤的肌肉和组织,受伤的肌肉合成和储存肝糖的效率也会提高,因此身体接触性运动或是比赛后受伤的运动员,需要补充更多的糖类,也更需要把握运动后 2 h 的那段高效率期间有效地补充体内消耗掉的肝糖。

常见食品的蛋白质含量见表 2-2。此外,一般计算蛋白质的含量时,还要考虑蛋白质必需的氨基酸与氨基酸总量的比值问题。一般认为成人所摄入的氨基酸总量中至少要 20% 的必需氨基酸(见表 2-3)。

表 2-2　常见食品的蛋白质含量（以％计）

食品名称	蛋白质含量	食品名称	蛋白质含量
猪肉	13.3～18.5	面粉	11.0
牛肉	15.8～21.7	大豆	39.2
羊肉	14.3～1 807	花生	25.8
鸡肉	21.5	白萝卜	0.6
鲤鱼	18.1	大白菜	1.1
鸡蛋	13.4	菠菜	1.8
牛奶	3.3	油菜	1.4
稻米	8.5	黄瓜	0.8
小麦	12.4	橘子	0.9
玉米	8.6	苹果	0.2
高粱	9.5	红薯	1.3

表 2-3　各种单一食物与混合食物的氨基酸值与缺少的氨基酸

食物	氨基酸值	缺少的必需氨基酸
人奶	100	五
牛奶	95	蛋氨酸、谷胱氨酸
鸡蛋	100	无
牛肉	100	无
鱼肉	100	无
精米	67	赖氨酸
花生	65	赖氨酸、苏氨酸
甘薯	63	赖氨酸
木薯粉	56	亮氨酸
一般豆类（不包括大豆）	54	蛋氨酸、谷胱氨酸
玉米	49	赖氨酸
精白面粉	38	赖氨酸
绿豆	35	蛋氨酸、谷胱氨酸
混合食物米（3 份）＋绿豆（1 份）	83	苏胺酸
甘薯（3 份）＋豆类（1 份）	73	蛋氨酸、谷胱氨酸
甘薯（8 份）＋鱼（2 份）	84	赖氨酸

＊根据食物每克氨基酸的毫克量计算。

第三节　体育锻炼对人体产生的影响

一、体育锻炼对新陈代谢的影响

体育锻炼时，由于肌肉代谢的增强，产生的热量也随之增加。虽然在神经系统的调节下加强了散热过程，但仍然慢于产热过程，因此体温升高。运动时体温适度升高对机体是有利的：首先能提高中枢神经系统的兴奋性，提高酶的活性，促进代谢过程的进行；其次加强呼吸、血液循环机能；另外还可降低肌肉的黏滞性，从而有助于肌肉收缩的力量的发挥，并可加大关节的活动范围。

体温升高的程度同运动强度、时间和环境条件(温度、湿度、风速)以及个体锻炼程度有关。一般情况下,中距离跑后,腋下温度可升至 37.5°～38°。锻炼有素的人,运动停止后散热较快,短时间即可恢复正常,甚至比正常还低。这些说明身体锻炼可提高人体体温调节的能力。体育锻炼还可以提高脂质代谢过程,使血液中胆固醇含量降低,有利于预防动脉硬化的发生。

二、体育锻炼对运动系统的影响

体育锻炼能保持肌张力,减小肌萎缩和退行性变化,保持韧带的弹性和关节的灵活性,使脊柱的外形保持正常,从而能够减少和防止骨骼、肌肉、韧带、关节等器官的损伤和退化,使运动系统功能得到改善。

(一)体育锻炼对骨骼的影响

体育锻炼时骨的血液供给得到改善,骨的形态结构和性能都发生良好的变化,骨密质增厚使骨变粗,骨小梁的排列更加整齐而有规律,骨骼表面肌肉附着的突起更加明显,这些变化使骨变得更加粗壮和坚固,从而提高了骨的抗折、抗弯、抗压缩和抗扭转等方面的能力。体育锻炼目的不同,对人体各部分骨骼的影响也不同。经常从事下肢活动,就对下肢骨的影响较大,对上肢骨的影响较小。在同一人身上,若肢体承担负荷比较平均,则两臂骨骼发展大体相同,如果一上肢承担的负荷量较大(网球、羽毛球、乒乓球、投掷),则这一上肢的变化就明显。

(二)体育锻炼对关节的影响

体育锻炼既可增强关节的稳固性,又可提高关节的灵活性。关节稳固性的加大,主要是增强了关节周围肌肉力量的结果,同时与关节和韧带的增厚也有密切的关系。关节灵活性的提高,主要是关节囊韧带和关节周围肌肉伸展性加大的结果。如游泳或体操运动时肩、肘、手、足等关节运动幅度都加大,从而致使灵活性提高。人体的柔韧性提高了,肌肉活动的协调性加强了,就有助于适应各种复杂动作的要求。

(三)体育锻炼对肌纤维的影响

① 肌线变粗,肌肉体积增大,因而肌肉显得发达、结实、健壮、匀称而有力。正常人的肌肉约占体重的 35%～40%,而经常从事体力劳动和体育锻炼的人,肌肉可占体重的45%～55%。

② 肌肉组织的化学成分可发生变化,如肌肉中的肌糖原、肌球蛋白、肌动蛋白和肌红蛋白等含量都有所增加。肌球蛋白、肌动蛋白是肌肉收缩的基本物质,这些物质增多不仅能提高肌肉收缩的能力,而且还使三磷酸腺苷(ATP)酶的活性增强,分解速度加快并促进供给肌肉的能量。肌红蛋白具有与氧结合的作用,肌红蛋白含量增加,则肌肉内的氧储备量也增加,有利于肌肉在氧供应不足的情况下继续工作。

③ 体育锻炼有助于增强肌肉的耐力。因为肌纤维内线粒体的大小和数量成倍增加能产生更多的能量,使肌肉中的毛细血管大量开放(安静时肌肉每平方毫米开放的毛细血管不过80 条左右,剧烈运动时可增加到 2 000～3 000 条)。长期坚持锻炼,可使肌肉的毛细血管形态结果发生变化,出现囊泡状,从而增加了肌肉的血液供应量。

三、体育锻炼对心血管系统的影响

(一)体育锻炼对心血管的形态结构和机能的积极影响

体育锻炼时,心脏的工作量增加,心肌的血液代谢过程加强。长期锻炼的运动员心肌纤维增粗、心壁增厚、心脏增大,以左心室增大最为多见,而训练水平越高,这种变化越显著。这样,不但使心脏具有更大的收缩力,而且还能增加心脏的容量,从而使心脏的每搏输出量和每分钟输出量增加。心容量可由一般人的 765～785 ml 增加到 1 015～1 027 ml。每搏输出量由安静时的 50～70 ml 增至 100 ml 左右。到中老年时,还可以延缓肌纤维退化过程。

（二）体育锻炼影响血管的结构,改变血管在器官内的分布

动物试验证明,体育锻炼可使动脉血管壁的中膜增厚,平滑肌细胞和弹力纤维增加,而在大动脉(主动脉)处,弹力纤维占优势,在中等动脉(腰动脉)处,平滑肌细胞占优势。动物试验还证明,体育锻炼能使骨骼肌的毛细血管分布数量增加,分支吻合、丰富。这些变化都有利于改善器官供血,增强物质与能量的交换。

动物试验研究还证明,体育锻炼能够反射性地引起冠状动脉扩张,使冠状动脉口径增粗,改善冠状动脉循环,心肌的毛细血管数量增加。心肌中肌红蛋白含量也增高,可以增强心脏在缺氧条件下的工作能力,对预防冠心病有着重要的意义,也是延缓冠心病发展的重要因素。

（三）体育锻炼可以促使大量毛细血管开放

这对于人体组织细胞的物质代谢过程,特别是脂质代谢,以及血管壁的弹性,都起着良好的作用,也是新陈代谢旺盛的人身体健康的保证。

（四）体育锻炼可以显著降低血脂含量(胆固醇、β 脂蛋白、三酰甘油)

这会使低密度脂蛋白减少,高密度脂蛋白增加,它对防治动脉硬化有着重要意义。另外,从事体育锻炼还可以增强血液中抗凝血系统的功能,降低血中尿酸含量,预防血小板的聚集,以免发生血管栓塞。

（五）体育锻炼还可以使安静时脉搏徐缓和血压降低

通常人安静时脉搏每分钟 70～80 次,经过长期体育锻炼后,可使安静时脉搏减慢到 50～60 次。脉搏频率的减少能使心脏收缩后有较长的休息时间,为心脏功能提供了储备力量。这样当人体进行强烈运动时,心脏就能承受大运动量的负荷。在激烈运动时,经常锻炼的人每分钟脉搏可达 200 次以上而无明显不适,而一般人在 180 次就会出现心脏输出量减少、面色苍白、恶心、不适等症状。

在进行运动时,经常锻炼的人每分钟脉搏次数增加较少,而且恢复较快;不常进行体育锻炼的人脉搏次数增加较多,恢复也慢。正常人轻度运动时,脉搏增加越少,恢复时间越短,说明循环机能越好。

经过长期的体育锻炼,在完成定量工作时,心血管机能变化呈现以下特点:

1. 动员快

完成一定工作劳动时,能迅速动员心血管的机能活动,以适应机体承受负荷的需要。

2. 潜力大

在极度紧张的劳作中,心血管系统可发挥最大的机能潜力,充分调动人体的储血力量。

3. 恢复快

在体力活动之后,虽然心血管机能变化很大,但能很快恢复到安静状态的水平。每次搏动及每分钟输出量增加时,自静脉流入心脏的血液也随之增加。静脉回流加快的原因是:

① 肌肉的"唧筒"作用。肌肉有节律地收缩时,周期性地对静脉施加压力,就能加快静脉的回流;

② 胸腔的吸引作用。由于运动的呼吸较深,胸腔内负压也较大,加快静脉回流;

③ 运动时腹肌及横膈的作用,使腹腔内血液较易流入胸腔。

正常成人男子每立方毫米血液中含有红细胞 450 万～550 万个,女子含有 380 万～460 万

个,红细胞内含大量的血红蛋白,它具有运输氧和二氧化碳的重要作用。正常成人男子每 100 ml 血液中含有血红蛋白 14 g 左右,女子含有 12.5 g 左右。

众所周知,血液具有维持内环境的相对稳定的作用、运输作用以及防御作用,在体育锻炼的影响下,血液的成分及生化方面都可发生改变。适量的体育锻炼,首先使血红蛋白和红细胞数量增加,这就增加了血液的溶氧量。前苏联学者研究证实,长期锻炼可使肌体碱储备增加,因而也增加了血液的缓冲性,在进行剧烈的肌肉活动时,虽有大量代谢的酸性产物进入血液,血液也能在比较长时间内保持正常反应,而不致造成酸性产物对各器官组织的刺激。

四、体育锻炼对呼吸系统的影响

运动时要消耗能量。体力活动越剧烈,氧的消耗就越多,呼吸活动也会通过各种调节方式明显得到加强。运动对呼吸机能的作用是复杂的,除能最大限度地改善人体的吸氧能力,降低呼吸中枢对乳酸与二氧化碳的兴奋性,并增强人体对缺氧的耐受力外,据称还能促使呼吸机能出现"节省化"。实验证明,由于运动员呼吸机能的高度发展,呼吸和动作配合的协调完善,在进行定时活动时,呼吸系统的各项指标的变化都比一般人要小。

体育锻炼能提高呼吸机能,主要表现为呼吸肌发达,收缩力增强,最大通气量大,肺活量增大,呼吸差较大,一般人为 6～8 cm,经常锻炼的人为 9～16 cm。安静时,一般人呼吸浅而快,每分钟男子为 16～20 次,女子要比男子快 1～2 次。而经常锻炼者呼吸深而缓,每分钟 8～12 次,一般成人男女肺活量为 2 500～4 000 ml,而经常锻炼的人可达 4 500～6 500 ml,一般人最大通气量为每分钟 80 L 左右,最大吸氧量为 2.5～3.5 L,只比安静时大 10 倍,而经常锻炼的人每分钟通气量可达到 100～120 L,最大吸氧量可达 4.5～5.5 L,比安静时大 20 倍。

此外,由于长期坚持锻炼,负氧质量增大,对缺氧耐受力强,氧的吸收利用率也较高,调节呼吸的节奏和形式的能力也较强。

五、体育锻炼对消化系统的影响

体育锻炼对消化器官的机能有良好的作用,它能使肠胃的蠕动加强,消化液的分泌增多,因而使消化和吸收的能力提高,从而增加食欲。但是,食后立即进行比较剧烈的运动或比较剧烈运动后立即进食,都对消化系统有不良影响。因在剧烈运动时,大脑皮层运动中枢兴奋占优势,以致减弱和抑制了其他部位的活动,使消化中枢处于抑制状态,因而减弱了肠胃的蠕动,并减少了消化液的分泌。

六、体育锻炼对人体中枢神经系统和心理方面的影响

体育锻炼可以改善和提高中枢神经系统的工作能力,使中枢神经及其主导的部分大脑皮层的兴奋性增强,抑制加深,使得兴奋和抑制更加集中,从而改善神经系统的均衡性和灵活性,提高大脑分析和综合的能力,增强机体适应性变化能力和工作能力。经常从事体育锻炼的人和运动员灵活性高、反应速度快、反应时间短。

表 2-4 列出了不参加与经常参加体育锻炼者的生理指标的对比状况,从表中可以看出经常参加体育锻炼者的各器官的功能明显高于不参加者。

表 2-4　不参加与经常参加体育锻炼者的生理指标

生理系统	不参加锻炼者	经常参加锻炼者
神经系统	灵活性低、反应时间长、反应慢	灵活性高、反应时间短、反应快
运动系统	肌肉重量占体重的 35%～40% 股骨的承受力为 300 kg 的压力	肌肉重量占体重的 50% 左右 股骨的承受力为 350 kg 的压力
血液循环系统	心脏重量为 300 g 心容积为 600～700 血容量为 765～785 ml 心横径为 11～12 cm 每搏输出量为 50～70 ml 极限运动时 100～120 ml	心脏重量为 400～450 g 心容积为 1 000 血容量为 1 015～1 027 ml 心横径为 13～15 cm 每搏输出量为 80～100 ml 极限运动时 200 ml
呼吸系统	安静时脉搏为 70～80 次/分 肺活量男子为 3 500 ml 肺活量女子为 2 500 ml 呼吸频率安静时为 12～18 次/分 呼吸差为 5～8 cm	安静时脉搏为 50～60 次/分 运动员达到 40 次/分 肺活量男子为 4 000～7 000 ml 肺活量女子为 3 500 ml 呼吸频率安静时为 8～12 次/分 呼吸差为 9～16 cm

复习思考题

1. 如何理解"超量恢复"?
2. 体育锻炼如何塑造和改善一个人的能力、气质和性格? 举例说明。
3. 体育锻炼对人体有哪些积极作用? 谈谈自己的体会。

第三章 体育锻炼的原则和方法

第一节 体育锻炼的基本原则

体育体育锻炼的原则是身体锻炼基本规律的反映,也是参加者安排锻炼计划、选择锻炼内容,运用锻炼方法所要遵循的原则。为了达到体育锻炼的目的,提高锻炼的效果,在锻炼中我们应遵循以下五条基本原则。

一、自觉积极性原则

体育锻炼不同于人们劳动和日常生活中的一般躯体活动,更区别于动物所具有的走、跑、跳、攀登等自然的本能动作。人们所从事的体育锻炼总是有一定的目的和意识的身体活动过程,因此要发挥自觉积极的主观能动性。

自觉积极性原则是要求锻炼时首先要明确的健身目标,懂得"生命在于运动"的道理,树立起锻炼有益于学习、工作和生活的信念。把个人的切身需要和身体锻炼的功效与民族体质、人口质量以及国家的兴旺发达结合起来,这样就能更好地激发自己的锻炼热情。在这个基础上,还应认真选择适宜的身体锻炼内容和方法,以及安排适宜的运动负荷,使进行身体锻炼之后获得一种精神上的满足,感到有乐趣、心情舒畅。人们进行感到有趣味的活动,就会有对这项体育活动表现出极大的主动性和自觉性,使身心统一。总之,体育锻炼的效果、信心、兴趣三者是相辅相成的,应紧密结合才能做到自觉积极地进行体育锻炼,这样也可提高比赛时的心理素质。

定期检测锻炼效果的信息反馈,可以使自己经常看到锻炼的结果和进步,增强自信心,有助于不断巩固和提高自觉锻炼的积极性。

二、从实际出发原则

从实际出发原则是指体育锻炼的目的、内容、方法以及自身的条件状况,选择适宜的运动负荷。

每个参加锻炼者的主客观条件都不相同,如性别、年龄、职业、体育基础、身体状况、生活条件、锻炼目的等,因此在选择锻炼内容、方法、运动负荷时要因人而异、量力而行,特别要注意运动负荷适量。

负荷适量指体育锻炼要有恰当的生理负荷量。锻炼效果与锻炼时生理负荷的适宜与否有着极为密切的关系。机体对适宜的负荷产生适应,负荷太小,机体得不到适宜的刺激,功能的变化不明显,锻炼效果就不好。相反,机体负荷量过大,不仅不能增强体质,反而还会有损害健康。

运动负荷大小由"负荷量"和"负荷强度"所组成。"负荷量"可以通过练习动作的次数、组数、时间、距离、负荷重量等特征表现出来;"负荷强度"可以通过练习动作的速度、难度、练习的密度、练习间歇时间的长短、单次负重的大小、投掷的距离、跳跃的高度和长度等表现出来。量和强度的处理要适当。强度越大，量就要相应减少；强度适中，量可以相应加大。要做到适量，以练习者承受得了并有一定的疲劳为限。

掌握适宜的运动量，一般可采用心率百分法，即采用使心率提高到本人最高心率的 $70\% \sim 85\%$ 的强度作为标准进行锻炼的方法。个人的最高心率直接测量比较困难，一般可采用 220 减年龄来估算每分钟的最高心率。例如，某人 20 岁，其锻炼过程的强度应控制的心率范围为：

$$(220-20)\times(70\%\sim80\%)=140\sim170(次/每分)$$

这被称为有氧锻炼的适宜负荷量。或者用接近极限运动量的心率（一般假定每分钟 200 次）减去安静时的心率（这里假定每分钟 60 次）的 70%，再加上安静心率基数 60 次，即运动时的心率为：

$$(200-60)\times70\%+60=98+60=158(次/分)$$

这是对身体影响最佳的运动强度。当然这两种计算方法是相对的，适宜的运动负荷还要根据锻炼时和锻炼后的感觉来调整。

从实际出发，除因人而异外，还要因时、因地制宜，以达到最佳锻炼效果。

因地和因时制宜是指根据外界环境的实际情况，如地理环境、气候条件、场地器材、环境卫生等，选择适合于自身的锻炼内容和方法。体育锻炼的一个重要目的是使人体适应外界环境的变化，人们特别是青年人常常用外界环境来锻炼自己的意志和适应能力。但应认识到恶劣环境对人体健康，特别是患者的病情会有不良影响，因此进行体育锻炼必须注意外界环境的变化，适当调整体育锻炼的方式与负荷，否则会影响人体的健康。特别是中老年人，必须根据自己的实际情况确定运动负荷的大小，不要过高估计自己，要量力而行。

三、持之以恒原则

持之以恒原则是指体育锻炼必须持续地、系统地进行，使之成为作息制度和日常生活中不可缺少的重要内容。

从生物学角度来看，人的体质增强是一个不断积累、逐步提高的过程，不可能一劳永逸。人体机能水平的提高、各种运动素质的发展、运动技能的形成与巩固，都有赖于较长时期经常性地锻炼。这样才能使机体在解剖形态、生理机能、生化过程等方面产生一系列适应性的变化。人体结构和机能的变化都是通过机体活动进行反复多次经常的强化来实现的，体育锻炼是对机体给予刺激的过程，每次刺激都产生作用痕迹。连续不断的刺激作用，在机体内产生痕迹和积累，这种积累使机体的结构和机能产生新的适应，从而使体质不断增强。

锻炼效果具有不稳定性，当锻炼的系统性和连续性遭到破坏而出现间断或停顿时，已获得的全锻炼效应（机能水平提高、运动素质的发展、运动技能的形成与巩固等）就会逐渐消退以至完全丧失，使体质逐渐下降。贯彻持之以恒原则应注意以下两点：

（一）坚持安排合理的锻炼间隔时间

锻炼间隔时间长，锻炼的效果就不明显，因此每次安排间隔要合理。显然，要有长期计划、短期安排，计划安排要根据身体适应运动负荷的能力而定。

（二）锻炼要有恒心

持久锻炼、日积月累可使健身益心之效果显著，兴趣逐渐产生，达到身心愉快，从而养成经常锻炼的习惯。

四、循序渐进原则

循序渐进原则是指体育锻炼必须根据人体身心发展规律和个人的实际情况,在锻炼的内容、方法、运动负荷方面逐步提高,使机体功能不断得到改善和提高。

循序渐进是人体适应的基本规律,人体对内、外环境变化的适应是一个缓慢的由量变到质变的过程。只有遵循这个规律,才能取得良好的锻炼效果。否则,非但不能增强体质,相反还会引起机体损伤和运动性疾患,损害身体的健康。青年人争强好胜,一时情绪激动,违背体育锻炼的渐进规律,鲁莽从事,使机体超负运转,这样容易造成伤害。年轻时生命力旺盛,可能暂时看不到什么反应,但久而久之就会留下隐患。因此,进行体育锻炼不能急于求成。坚持循序渐进原则要做到:

（一）选择合理的锻炼内容

在锻炼的内容上,根据自己的身体状况合理选择,体质不同锻炼起点也不同。体质较好的人,可选择比较剧烈的运动方式,如各种竞技运动项目;体质较弱的人,开始锻炼时可选择比较缓和的运动,如慢跑、徒手操、武术、乒乓球等。患慢性疾病的人,可选择保健体育的一些内容,如太极拳、散步等。当体质逐渐变好时,锻炼内容也可逐步由缓和变为较为剧烈的运动。

（二）运动量逐步加大

机体对运动量的承受能力有个缓慢的适应过程,锻炼时运动量要由小到大,逐步增加。开始锻炼,时间要短,运动量不要过大,待机体适应后再逐步加大。如果运动量长期停留在一个水平上,机体的反应能力就会越来越小。机体机能的提高是按照刺激—适应—再刺激—再适应的规律有节奏地上升的,运动量也应随着这种节奏来安排。病后或中断锻炼后再进行锻炼,尤其要注意循序渐进,以免发生意外。

（三）每次锻炼过程也要循序渐进

每次锻炼前要做准备活动,锻炼后要做好整理活动,如长跑前先进行5～10分钟慢跑,长跑后也不要马上停下来。

五、全面锻炼原则

全面锻炼原则是指体育锻炼应全面发展身体的各个部位和各个器官的机能,提高身体素质和基本活动能力,从而达到身心全面和谐的发展。

人体是在大脑皮层调节下的有机统一的整体,人体各部位、各器官系统的机能,各种身体素质和基本活动能力之间是相互联系相互制约的。身体素质是人体在运动中所表现出来的力量、速度、耐力、柔韧和灵敏等机能能力,它们是通过肌肉活动表现出来的,但同时反映着内脏器官的机能、肌肉工作时的供能情况,以及运动器官与内脏器官活动的配合状况。

对于处于生长发育关键时期的青少年来说,全面发展尤其重要。各个运动项目对身体发展都有其独特的锻炼作用,但同时也有一定的侧重性。如长跑锻炼有益于发展心血管系统和呼吸系统,加强中枢神经系统的调节。锻炼的内容可结合自己的兴趣选择1～2个作为每天必练的项目,同时加强其他项目的锻炼以弥补主项的不足。全面锻炼的过程中还应注意心理素质的发展,如群体意识、个性的发展等。

第二节 体育锻炼的方法

在体育锻炼时我们不仅要遵循体育锻炼的基本原则,还应掌握正确的锻炼方法,以达到体育锻炼的目的。

一、重复锻炼法

在运动锻炼的过程中,用多次重复同一练习,两次(组)练习间安排相对充分休息,从而增加负荷的锻炼方法叫重复锻炼法。此方法关键是一次练习完毕后,间歇时间相当充分,这样可有效地提高锻炼者的无氧、有氧混合代谢能力,提高各种技术应用的熟练性与机体的耐久性。重复次数的多少不同,对身体的作用就不同,重复次数越多,身体对运动反应的负荷量就越大。如果重复次数不断继续的增加,可能使身体的负荷超过极点,乃至破坏有机体正常状态而造成伤害。重复锻炼是锻炼身体从而增强体质,为追求必要的负荷而去一次又一次地反复做动作的过程。这个过程中主要是负荷强度,而不在于改正动作错误。因此,运用重复锻炼方法的关键是掌握好负荷的有效价值范围,并据此调节重复次数。在重复锻炼中,对负荷如何控制和怎样去重复才能达到理想效果的负荷强度,应视情况而定。通常认为,普通大学生的负荷心率在130~170次/分的范围内是较适宜的。在这个范围内,心室血液充盈,每搏输出量以及氧气的运输量等均达到最佳状态,并可以持续地运动,心率低于130次/分则健身效果不大,应增加重复次数。超过170次/分则需减少重复次数,或安排足够的间歇时间。

运用重复锻炼方法还要注意根据锻炼项目的不同特点和不同体质状况,随时加以调整,以免机械呆板和产生厌倦情绪。

二、间歇锻炼法

在运动锻炼的过程中,对多次锻炼时的间歇时间做出了严格规定,使机体处于不完全恢复状态下,反复进行锻炼的方法叫间歇锻炼法。该方法的关键是间歇时间的严格控制,使机体处于不完全恢复状态,但每次练习的负荷时间较长、负荷强度适中。此方法可使锻炼者的心脏功能明显增强,通过调节负荷强度,可使机体各机能产生与锻炼项目相匹配的适应性变化;提高有氧代谢供能能力,提高体质。

人们认为体质增强的过程是在运动中实现的,其实体质内的增强过程主要是在间歇中实现的,是在休息过程中取得了"超量恢复"。若是离开在休息中取得的"超量恢复",运动就变成对增强体质毫无意义的事,甚至起不了作用。间歇对增强体质的作用并不亚于运动本身,人类已经清楚地认识到在间歇时间内机体的各种变化,认识了保持同化优势的重要性,故把间歇作为一种健身的基本方法。

同重复锻炼法一样,间歇的时间也要依据负荷的有效价值标准去调节。一般来说,当负荷反应(心率)指标低于有效价值标准时应缩短间歇时间,而在高于从价值标准时则可延长间歇时间。实践中,一般心率在130次/分左右时,就应再次开始锻炼。间歇时不要做静止休息,而应边活动边休息,如慢速走步、放松手脚、伸伸腰或做深而慢的呼吸等。因为轻微活动可使肌肉对血管起到按摩作用,帮助血液流回和排除代谢所产生的废物。

总之,通过适当的间歇,把负荷量调节到负荷有效价值范围以追求良好的锻炼效果。

三、连续锻炼法

在运动锻炼的过程中,为了保持有价值的负荷量而不间断地连续进行运动的方法叫连续锻炼法。此方法要求负荷强度较低、负荷时间较长、无间断地连续进行运动。从增强体质出发,需要间歇就停一会儿,需要连续就接二连三地进行下去,所以不能仅讲究间歇,还要讲究连续。连续、间歇、重复都是在整个锻炼过程中实现的。连续、间歇、重复等因素各有其特有的作用,连续的作用在于持续负荷量不下降,维持在一定的水平上,使身体充分地受到运动的作用。

连续锻炼时间的长短,同样要根据负荷价值有效范围而确定,通常认为在140次/分左右心率下连续锻炼20~30分钟,可使机体的各个部位都长时间地获得充分的血液和氧的供应,因而能有效地发展有氧代谢能力,发展耐力素质。实践中,用于连续锻炼的内容主要是那些比较容易并已为锻炼者所熟悉的运动,如跑步、游泳,也可以是跳迪斯科舞等。

四、循环锻炼法

循环锻炼法由几个不同特点的练习点(或称作业站)组成,练习者按照既定顺序和路线,依次完成每点练习任务。即一个点上的练习一经完成,练习者就迅速转移到下一个点,下一个练习依次跟上。练习者完成了各个点上的练习,就算完成了一次循环。这种练习方式就叫循环锻炼法。其结构因素有:每点的练习内容、每点的练习负荷、练习点的安排顺序、练习点之间的间歇、每遍循环之间的间歇、练习的点数与循环的组数。

循环锻炼法对技术的要求不高,且各个项目都采用比较轻度的负荷练习,因此练起来简单有趣,可有效地提高不用层次和水平的练习者的运动情绪和积极性;可以合理地增大锻炼过程的练习密度;可以随时根据具体情况加以调整,做到区别对待;可以防止局部负担过重,延缓疲劳的产生,交替刺激不同体位,有利于综合锻炼,从而达到全面发展的效果。

运用循环锻炼法时,关键是要按照全面性原则去搭配项目。就大学生而言,锻炼时既要发展四肢,也要发展躯干;既要运动胸背部,又要运动腰腹部;既要追求形态的健美,也需要注意机能、素质的全面发展。为此,就必须搭配项目。根据已有的经验,一般选6~12个已为锻炼者掌握的简单易行的项目。搭配时注意上肢动作与下肢动作、剧烈的跑跳练习与静力憋气动作之间合理交替。在健身锻炼中,可根据锻炼项目安排循环练习各个练习点,还可以分队比赛,增加竞争性,以提高练习兴趣。

五、变换锻炼法

通过不断变换运动负荷、练习内容、练习形式以及条件,以提高锻炼者的积极性、适应性及应变能力的方法称变换锻炼法。此法可以有效地调节生理负荷,提高兴奋性,强化锻炼意识,克服疲劳和厌倦情绪,以达到提高锻炼效果的目的。

如刚参加锻炼时,可多做些诱导性练习和辅助性练习。随着锻炼水平的提高,应加大练习的难度,如用越野跑代替在田径场的长跑等。由于锻炼条件的变化,可使锻炼者的大脑皮层不断地产生新异的刺激,提高兴奋性,激发锻炼的兴趣,从而提高机体对负荷的承受能力,提高锻炼效果。另外,不断地对锻炼的内容、时间、动作速率等提出新的要求,可有效地调节生理负荷,使机体不断产生适应性变化,达到更好的锻炼身体的目的。

六、负重锻炼法

负重锻炼法是使用杠铃、哑铃、沙袋等重物进行身体运动来锻炼身体,增强体质的方法。负重的方法既用于普通人为增强体质而锻炼身体,又适用于各项运动员进行身体训练,还适用于身体疾患者的康复。

一般人增强体质进行负重锻炼,应该采用最大摄氧量和最大心血输出量以下的负荷。因为过大的负荷可能给心血管和呼吸系统带来不良的影响。为了保证这种锻炼方法对身体的良好作用,在运动负荷价值范围内可以多次重复或连续。

第三节　提高身体素质的方法

力量、速度、耐力、灵敏和柔韧是五项基本素质,也是在校学生通过《国家学生体质健康标准》需要具备的素质。下面是提高身体素质的练习方法:

一、力量素质

(一)力量素质的练习方法

力量素质是指人体神经肌肉系统紧张或收缩时对抗或克服阻力的能力,这种能力按肌肉收缩的形式可分为静力性力量和动力性力量。

① 静力性力量是指肌肉等长收缩时产生的力量,使肢体维持或固定为一定的位置和姿势,肢体环境固定,肌肉长度不变,以改变张力克服阻力,如体操项目中的支撑、平衡、倒立、悬垂等。

② 动力性力量是指肌肉做扩张收缩时产生的力量,即使人体相应环节运动,肌肉张力不变,改变长度,产生收缩力克服阻力,从而产生加速度,如田径、游泳和球类运动等。

选择阻力(负重)大小是关键,如果不进行系统的克服相当大阻力的练习,肌肉的最大力量就不会增加。采用大重量、次数少、阻力大的练习最有利于发展力量。阻力的大小一般用最大力量的百分数或一次练习中能重复的次数来确定。发展最大力量用能重复 1～3 次阻力(相当于本人最大力量的 85%～95% 的强度)进行 3～5 组练习,组间休息 1～3 分钟,隔天练习一次效果最佳。

综上所述,力量练习与重量、次数、组数和间歇有密切的关系,只有科学地掌握了它们之间的规律,才能收到预期的锻炼效果(见表 3-1)。

表 3-1　力量、次数、组数、间歇的等级

重量	极限重量(%)	次级	次数	组数	间歇	间歇时间
大	80～100	少次数	1～5 次	1～3 组	极短	10 秒以内
中大	70～90	中次数	6～12 次	4～6 组	短	10～30 秒
中	60～80	多次数	13～20 次	6 组以上	中	30 秒～1 分
中小	50～70	较多次数	20 次以上		长	1 分～1 分 30 秒
小	50 以下					
起始重量	在一次锻炼中做某个动作第一次使用的重量					

（二）力量素质练习负荷的安排

不同的重量、次数、组数和间歇时间的组合，引起不同的锻炼目的和效果。

① 大重量、少次数、高组数、长间歇——主要用于提高绝对力量。

② 中大重量、中次数、中组数、中间歇——主要用于增加肌肉围度。

③ 中重量、中次数、高组数、短间歇——主要用于突出肌肉线条。

④ 中小重量、高次数、中高组数、短中间歇——主要用于加强耐力和心肺血管功能。

⑤ 小重量、超高次数、高组数、长间歇、配合合理节食——主要用于减肥。

（三）力量练习应注意的事项

① 练习前应充分做好准备活动。

② 力量练习应循序渐进，肌肉力量增长以后，必须随之加大负荷。

③ 力量练习应注意安全，避免受伤，练习结束应充分整理放松或者按摩。

二、速度素质

（一）速度的练习方法

速度素质是指人体快速运动的能力，包括对外界信号刺激快速反应的能力、人体快速获得高速度完成动作的能力、最短时间完成单个动作的能力、最短时间重复多次动作的能力、最短时间移动身体到达最长距离的能力。

速度的练习方法归纳起来可分为以下几种：

① 追逐跑或追逐游戏接力跑。

② 高速跑或高速做其他投掷、跳跃练习，这种方法的目的在于使练习者体会和建立在高速情况下完成各种动作的能力。

③ 助力训练法。借助于外界的助力，迫使练习者做快速动作，建立新的动作节奏，从而达到提高速度的目的（顺风、下坡）。

④ 缩小作业难度的练习方法（如缩小动作幅度的小步跑）。

⑤ 诱导法。采用听觉、视觉信号诱导练习者伴随信号快速运动的训练，这种方法有助于建立新的动作节奏，例如：节拍器、看录像模仿动作等。

⑥ 测验比赛法。通过测验或比赛，提高练习强度，引起练习者高度的兴奋性，这有助于建立快速完成练习的条件反射。

⑦ 快速练习方法。依次用 5～20 秒做原地快速摆臂练习；依次用 5～20 秒做手扶肋木架快速高抬腿练习；进行 20～80 m 加速跑 6～8 次；200 m 变速跑；30 m 下坡跑；让距追逐跑；不同距离的接力游戏或比赛；30～60 m 听枪声起跑 6～8 次。

（二）速度练习应注意的事项

① 发展速度应在身体状况较好、体力较强时进行，一般安排在一次练习课的前半部。

② 发展速度应与发展力量相结合。

③ 速度练习对中枢神经系统的负荷较大，因此要注意重复次数不宜太多，并应注意速度练习之间的间歇时间。

三、耐力素质

（一）耐力素质的练习方法

耐力素质是指有机体坚持长时间运动的能力，可分为肌肉耐力（又称力量耐力）和心血管耐力(又分为有氧耐力和无氧耐力)。以健身为目的的耐力练习方法与运动员的训练不同。一般来说,耐力练习主要采用长时间连续低负荷的方法,如长时间跑步这种方法,强度在中等水平,对大学生来说,心跳、脉搏应该维持在 130~160 次分为宜。有疲劳的感觉但不难受,运动后心情舒畅、精力充沛。这种练习时间较长的跑步可以匀速进行,也可变速进行。长跑持续时间、距离和速度应根据自己的锻炼水平以及通过《国家学生体质健康标准》要求而定。具体练习方法可参考田径中长跑的练习方法。

(二)耐力素质的练习方法

① 耐力练习应持之以恒、循序渐进。

② 培养自己坚持不懈,勇于克服困难的品质。

③ 应逐步掌握两种正确落地方法和呼吸方法,克服"极点"的不适感。

④ 由于耐力主要的训练目标是心血管系统,所以必须坚持运动的时间长才能奏效。

⑤ 训练心血管呼吸系统必须严格控制速度(强度),控制速度最好的指标是心率。

⑥ 一般耐力训练比较单调,宜成组进行,为了呼吸新鲜空气,不宜在公路上跑,宜在野外跑。

四、灵敏性素质

灵敏素质是指在各种突然变换的条件下,练习者能够迅速、准确、协调地改变身体运动的空间位置和运动方向,以适应变化着的外界环境的能力。人的身体素质中,灵敏性占有特殊的地位,它以多种方式与其他身体素质发生联系,也与动作、熟练性密切相关,因而它具有特殊的综合特性。

(一)灵敏性素质的练习方法

发展灵敏素质应从培养各种能力入手,如掌握运动能力、反应能力、平衡能力、观察判断能力、节奏感等,一般可采用以下的方法进行练习:

① 首先要提高大脑皮质神经过程的灵活性,采用变换条件的多种多样性的练习,如变向跑、闪躲跑等。

② 提高灵敏性应加强肌肉的力量及关节的柔韧性,尤其应注意发展爆发力和培养协调性及放松能力。

③ 多进行体操、球类、技巧、摔跤、击剑、拳击、跳跃等项目锻炼能有效地发展灵敏素质。

(二)灵敏性练习应注意的事项

① 发展灵敏素质要与速度、力量、柔韧等素质综合进行。

② 灵敏性练习应在大脑处于适宜兴奋、心理状态良好时进行,一般安排在练习课的前半部分。

③ 发展灵敏素质与年龄、性别、个体差异较大,应根据具体情况进行锻炼。

④ 女子进入青春期,灵敏素质会出现明显下降的趋向,这是由于体重的增加,有氧能力下降所致。锻炼者应根据这一规律,不要急躁,只要锻炼方法得当,青春期后灵敏素质仍有可能恢复和发展。

五、柔韧素质

柔韧素质是指人体关节在不同方向上的运动能力以及肌肉、韧带等软组织的伸展能力。柔韧素质是掌握运动技术的重要条件,人体所能表现出的各种姿势和运动幅度的大小,往往与柔韧素质有着直接的关系。

（一）柔韧性素质的练习方法

发展柔韧素质有两种形式,即在助力的作用下进行关节活动的运动形式和主动控制肌肉紧张与放松进行关节活动的运动形式。

发展肩部、腿部、臂部和脚部的柔韧性主要手段有:压、搬、劈、摆、踢、绷及绕环等练习;发展腰部的柔韧性主要手段有:站立体前屈、俯卧背伸、转体、甩腰与绕环等练习。可以徒手、持器械或在器械上进行主动和被动的各种练习。

（二）柔韧性练习应注意的事项

① 与力量素质结合,训练后注意放松练习,使肌肉柔而不软、韧而不僵。

② 准备活动要充分,使身体发热,减少肌肉的阻力。

③ 动作幅度与强度要由小到大,且每次练习应达到最大活动范围,如不逐渐增大,则柔韧性发展效果不明显,甚至减退。

④ 坚持每天练习则效果最佳。

第四节　发展心肺系统的有氧锻炼方法

发展心肺系统的有氧锻炼方法有很多,如骑自行车、爬山、健美操、健美、健步行走和慢跑。这里着重介绍有氧锻炼效果最好的方法——健步行走和慢跑。

一、健步行走

（一）健步行走对人体的作用

坚持走步活动,也就是运用脚掌不断与地面机械接触来刺激脚底反射区(类似中医的穴位),从而调节人体相应脏腑器官及系统的功能,增强呼吸肌的功能,相应提高肺的通气量,提高心肌收缩力,加大心脏的每搏输出量和增强肺循环的机能,增强全身的肌肉力量,改善血管的张力,减轻心脏的负担,减低血压,增加全身血液循环总量,提高红细胞和血红蛋白含量,从而提高血液运输氧的能力。促进新陈代谢,增进健康,减少脂肪和水,增进中枢神经系统、内脏、内分泌和消化系统的功能。因此,健步行走是一种很好的锻炼方式。它不费力气,不需要特殊器械,又不局限任何时间、地点,非常自然地达到强身健体、延年益寿、增进健康的目的。

（二）健步行走的锻炼方法

健步行走类似于军人步伐,每分钟走 125～130 步,步幅在 40～50 cm。换句话说,这样行走能使身体有一定强度反应,例如,心跳加快、呼吸加深、全身血流加快、精神愉快等。

健步行走及散步应选择在空气清新、道路平坦、环境宁静、避开交通繁忙的地方,最好选择公园里或在花间林丛、河畔溪边,这些地方有充足的氧气和负离子,能调节脑细胞新陈代谢。行走时抬头挺胸,步行节奏和呼吸节律相互协调。早晨或傍晚为最佳运动时间。

（三）健步行走的运动量

步行运动量的安排应根据自己的习惯决定,以下方法可做参考:每分钟走 100 步,每次行走 1 小时,保持每分钟心率为 110 次,维持 10 分钟以上,消耗能量 1256KJ,相当于步行4～5 公里或慢跑 20 分钟。

二、慢跑

(一)慢跑能改善人体有氧代谢能力

慢跑是健身锻炼最基本的方法,被称为"有氧运动之王",既安全又易控制其运动量。健身锻炼的最根本的道理是要改善人体的有氧代谢能力。慢跑的特点为运动时间较长,速度较慢,距离较远,具有安全、省钱等特点。

慢跑能增强心肺功能,减少体内脂肪的堆积,降低血中甘油三酯的含量,调整大脑皮质在工作中所造成的紧张和压抑感。慢跑时吸入新鲜空气,加速新陈代谢,增加下肢力量,促进血液循环。一个肌肉结实的人,必然有一个强健的心脏。慢跑能消除肾上腺素(紧张时该激素造成胃里恶心)。可以这么说,运动越多,身体消除应激激素的能力就越强。所以每运动一次就如同为自己的身体做了一次大扫除。经常慢跑对大脑有益。动物实验表明,经常慢跑能促进脑细胞的生长,特别能促进负责学习和记忆的那一半大脑的脑细胞生长。目前科学家正在研究经常慢跑对人脑的影响。

(二)慢跑常用的几种运动方式

慢跑的运动量由运动强度和运动时间的乘积所决定,应根据人的实际情况选择恰当的跑步强度、时间和距离。主要的运动方式有以下几种:

① 交替跑:步行和慢跑交替进行,走 1 分钟,跑 1 分钟。每隔两周增加一次运动量。

② 间歇跑:慢跑 30 秒,行走 60 秒,反复 10~20 次,总时间为 12~30 分钟。

③ 匀速跑:每次跑 3 000~5 000 m,持续 20~30 分钟。亦可增加距离和时间,如 1~2 小时。

④ 原地跑:原地跑是一种室内锻炼方法,其作用原理类似慢跑运动,适合各种年龄,在居住地拥挤的地方更具有其优点。原地跑要求足踝抬高 20 cm,每分钟 70~80 次,持续 15~20 分钟可达锻炼效果。为了减少踝部震荡,鞋内需加厚海绵垫,或用软性地毯块,若要加大运动强度,需加用木制踏凳。具体做法:首先做 3~5 分钟慢跑,作为准备活动,然后进入真实跑,高抬腿,前足落地,挺胸收腹,两手大幅摆动,配合呼吸,加深呼吸运动。根据自己的体能决定每分钟的步数,最快可达 140~170 步,每次运动时间为 15~20 分钟,每周 2~3 次。

复习思考题

1. 自我评价运动能力与健康水平。
2. 体育锻炼应遵循哪些基本原则?
3. 简述体育锻炼有哪些方法?

第四章 常见运动损伤的处理与预防措施

第一节 运动损伤的分类

所谓运动损伤指的就是人们在体育运动中所发生的损伤。我们在生活中还经常会发生很多损伤的情况,它们和运动损伤的不同之处在于造成的原因不同。运动损伤的主要原因与运动项目、运动强度,以及运动的动作是否规范、方法是否科学有很大的关系。

运动损伤的分类方法有很多,这里主要介绍以下几种。

1. 按受伤的组织结构分类

按照组织结构分类,主要包括:皮肤损伤、肌肉与肌腱损伤、关节损伤、滑囊损伤、骨损伤、神经损伤、内脏损伤等。

2. 按伤后皮肤、黏膜完整性分类

① 开放性损伤:伤处皮肤或黏膜的完整性遭到破坏,伤口与外界相通,如擦伤、刺伤、开放性骨折。

② 闭合性损伤:伤处皮肤和黏膜仍保持完整,伤处无裂口与外界不相通,如挫伤、关节扭伤、腱鞘炎、闭合性骨折。

3. 按伤情轻重分类

① 轻伤:伤后仍能按原训练计划进行锻炼。

② 中等伤:伤后不能按原训练计划进行锻炼,需停止患部练习、减少患部活动。

③ 重伤:伤后已经完全不能锻炼了。

4. 损伤病程分类

① 急性损伤:指瞬间遭受直接暴力或间接暴力导致的损伤。

② 慢性损伤:是指局部过度负荷、多次轻微损伤累积而成的劳损,或由于急性损伤处理不当转化为陈旧性损伤。

第二节 产生运动损伤的原因及预防

人们在参加体育活动的实践中,强身体、炼意志、调感情、享受生活。但我们也可以看到,有些人虽有参加体育活动的热情,但缺乏体育运动卫生的知识,也会导致一些伤害事故的发生,严重挫伤了参加体育运动的积极性。因此,我们有必要对伤害事故发生的原因及规律做出必要的阐述,提醒大家注意预防伤害,掌握防止受伤的措施。

一、运动损伤产生的主观原因

1. 思想上麻痹大意,对安全认识不足、意识不够

运动时心血来潮,不顾主客观条件,盲目进行锻炼。在训练和比赛中没有采取相应的安全

措施。

2. 不做准备运动或者准备运动不合理、不充分

准备活动可以提高神经系统的兴奋性,克服生理惰性、调节赛前状态、避免运动损伤。不做准备活动极易造成肌肉拉伤或关节韧带损伤。

3. 缺乏运动经验和自我保护意识,逞能冒险

比如游泳不做准备活动,滑冰不戴手套,摔倒时手臂前撑或外旋着地而造成手臂损伤。

4. 动作粗野、违反规则

主要表现在:技术动作不符合要求,运动负荷过大,违反了人体构造的功能特点和生物力学规律。

5. 身心疲劳

实践证明,在疲劳的状态下动作的准备性和协调性显著下降,警觉性和注意力减退、反应迟钝,此时参加剧烈运动或练习较难动作时,就可能发生创伤。

6. 纪律松懈、组织教法不当

在教学训练中没有贯彻区别对待的原则,忽视学生身体素质的差异,以及做与课程无关的事情也会导致伤害。

7. 体弱或身体有缺陷的人到存有安全隐患的不明水域游泳

8. 不良的生活习惯、体育锻炼上认识的误区也可导致伤害发生

例如雾天跑步、酒后游泳。

二、产生运动损伤的其他原因

1. 运动水平低,身体状态不佳

体质弱以及不经常参加体育锻炼的人,缺乏运动经验,身体素质差,尤其是肌肉、肌腱和关节的辅助结构薄弱,关节的稳定性、灵活性较差,动作既不协调也不合理,大脑的反应和自我保护能力差,一旦突然参加剧烈运动和长时间运动就容易受伤。

2. 运动负荷安排不合理

运动负荷小,达不到锻炼效果;运动负荷过大,尤其是局部负荷量过大,超过了人体生理承受力,就容易导致运动损伤。

3. 违反运动原则

准备活动不充分,带伤继续参与剧烈运动,缺乏对易伤部位的保护,疲劳过度,不按照运动技术的规律练习,急于求成等都容易受伤。

4. 运动环境不良

运动场地凹凸不平,砂石满地;积水地滑,无安全保护措施;风沙大雾,光线暗淡;气温过高或过低;器材陈旧或质量差,维护不当;锻炼者的着装、护具不符合要求;人员拥挤等情况,都很容易造成损伤。

5. 思想意识与心理因素

思想麻痹大意,安全意识不强,在运动中动作粗野,违反规则,注意力不集中,情绪不稳定,赌气斗狠也是造成运动损伤的重要原因。

三、运动损伤的预防

1. 训练方法要合理

要掌握正确的训练方法和运动技术,科学地增加运动量。对于不同性别、年龄、水平及健康状况的人,训练时在运动量的安排上应因人而异、循序渐进。例如,年龄小的在训练内容上,应把全面身体训练和专项身体训练结合起来,并以全面身体训练为主;在运动量的安排上应考虑到他们的生理特点,与成年人比较起来训练时间要短些,强度、密度要小些。

2. 准备活动要充分

在实际工作中,我们发现不少运动损伤是由于准备活动不足造成的。因此,在训练前做好准备活动十分必要。准备活动可以提高中枢神经系统的兴奋性,克服机体机能活动的生理惰性,为正式练习做好准备。准备活动能增加肌肉中毛细血管开放的数量,提高肌肉的力量、弹性和灵活性,同时也可以提高关节韧带的机能,增强韧带的弹性,使关节腔内的滑液增多,防止肌肉和韧带的损伤。在进行准备活动时,既要使躯干、肢体的大肌肉群和关节充分活动开,同时也要注意各个小关节的活动。准备活动还应增加一些专项素质的内容。

3. 注意间隔放松

在训练中,每组练习后,为了更快地消除肌肉疲劳,防止由于局部负担过重而出现的运动损伤,组与组之间的间隔放松非常重要。在间隔时间内,一些运动者对这一问题重视不够,他们在每组练习后,往往站在一旁不动或千篇一律地做些放松跑。这样并不能加快机体疲劳的消除,在进行下组练习时还易出现损伤。由于各个项目的练习内容不同,间隔放松的形式也应有所区别。例如,着重于上肢练习的项目,在间隔可做些放松慢跑;着重于下肢的项目结束后,可以在垫子或草地上仰卧,将两腿举起抖动或做倒立。这样一方面可以促进血液的回流,改善血液的供给,另外也能使活动肢体中已疲劳的神经细胞加深抑制,得到休息,这对于消除疲劳及防止运动损伤有着积极意义。

4. 防止局部负担过重

训练中运动量过分集中,会造成机体局部负担过重而引起运动损伤。例如,膝关节半蹲起跳动作过多,易引起髌骨损伤;过多地练习鸭子步可引起膝内侧副韧带及半月板的损伤。因此,在训练中应避免单调片面的训练方法,防止局部负担过重。

5. 加强易伤部位肌肉力量练习

据统计,在运动实践中,肌肉、韧带等软组织的运动损伤最为多见。因此,加强易伤部位的肌肉力量练习,对于防止损伤的发生具有十分重要的意义。例如,加强股四头肌力量的练习可以防止膝关节损伤,而防止肩关节损伤则应加强三角肌、肩胛肌、胸大肌和肱二头肌的练习。

除上述几条以外,搞好医务监督,遵守训练原则,加强保护,注意选择好训练场地,也是预防运动损伤的重要内容。

第三节　常见运动损伤预防及应急处置

1. 肌肉拉伤

肌肉拉伤指肌纤维撕裂而致的损伤。主要由于运动过度或热身不足造成,可根据疼痛程度知道受伤的轻重,一旦出现痛感应立即停止运动,并在痛处敷上冰块或冷毛巾,保持 30 分钟,以使小血管收缩,减少局部充血、水肿。切忌搓揉及热敷。

2. 挫伤

由于身体局部受到钝器打击而引起的组织损伤。轻度损伤不需特殊处理,经冷敷处理24小时后可用活血化瘀酊剂,局部可用伤湿止痛膏贴上,在伤后第一天予以冷敷,第二天则热敷,约一周后症状可消失。较重的挫伤可用云南白药加白酒调敷伤处并包扎,隔日换药一次,每日2~3次,加理疗。

3. 急性腰扭伤

运动时,身体重心不稳或肌肉收缩不协调,引起腰部损伤。多数因腰部受力过重,或脊柱运动时超过了正常生理范围。腰部急性扭伤后,让患者平卧,一般不应立即移动。

如果剧烈疼痛,则用担架抬送医院治疗。处理后,应使伤者卧硬板床或在腰后垫一个枕头,使其肌肉韧带处于放松状态。也可针灸、外敷伤药或按摩。

4. 肩关节扭伤

一般因肩关节用力过猛以及反复劳损所致,也有的是因技术错误,违反解剖学原则而造成损伤,如投掷、排球扣球、大力发球时常出现这类损伤。其症状有压痛、疼痛,急性期有肿胀,慢性期三角肌可能出现萎缩,肩关节活动受限。单纯韧带扭伤,可采用冷敷、加压包扎。24小时后可采用理疗、按摩和针灸治疗。出现韧带断裂时,应立即送医院缝合和固定处理。当肩关节肿胀和疼痛减轻后,可适当施行功能性锻炼,但不宜过早活动,以防止转为慢性。

5. 踝关节扭伤

运动中跳起落地时失去平衡,使踝关节过度内翻或外翻致伤。在准备活动不充分,场地不平坦的情况下,更易造成这类损伤。主要症状为伤处疼痛、肿胀,韧带损伤处有明显压痛、皮下淤血。受伤后,应立即冷敷,用绷带固定包扎,并抬高伤肢,24小时后,根据伤情采取综合治疗,如外敷伤药、理疗、按摩,必要时做封闭治疗。待病情好转后,施行功能性练习。对严重患者,可用石膏固定。

6. 擦伤

擦伤即皮肤的表皮擦伤。如擦伤部位较浅,只需涂红药水即可;如擦伤创面较脏或有渗血时,应用生理盐水清创后再涂上红药水或紫药水。

7. 撕裂伤

在剧烈、紧张运动时,或受到突然强烈撞击,造成肌肉撕裂。其中包括开放伤和闭合伤两种。常见有眉际撕裂、跟腱撕裂等。开放伤顿时出血,周围肿胀。闭合伤触及时有凹陷感和剧烈疼痛。轻度开放伤,用红药水涂抹伤处即可;裂口大时,则需止血和缝合伤处,必要时注射破伤风抗毒血清,以防破伤风症,如肌腱断裂,则需手术缝合。

8. 骨折

常见骨折分为两种,一种是皮肤不破,没有伤口,断骨不与外界相通,称为闭合性骨折;另一种是骨头的尖端穿过皮肤,伤口与外界相通,称为开放性骨折。

对开放性骨折,不可用手回纳,以免引起骨髓炎,应用消毒纱布对伤口做初步包扎、止血后,再用平木板固定送医院处理。骨折后肢体不稳定,容易移动,会加重损伤和剧烈疼痛,可找木板、塑料板等将肢体骨折部位的上下两个关节固定起来。若一时找不到外固定的材料,骨折在上肢者,可屈曲肘关节固定于躯干上;骨折在下肢者,可伸直腿足,固定于对侧的肢体上。怀疑脊柱有骨折者,需躺卧在门板或担架上,躯干四周用衣服、被单等垫好,不致移动,以防引起伤者脊髓损伤而发生截瘫。昏迷者应俯卧,头转向一侧,以免呕吐时将呕吐物吸入肺内。怀疑颈椎骨折时,需在头颈两侧置一个枕头或扶持患者头颈部,不使其在运输途中发生晃动。

9. 关节脱位

因受外力作用,使关节面失去正常的连接关系,叫关节脱位,又称脱臼。关节脱位可分为完全脱位和半脱位(或称错位)两种。严重的关节脱位,伴有关节囊撕裂,甚至损伤神经。运动中发生的关节脱位,大都是间接外力撞击所致,可用长度和宽度相称的夹板固定伤肢。如果没有夹板,可将伤肢固定在自己的躯干或健肢上,防止震动,随后及时送医院治疗。必须指出,如果没有把握做整复处置时,切不可随意做整复手术,以免再度增加伤害。

10. 脑震荡

脑震荡是指头部受外力作用后,脑的神经细胞和神经纤维因被震荡而引起的一时性意识和机能障碍。患者出现的意识障碍,一般意识障碍较轻,也有意识一时性丧失(昏迷)或神志恍惚等情况,但时间长短不一,短则几秒钟,长则几分钟乃至几十分钟不等。

急救时应让伤员平卧、安静,不可坐起或立起。头部冷敷,身上保暖。若有昏迷可指掐人中穴和内关穴,呼吸发生障碍时,可施以人工呼吸。上述处理后,出现反复昏迷或耳鼻口出血、瞳孔放大又不对称时,表明病情严重,应立即护送医院治疗。在运送途中,要让患者平卧,头部固定,避免颠簸。

第四节　运动中常见的生理反应、运动损伤和运动性疾病及其防治

一、肌肉酸痛

长时间未运动,刚进行体育锻炼或进行一次运动量较大的锻炼后,往往会出现肌肉酸痛。一般出现在运动结束后 1～2 天,这被称为"延迟性疼痛"。

1. 原因

① 乳酸堆积过多(以前说法)。

② 局部肌纤维及结缔组织的细微损伤,以及部分肌纤维的痉挛。

2. 处理

① 对酸痛局部肌肉进行热敷。

② 对酸痛局部肌肉进行按摩。

③ 口服维生素 C,促进结缔组织中胶原蛋白的合成,加速受损组织的修复。

二、肌肉痉挛

肌肉痉挛:俗称"抽筋",是指肌肉不自主地强行收缩(即肌肉收缩不受大脑的控制)。

1. 原因

① 电解质失调,大量排汗电解质丢失过多。

② 肌肉收缩舒张失调或损伤。

③ 寒冷的刺激。

2. 多发部位

屈指、屈趾肌,小腿腓肠肌。

3. 处理

① 静力牵引。

② 补充电解质。

③ 离开寒冷环境。

④ 热敷、按摩。

三、极点和第二次呼吸

1. 极点

人体在剧烈运动时，由于内脏器官的活动能力落后于运动器官的需要，而产生的一种特殊的机能障碍，特别是氧债的不断积累，酸性物质堆积在血液中，会引起呼吸和循环系统活动失调，使人产生一种非常难受的感觉，如呼吸困难、胸闷、下肢沉重、动作迟缓，并伴有恶心等现象。

2. 第二次呼吸

极点出现后，再继续坚持运动（放慢速度、加深呼吸），随着机能的调节及内脏器官机能的改善，氧供增加，运动能力又将提高，极点会逐渐消失，生理过程出现新的平衡，感觉呼吸顺畅，脚步轻松。

四、运动中腹痛

运动中腹痛可表现为腹部钝痛、胀痛或刺痛，多见于长跑中。

1. 原因

① 胃肠痉挛，引起钝痛（饭后运动，运动后饮用冰冻饮料）。

② 肝脾淤血，引起胀痛。

③ 腹腔内脏器官慢性痛变，如肝炎、慢性阑尾炎而引起刺痛。

2. 处理

① 减速慢跑、弯腰跑、加深呼吸。

② 对胀痛的腹部揉按。

③ 若腹腔脏器本身有慢性病变，就应去医院进行治疗。

注意：饭后半小时以内不要进行剧烈运动。

五、擦伤

皮肤表面被粗糙物摩擦所引起的表面损伤叫擦伤。

处理方法：

1. 轻微擦伤

轻微擦伤指表皮毛细血管出血，用生理盐水或 2% 的硼酸液冲洗，再用 1%～2% 的红汞或 1%～2% 龙胆紫（紫药水）涂抹。

2. 重度擦伤

重度擦伤指静脉或动脉出血，采用压迫止血法。

① 颈总动脉：压甲状软骨外搏处，用于颈部及头面部出血时。

② 锁骨下动脉：按压锁骨上窝处，用于上臂上部，肩部出血。

③ 肱动脉：在上臂的上中 1/3 交界处，肱二头肌内侧缘处，用四指压向肱骨，用于前臂及手部出血时。

④ 股动脉：指压大腿前近腹股沟的搏动处，用于下肢出血时。

六、肌肉拉伤

肌肉主动强烈地收缩或被动过度地拉长所造成的肌肉细微损伤或部分撕裂或完全断裂，称为肌肉拉伤。

1. 原因

运动前准备活动不充分，肌肉处于黏滞状态，突然用力，肌肉不能承受拉力造成肌纤维断裂。

2. 处理方法

① 冷敷。

② 24～48 h 后热敷、按摩。

③ 药物治疗。

注意：运动前的准备活动要充分。

七、软组织损伤

主要是韧带的扭伤、拉伤、挫伤等。

处理方法：

① 冷敷。

② 24～48 h 后热敷、按摩。

③ 药物治疗。

八、重力性休克

剧烈运动时，下肢肌肉活动加强，肌肉处于有节奏的收缩和舒张状态，使血液能顺利地回流到心脏，但在中长跑的终点突然停止下来，会影响全身血液的供应。特别是脑部血液供应暂时不足而产生暂时性脑缺血。这种现象在生理学上称为"重力性休克"。

1. 原因

在中长跑到达终点时突然停止下来，肌肉的血管仍然处于舒张状态，同时失去肌肉对血管的挤压作用，加上重力作用对血液的影响，使大量血液滞留在下肢，不能及时回流到心脏，造成心输出量突然减少，血压下降，因此会发生暂时性脑缺血。

2. 症状

眼前突然发黑、头晕、两腿无力、全身发软、面色发白、出虚汗、恶心、呕吐，严重者甚至晕倒。

3. 预防

坚持锻炼，增强体质，急跑后不能马上停下来。

4. 处理

① 使休克者平卧，头低脚高，下肢做向心性揉推按摩。

② 昏迷者可指掐人中、百会、涌泉等穴位。

③ 停止呼吸者可做人工呼吸。

九、中暑

中暑是在高温环境中长时间运动或工作，体内热量难以散发出来而引起的一种急性病。

1. 原因

① 热痉挛,电解质丢失过多。

② 热衰竭,能量消耗过多。

③ 日射病,阳光长时间照射头部,造成大脑皮层轻微损伤。

④ 高热中暑,机体体温调节出现障碍。

2. 表象

① 头晕头痛、全身乏力、烦躁、恶心、呕吐、体温正常、面色正常。

② 头晕头痛、全身乏力、烦躁、恶心、呕吐、体温正常、面色苍白、大量排汗。

③ 头晕头痛、全身乏力、烦躁、恶心、呕吐、体温正常、面色潮红。

④ 头晕头痛、全身乏力、烦躁、恶心、呕吐、体温升高、皮肤干燥有灼热感。

3. 处理

① 迅速离开热环境、敞开衣服。

② 头部或全身冷敷(水或酒精)。

③ 补充水分(凉开水或淡盐水)、补充能量。

④ 口服药物,如藿香正气水、十滴水、人丹。

十、溺水

1. 原因

不熟水性、肌肉痉挛、吃饱饭。

2. 救护步骤

① 救上岸。

② 倒水,先清除口腔内的异物和分泌物。

③ 人工呼吸。注意:捏住鼻子,呼吸频率为 16 次/分钟左右。

④ 人工胸外按压。注意:频率要快,应为 60~80 次/分,两手重叠在溺水者胸前均匀缓慢用力下压,然后迅速放手。

3. 判断死亡的方法

① 呼吸停止。

② 心跳停止。

③ 瞳孔散大。

④ 心电图呈一条直线。

复习思考题

1. 怎样预防体育锻炼中常见的运动损伤?

2. 运动过程中肌肉拉伤后如何处理?

第五章　田　　径

第一节　田径运动概述

1. 田径运动的定义

在国内外已有的田径运动教材和专著中,对田径运动定义论述的基本内容比较一致,但是,在文字表述上却不尽相同。如《世界田径大全》一书对田径运动的解释为:"田径运动由走、跑、跳、投等所组成,分为田赛与径赛两个部分,即'径赛'是在跑道或公路上等举行的比赛项目,'田赛'是在专门场地上的比赛项目。另外,由部分跑、跳、投掷项目组合的综合项目,用评分办法计算成绩的叫作'全能运动'。"《田径史话》一书对田径运动解释为:"田径运动是人类从跑、跳、投这些自然运动而发展起来的体育运动和竞技项目。"

从以上情况中可以看出,人们对田径运动的认识以及田径运动的发展和意义等见解上不尽相同。因此,对田径运动定义的文字表述有统一的必要。

根据国际业余田径联合会章程第1条对田径运动的解释,田径运动的定义应做如下表述:"田径运动是由田赛和径赛、公路赛跑、竞走和越野赛跑所组成的运动项目。"

(1)田径运动的释义

田径运动是人类从走、跑、跳跃和投掷等自然运动基础上发展起来的,用于健身和竞技的身体运动和竞技项目,也就是说田径运动包括田径健身运动和田径竞技运动。

田径运动是以发展人类的基本运动能力,提高身体的健康水平为目的,是人类以自身的走、跑、跳跃和投掷这些用于劳动生产的基本技能和身体活动发展起来的健身手段、方法或运动方式。

田径运动又是以"更快、更高、更远"为目标,以当代科学技术和专业基础理论为基础,不断挑战人类运动能力的极限,是人类体育运动文化的重要组成部分,是人的走、跑、跳跃和投掷等基础运动能力的升华和典型表现。

(2)田径运动释义容易被人混淆的原因

田径在国际上和在人们的头脑中出现最多和影响最深的是认为它是一种竞技运动项目。世界竞技运动的权威机构,国际田径竞技组织机构——国际业余田径联合会将田径竞技的范围解释为:"田赛和径赛、公路赛跑、竞走和越野赛跑。"由此可见,国际上的"田径",实际上指的是"田径竞技"。

很多国家的"田径"都是指从人们走、跑、跳、投掷等生活技能中发展起来的一种竞技性运动项目。因此,我国有的田径教材将田径运动解释为:"田径运动的内容包括男女竞走、跑、跳跃、投掷等40多个单项以及由跑、跳跃、投掷部分项目组成的全能运动。以时间计算成绩的竞走和跑的项目叫'径赛',以高度和远度计量成绩的跳跃和投掷项目叫'田赛'。'径赛'和'田赛'总称为田径运动。"

我国田径运动这个词是从英文 Track and field sport 翻译和演变而来的。英国人把在运动场跑道上进行的赛跑和在运动场中间进行的跳跃、投掷比赛称之为 Track and field Sport。Track 的中文意思为"小路",即"径",Field 的中文意思为"田地"。19 世纪末,欧美体育传入中国时,我们将 Track and field sport 翻译为"田径赛",以后演变为"田径运动"。

虽然我国的"田径运动"是由外国的"田径竞技"翻译和演变而来的,但是,目前我国的"田径运动"与外国的"田径竞技"在含义上已有所不同。按照中国人对田径运动约定俗成的概念,不仅竞技的走、跑、跳跃和投掷是田径运动,而非竞技用于健身的走、跑、跳跃和投掷也是田径运动。

2. 田径运动的分类

田径运动包括跑、跳跃、投掷和竞走以及全能运动,共计 40 多项(见表 6-1)。以时间计算成绩的项目叫径赛;以高度或远度计算成绩的项目叫田赛;全能运动项目,则是以各单项成绩按《田径运动评分表》换算分数计算成绩的。

3. 田径运动的功能

(1) 健身功能

田径运动是一项易于在群众中开展且健身价值较高的运动项目。经常系统地参加田径运动锻炼,能提高人体走、跑、跳跃和投掷等基本活动技能的水平;能促进人体正常生长发育和各器官、系统机能的发展;能全面发展速度、力量、耐力、灵敏、柔韧等身体素质。

(2) 竞技功能

竞技体育是社会文化不可缺少的组成部分,每年在国内和国际举行的田径运动竞赛很多。在大型综合性运动会上,田径项目奖牌数最多,影响最大,故有"得田径者得天下"之说。

(3) 基础功能

首先,从历史上看,田径运动的历史最长,田径运动的发展为其他运动项目的发展奠定了基础。其次,很多运动项目都离不开跑、跳、投等动作的基本训练,都需要速度、力量、耐力、柔韧和灵敏等身体素质,而田径运动能有效和全面地发展人的各种身体素质,因此,很多竞技项目都把田径运动作为身体训练的重要手段,使田径运动成为提高各项目运动水平的基础,有人甚至称之为"运动之王"。

(4) 教育功能

首先,田径运动的各个项目都要求运动员在具有一定限制的条件下表现出最大的能力,要始终保持必胜的信心,要有克服一切困难挑战自我去实现自己目标的勇气。因此,它能培养人勇敢顽强、拼搏进取的意志品质。其次,田径运动是在严密组织下,按严格的规则和要求进行的。同时运动员要通过个人努力才能取得优异的成绩,这些成绩与集体荣誉连在一起。因此,它能培养人遵守纪律,增进责任感和集体主义精神。田径主要是个人项目,运动员需要以不同的方式和方法不断完善自己,提高水平,完成对自我的超越。在比赛中的自我应变能力、排除干扰的能力都很重要,因此,它有助于培养运动员的心理素质。

4. 田径运动的特征

① 走、跑、跳、投是人类生活的重要基础技能,是田径运动项目中最基本的形体活动。

② 田径运动具有个体性和广泛的群众性。

③ 一般参加田径运动很少受条件限制。

体育运动的目的是充分地提高人类的健康水平与身体机能,通过积极的、持久的体育活动来全面造就人才,使人类自身得到不断优化,田径运动是达到这些目的的重要手段。走、跑、跳、投是最简单、最自然的身体练习。作为锻炼身体的手段,其在各个社会发展阶段的体育活动中都占有重要地位。当初,这些运动练习都和人们的生产、教育以及战争活动有直接关系。

5. 田径运动的意义

在人类社会初期,走、跑、跳、投是人们获取生活资料、进行教育不可缺少的行为。现在,它们和人类的社会生活只有间接关系了。田径运动已经发展成为一个独立的运动项目,并且具有许多专项,在运动技术、教学方法和比赛等方面都有自身的特点。作为身体练习和运动项目,田径运动可以用来为不同的社会目的服务。

田径运动是人类全面发展身体的重要手段。田径运动对人类机体的发展起着促进作用。在进行田径运动过程中,不管哪一个年龄阶段,也不管哪一种体育范畴,只要合理选择和运用某些田径练习都能确保人体机能和形态得到最佳的发展。竞走、赛跑、跳跃以及投掷都能大大促进循环和神经系统以及身体素质的发展和完善。

掌握田径动作可以巩固人类动作的基本形式(走、跑、跳、投)。使人们掌握动作技巧,促进机体的协调能力,有利于完善人类的运动能力,节省地、合理地解决日常生活中的动作任务。

田径运动和比赛还有利于精神的发展。在练习过程中以及比赛中都将介绍技术、战术训练方法和规则等方面的知识,在进行田径练习和比赛时考虑和运用这些知识会促进练习者的智能发展,提高他们的智力,尤其对于儿童和少年益处更大。近代一些教育家认为:在低年龄的儿童中,当其智力未开,道德意识尚不强的时期,应以体育为主,体育在整个教育中应占第一位。

田径运动还有助于培养人们积极向上的精神、乐观豁达的情绪、克服困难的毅力以及坚忍不拔的性格,有助于健全的心理品质的形成和发展。

田径运动是比速度、比高度、比远度的项目,要求运动员在短时间内表现出最大的速度和力量,或在较长时间内持续不断地工作,运动强度大,比赛紧张激烈,竞争性强。因此,田径运动的所有项目,都能直接表现出人类的体能。田径运动成绩代表着整个人类的体能发展水平。运动成绩的不断提高,表现着人类自身潜能的巨大。因此,田径运动在提高人类对自身能力的认识和对于人类的自我完善方面具有重大意义。田径运动是衡量一个国家和民族体能、素质高低以及体育运动发展水平的重要标志。

第二节　田径运动发展概况

1. 田径运动起源

田径运动的发展,是与人类的进步分不开的。原始人类在同大自然作斗争、求生存的过程中,逐步掌握了快速奔跑、敏捷跳跃和准确投掷的技能。为掌握和提高这些技能而在生活中经常重复这些动作,这就是最初形成田径运动的因素。由于战争,跑、跳、投等生活技能又同军事发生了联系,军事训练中包含着跑、跳、投等身体技能的练习,这是产生田径运动的另一种因素。

随着社会的进步,娱乐性体育活动广泛地开展起来,有时还进行自发的较量比赛,如工匠掷铁锤,牧羊人跳跃羊圈、栅栏以比赛速度和灵巧。当时虽没有统一规则和器材,也没有记录,但这是田径运动项目的萌芽。

2. 古代奥林匹克运动是田径竞技运动的初始阶段

据史料记载,公元前 776 年在希腊奥林匹亚村举行了第一届古代奥林匹克运动会,并规定每 4 年举行 1 次。最初运动会上的比赛项目只有短跑一项(距离约 192.5 m),以后才逐步增加了长跑、跳远、掷铁饼、掷标枪等比赛项目。这就是田径竞赛运动的初始时期。但是,人们主要还是将走、跳、投等身体练习作为强身健体的手段,进行身体训练和军事训练。在希腊的山岩上,就刻着"你想健壮吗? 跑步吧! 你想聪明吗? 跑步吧!"的格言。我国春秋战国时期和以后历代统治者都把走、跑、跳、投作为选择士兵和训练士兵的重要内容。可见,健身的目的是十分明确的。

3. 现代奥林匹克运动会是田径运动的新的里程碑

公元 394 年,古代奥林匹克运动会被罗马皇帝狄奥西多废止,田径运动竞赛被迫中断。19世纪初,田径运动竞赛又重新在英国兴起。1850 年以后,业余田径竞赛在英国大学相继展开,并且逐步设立了正式的田径竞赛项目。1896 年,经过法国社会活动家皮埃尔·德·顾拜旦倡议,恢复和召开了以田径运动项目为主要内容的,仅限男子参加的第一届现代奥林匹克运动会。第一届奥运会的田径比赛是现代田径运动开始的标志,使田径竞技运动得以迅速发展,所以现代奥运会是田径竞技运动发展的新的里程碑。进入 20 世纪,田径运动在世界一些国家内部和国际上广泛开展起来。1912 年 7 月 17 日在斯德哥尔摩成立了国际业余田径联合会(简称"国际田联",总部设在伦敦),它确定了国际统一的田径竞赛项目,拟定竞赛规则,组织国际比赛,设立与审批世界纪录以及促进国际田径交流等。"国际田联"的成立,对田径竞技运动的发展起到了积极的推动作用。当前国际重大田径比赛活动主要有:奥运会田径赛、世界杯田径赛、世界田径锦标赛、世界室内田径锦标赛、世界青年田径锦标赛和世界田径大奖赛。1928年,首次将 5 个女子项目列为第 9 届奥运会田径比赛项目。在田径竞技运动发展的同时,田径健身运动也得到了广泛的开展,在世界各国的学校体育和群众体育中,田径被广泛地作为锻炼身体的主要手段。

第三节 跑

一、跑的概说

跑是单脚支撑与腾空相交替、蹬与摆紧密配合、动作协调连贯的周期性运动。田径运动径赛项目的目的是以最短的时间跑完相应的距离。

1. 跑的阶段划分

跑主要是由起跑、加速跑、途中跑、终点跑四部分组成。

(1) 起跑

无论是蹲踞式起跑还是站立式起跑,其任务都是使运动员的身体在最短的时间内由静止状态转入最佳的向前运动状态,都必须尽量利用身体总重心投影点位于支撑点前方时在重力作用下所产生的向前水平分力。

(2) 加速跑

起跑后上体保持前倾,脚尖着地,腿的蹬地和前摆以及两臂的摆动都应快速积极,逐渐加大步伐和加快速度,随着加速段的延长,上体逐渐抬起,进入到途中跑。

(3) 途中跑

途中跑是跑的全过程中速度快的一段,各种技术参数相对较稳定。

(4) 终点跑

临近终点前一段距离的加速跑。主要任务是运用自己的全部力量,克服疲劳,力争在最后阶段跑出好成绩。技术特点是加快摆臂速度和加大摆幅的同时配合腿部动作加快频率。冲刺跑的距离根据自己的体力情况、战术要求和临场情况而定。在通过终点时,在接近终点一步前身体躯干前倾,做出撞线动作。

2. 决定跑速的因素

决定跑速的因素主要是步长和步频。步长是指两脚着地点之间的距离,步频是指单位时间内跑的步数,两者的乘积就是跑的速度(跑速＝步长×步频)。

关系:保持步长不变提高步频或保持步频不变而加大步长,都能提高跑速。过分加大步长而降低步频,或过分加快步频而减小步长都是不可取的。因此,只有了解影响步长和步频的各种因素及两者关系,才能达到提高跑速的效果。

(1)步长是由后蹬距离、腾空距离和着地缓冲距离三部分组成

后蹬距离:取决于腿长和髋关节灵活性、后蹬角度和后蹬腿伸展的程度等因素。

腾空距离:取决于腾空时的初速度、腾起角度和空气作用力等因素,腾空距离主要是受后蹬距离的效果所制约。

着地缓冲距离:取决于腿长、着地角度和脚着地的时机等因素。

为了通过增加步长来提高跑的速度,必须提高后蹬和摆动效果。要提高后蹬的效果,就必须做到后蹬的力量要大、速度要快、动作要充分,同时要掌握好后蹬的方向和适宜的后蹬角度。每跑一步,必然是一腿向后蹬地,另一腿向前摆动,两腿动作是密切配合的。所以,对摆动腿前摆的要求是方向要正、速度要快,并通过积极"送髋"加大前摆的力量和幅度。

(2)步频取决于完成每一步的时间,分为支撑时间和腾空时间

① 支撑时间:是着地缓冲距离和后蹬距离所花费的时间,它与着地缓冲技术和后蹬动作的完成速度等因素有关。

② 腾空时间:是腾空距离所用的时间,它与腾起的初速度、腾起角度和空气作用力等因素有关。

提高步频需要缩短每一步中的腾空时间和支撑时间。缩短腾空时间,减小后蹬角度,加大后蹬时的水平分力,减小垂直分力,从而降低跑步时身体重心的腾起高度。缩短支撑时间就是缩短着地缓冲时间。

步长和步频还与上体姿势和两臂摆动动作有关。整个摆臂动作应自然、放松,并与下肢动作协调配合。步长和步频的相互关系是因人而异、各不相同的,因为它受每个人的身体形态和身体素质等多种因素影响。在实践中,根据个人的特点,合理搭配和调控好(见图5-1)。

人体状态	支 撑		腾 空		支 撑		腾 空	
时期	支 撑			摆 动				
	摆 动				支 撑		摆 动	
瞬间	着地 ↑ 离地				着地 ↑ 离地			
	最大缓冲				最大缓冲			
阶段	着地缓冲	后蹬	折叠前摆			下压准备着地		
	折叠前摆		下压准备着地		着地缓冲	后蹬	折叠前摆	

图 5-1 跑的周期划分示意图

二、跑的训练方法

1. 短跑的训练方法

短跑是速度性运动项目,田径比赛项目中的短跑有 100 m、200 m、400 m,其锻炼方法如下:

(1) 掌握短距离跑的基本技术

短距离跑技术是完成短距离跑练习的合理动作和有效方法。参加短距离跑,必须通过体育课教学和课外体育锻炼的复习,使学生牢固地掌握短距离跑的技术。途中跑阶段是取得锻炼效果的主要阶段,因此,首先要掌握途中跑的技术(见图 5-2)。其次,还要掌握好蹲踞式起跑(见图 5-3)、起跑后加速跑和终点跑的技术。

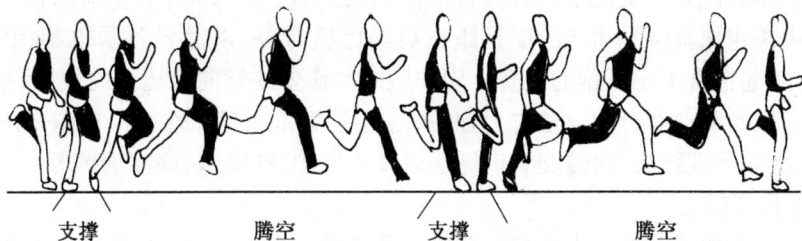

支撑　　　　腾空　　　　支撑　　　　腾空

图 5-2　短跑途中跑技术

各就位　　　预备　　　蹬地　　　　加速

图 5-3　短跑蹲踞式起跑技术

(2) 短距离跑的专项身体素质

短距离跑运动除了掌握短距离跑的技术以外,还必须采用多种手段和方法,发展短距离跑的专项身体素质,这样才能提高短距离跑的成绩。短距离跑的专项身体素质包括速度、速度耐力和力量等。其发展方法如下:

① 发展速度素质的练习:速度素质的表现形式有反应速度、动作速度和移动速度三种。

发展反应速度的方法:做启动、急停、变速或变向跑,身体蹲、坐或各种姿势,听口令起跑,背对跑步方向听口令转身起跑,站立式或蹲踞式起跑等。

发展动作速度的方法:原地快速踏步跑,快速斜支撑跑,原地高抬腿跑,行进间小步跑,高抬腿跑,原地快速摆臂等。

发展移动速度的方法:站立式起跑或蹲踞式起跑,加速跑,行进间跑,追逐跑,接力跑,下坡跑等。

② 发展速度耐力素质的练习:在进行短跑练习时,经常能看到学生后程跑的速度明显下降,跑的动作变形,因此,应注意发展学生的速度耐力。发展耐力的方法如下:斜支撑跑 15～20 s,原地快速高抬腿 15～20 s,行进间快速跑和快速高抬腿,反复快速跑,反复中上等速度跑,接力跑比赛等。

③ 发展力量的练习:在短跑练习中无论是后蹬还是前摆都需要肌肉的力量,这种力量必

须是短跑专项力量,必须在发展一般力量的基础上,注意提高发展力量练习的速度及爆发力。发展力量的方法有:

a. 克服自身体重的力量练习:原地或行进间单足跳,立定跳远、立定三级跳远、多级跳等,跨步跳、蛙跳、纵跳摸高等,连续跳障碍物,快速上坡跑,快速仰卧起坐、仰卧举腿等。

b. 负重的力量练习:手持哑铃摆臂或跳举哑铃,持实心球前后抛,负重上台阶等。进行力量练习时,练习的负荷量要从学生的实际出发。

2. 中长跑的概述

中长跑是中距离跑和长距离跑的简称,属 800 m 以上距离的田径运动项目。中距离跑项目有男、女 800 m 和 1 500 m;长距离跑项目有男子 5 000 m 和 10 000 m,女子 3 000 m、5 000 m 和 10 000 m。中长跑是历史悠久且开展普遍的运动项目。在 2000 多年前的古代奥林匹克运动会上就有中长跑比赛。19 世纪,中长跑在英国已盛行,后来世界各国也都相继开展起来。中国从 1910 年起也有了中长跑的比赛。中长跑的动作要注意向前运动的效果,身体重心不要下降过大,两腿、两臂动作自然放松省力,两腿落地要柔和并有弹性。中长跑采用的训练方法有重复训练法、间歇训练法、快慢交替训练法以及山坡跑、沙滩跑、高原训练等。

(1) 能量代谢特点

中长跑是典型的周期性耐力项目。其能量代谢特点是有氧代谢、糖酵解和磷酸原(ATP-CP)三种供能系统兼有的混合代谢。代谢类型随项目中距离的增加,逐渐从无氧代谢为主的混合代谢过程向以有氧代谢为主的混合代谢过程过渡。优秀的中长跑运动员既要有良好的耐力能力作基础,又要具备很高的速度水平,属于高速度的耐力项目。

(2) 训练特征

随着中长跑训练水平和运动成绩的不断提高,无氧代谢供能比例相应增加,其训练特征也逐渐发生着变化。无氧能力和速度训练受到高度重视,且速度耐力训练已成为中长跑训练中的重要组成部分。良好的有氧能力是中长跑运动员的基础,而速度和速度耐力水平是决定中长跑运动员专项运动成绩的重要因素之一。训练中强调在有氧耐力训练后进行有氧无氧混合训练,最后进行 ATP-CP 和糖酵解代谢为主的大强度训练。优秀中长跑运动员的速度训练一般是在专项训练或大强度训练后,机体内处在一定乳酸堆积的条件下,发展运动员的最大速度,以促进运动员速度耐力水平的提高。

传奇运动员

为世界纪录而生的中长跑传奇——格布雷西拉西耶被认为是田径史上迄今为止最伟大的运动员之一,他的职业生涯一直在打破世界纪录。格布雷西拉西耶 1973 年 4 月 18 日出生在埃塞俄比亚中部一个贫穷的省份阿尔西(Arsi),但这里同样是世界著名中长跑选手的摇篮。在前辈辉煌成就的激励下,格布雷西拉西耶迅速成长为中长跑赛场上的明星。1992 年就包揽了世青赛 5 000 m 和 10 000 m 金牌。

自 1993 年以来连续四次夺得世锦赛 10 000 m 冠军,并且保持不败。在 1994～2000 年期间,15 次创造 10 000 m 室内外世界纪录,是自亨利·罗诺 1978 年以来首位同时握有 5 000 m 和 10 000 m 世界纪录的选手。还是第一位 5 000 m 跑进 13 分、10 000 m 跑进 27 分的选手。1999 年以他的生平拍摄了《忍耐》一片。2000 年悉尼奥运会后转入马拉松比赛。2007 年 9 月 30 日,创造了 2 小时 4 分 26 秒的男子马拉松世界纪录。格布雷西拉西耶获得的荣誉无数,1998 年荣膺第 18 届杰西·欧文斯奖,当选国际田联年度最佳男运动员。2001 年被国际奥委会授予奥林匹克勋章。

第四节 跳 跃

一、跳跃技术定义

田径运动中的跳跃项目,是运用人体自身的能力(或同时借助一定的器材——撑竿),通过一定的运动形式,使人体腾越尽可能高的高度或跳跃尽可能远的远度。

因此,通常以抛射运动规律作为跳跃运动的力学基础。跳跃的腾起初速度是决定跳跃的高度或远度的最重要的因素。它由助跑水平速度与起跳中所产生的垂直速度相结合,由人的身体能力和技术水平所决定。为了获得最大的腾起的初速度,根据取得高度或远度的不同,对水平面速度和垂直速度有着不同的要求。

跳高为了取得尽量高的高度,主要是垂直速度,因此,在充分发挥和利用水平速度的情况下,尽可能地获得最大的垂直速度。而跳远为了取得尽量远的远度,尽可能地获得最大的水平速度。

二、跳跃的腾起角

腾起角是指起跳结束,离地腾起时,身体重心的腾越方向与水平线的夹角。根据抛射公式,要取得最高腾空高度,腾起角应是直角,但是,在实践中并不是这样。在跳高中跳起时还需要有一定的水平速度,保证身体越过横杆。同时,随着跳高技术的发展,助跑速度越来越快。经研究表明,快速助跑所获得的动量,可以在起跳时加大起跳腿支撑用力的作用,从而提高起跳的功率。因此在跳高中,越来越强调发挥和利用助跑水平速度来提高起跳效果。如果根据抛射公式的要求,单纯地去追求接近 60°的腾起角度时,必须极大地限制助跑水平速度的发挥和利用,在实践中是不能增大垂直速度和提高起跳效果的。从背越式与俯卧式的比较中可以看出,背越式中助跑水平速度的发挥和利用都大大地超过俯卧式,所以背越式的腾起角度也明显地小于俯卧式,其起跳效果也优越于俯卧式。在跳远中,根据抛射公式,腾起角应是 45°。但是,跳远时人向前跑进速度可达到 10 m/s 以上,可是垂直速度不能达到这一水平。如果为了追求 45°角这个力学公式中的最佳值而降低水平速度,则会使跳跃的远度受到很大的影响。为此,在实践中,只能是尽量增加水平速度,并达到尽可能大的垂直速度。跳远起跳时的腾起角为 18°～240°。

三、跳跃运动技术的组成

田径运动的跳跃项目属非周期性项目,各个跳跃项目,虽然运动形式和要求不同,但有其共同点,即人体的运动都是从静止状态开始向前跑进,而后转变为腾空,最后是落地。因此,各项跳跃运动都可以分成四个紧密相连的动作阶段,即:人体向前水平移动阶段——技术上称作助跑;人体向前水平移动转变为向前上运动阶段——技术上称作起跳;人体离地后的空中腾越阶段——技术上称作腾空;人体腾空后着地阶段——技术上称作落地。

1. 助跑

助跑的任务是获得高的水平速度,为高效率的起跳创造有利条件,并保证起跳脚在助跑最后能准确地踏上起跳点或起跳板。

根据各个跳跃项目的需要,对助跑的距离、路线、方式、动作和速度等方面都有各自不同的要求。

助跑动作,与短跑基本相同,但由于助跑不仅要发挥高的水平速度,而且还要为起跳做好准备,所以助跑动作有其本身的特点。

助跑速度,由于受到起跳的制约不能像短跑那样,发挥到最高速度。但是在能有效完成起跳的情况下,应当尽量提高助跑速度。

助跑的最后几步,在完整的跳跃中,起着十分重要的作用,它要保证助跑中所获得的高速度,尽量少损失地过渡到起跳,使助跑与起跳紧密地衔接起来,从而提高起跳效果。为此,在最后几步助跑时,要求跑的步幅大,步频高,身体重心迅速而平衡地前倾,加速节奏明显。与短跑相比较,从动作结构和形式上看,并不出现明显的变化。

2. 起跳

起跳的任务是充分利用助跑的水平速度,使人体按适宜的腾起角方向腾起,从而获得最高的腾越高度或最大的跳越远度,起跳是完整跳跃技术中的关键部分。

根据各个跳跃项目的不同需要,应采用不同的起跳动作形式。

跳远是在尽量减少水平速度的情况下,力求取得必要的垂直速度。因此,起跳时,起跳脚的着地点相对地靠近身体重心的投影点。身体迅速前移,以积极有力地起跳动作取得必要的垂直速度,使人体向前向上腾起。跳高是在充分发挥和利用水平速度的情况下,通过起跳动作加大垂直速度,使人体向上向前腾起。因此,起跳时脚的着地点,相对地远离身体重心投影点。

起跳时,起跳脚的着地点离身体重心的投影点,不论是相对地近还是相对地远,它都是在身体重心投影点前面,因此,由于脚在支撑点受阻,必然使水平速度有所损失。然而,由于支撑点的制动,却能使身体改变运动方向,沿着适宜的腾起角的方向,向空中腾起。起跳脚踏上起跳点时,都是以脚跟先接触地面,并迅速地滚动至全脚掌支撑,即所谓"滚动式"的着地法。

起跳脚踏向起跳点时,由于受到助跑向有跑进速度的作用,使支撑动作受到很大的冲力,所以迫使起跳腿的伸肌进行退让工作。肌肉进行这种退让的缓冲工作,可以减轻起跳腿着地时的制动力,并积极地拉长起跳腿伸肌,这样可以利用肌肉的弹性,为快速有力地蹬伸创造有利条件。同时,在起跳腿缓冲过程中,又要使身体取得蹬伸前的合理姿势,为沿着适宜的腾起角方向向空中腾起创造条件。例如,在跳高起跳中,身体的前倾,应尽量使身体重心处于蹬伸时垂直向上用力的作用线上。而在跳远起跳中,要求身体迅速移过支撑点,使身体重心处于蹬伸时能够提高向前用力的效果。

起跳腿蹬伸是产生腾起初速度的主要动作。在蹬伸时,起跳腿快而有力地充分伸展髋、膝、踝三关节,同时还要提肩、拔腰以及与摆动腿和两臂的摆动动作协调配合。

摆动动作在起跳中起着重要的作用。在起跳中,当摆动腿加速摆近支撑腿时,对起跳腿起着减轻压力的作用,当摆动腿加速摆离支撑腿时,对起跳腿起着增加压力的作用;最后,当摆动腿减速摆离支撑腿时,又对起跳腿产生减轻压力的作用。因此,在起跳中,当起跳腿依次完成放脚着地、缓冲和蹬伸动作时,必须与相应产生减压—加压—减压作用的摆动动作依次配合一致,这样才能达到应有的效果。

摆动腿的摆动有直腿摆和屈腿摆两种。直腿摆的摆动半径大,动量大,同时能提高起跳结束时的身体重心位置;屈腿摆的摆动半径小,角速度大,有利于加快起跳速度。两臂的摆动,除了具有摆动的同样作用外,还有助于提肩和伸展躯干,以及维持身体平衡。

3. 腾空

起跳腾起后,身体重心的运动轨迹,在没有外力作用的情况下,是不会改变的。但是,人体可以利用内力的作用,支配身体某一环节活动,而促使相应的身体环节产生补偿性位移。在腾空阶段,这种补偿性位移,只能改变身体有关环节的位置,而不能产生新的腾空高度或远度。因此,可以利用这种原理,在腾空中有目的的完成一系列动作,以达到充分利用腾起高度,尽快地越过横杆,或者有效地维持身体平衡,尽量延长腾空时间,达到跳跃最远的水平距离的目的。

为了更有效地完成腾空阶段的任务,必须使人体在空中产生旋转动作,并合理地调节旋转速度。

4. 落地

人体腾空后,由于重力作用,上升速度逐渐减慢,当上升速度减到零时,身体重心达到最高点,而后便开始下落。此时,人体受重力加速度的影响而加速下落,着地时对人体产生很大的震动。为了减轻这种震动,一般当手、脚一接触落点时,立即屈肘、屈膝缓冲或倒体、团身等。同时,注意落点地区的设施,如海绵坑的布置和沙坑的松软都要保证十分安全。

在跳远项目中,落地时不仅要注意安全,而且还要注意不影响跳跃成绩。因此,落地前,一般都上体前倾,两腿向上抬起,不致使腿过早下落,尽量延长腾空时间,以增加跳跃远度。

美国最著名纵跳训练计划,练成预计纵跳能力可以提高 20~30 cm 以上,锻炼过程很辛苦,整个过程要 15 个星期。

对于每个动作项目,如果一种动作要作 3 组,组与组之间休息不能超过 2 分钟,若完成了,需直接做下个项目,记住不要休息。

第一项:半蹲跳

① 开始时,半蹲至 1/4 的位置,双手放置于前;

② 向上跳离地面最少 20~25 cm(若觉得容易的话,可以跳至 25~30 cm)。当在空中,双手需放在后面。着地时,完成一次。

接下来,只需重复以上步骤。

第二项:抬脚尖(提踵)

① 首先,找个梯级或一本书来垫脚,然后只把脚尖放在上面,脚跟不得着地或垫着;

② 脚尖抬到最高点;

③ 再慢慢放下,双脚完成为一组。

第三项:台阶

① 找张椅子来,把一只脚放上去,呈 90°;

② 尽全力地跳开,在空中换脚,再放在椅子上;

③ 重复步骤 2,将原起跳的脚放回椅子上,完成另外一跳。

第四项:纵跳

① 双脚放直,与肩同宽,"锁紧"膝盖;

② 只用小腿跳,只能弯曲脚踝,膝盖尽量不弯曲;

③ 落地时,再迅速起跳,完成一次。

这一项很难,可用手帮助起跳。

第五项:脚尖跳

① 将脚尖抬到最高点;

② 用脚尖快速起跳,跳时不得超过 2.5 cm。

第六项:蹲跳

① 站立,怀抱篮球于胸前;

① 蹲下(半蹲),看前方,背直,抬起脚尖,大腿需保持 90°;

③ 跳起至 8～13 cm,一定要保持步骤 2 的姿势;

④ 着地,完成一下;

⑤ 如果要跳 15 下的话,前 1～14 下需跳至 8～13 cm,第 15 下,需尽全力。

第五节 投 掷

一、投掷技术

田径运动中的投掷是人体运用自身的能力,通过一定的运动形式,将手持的规定器械进行抛射,并尽可能获得远度的运动项目。

1. 投掷阶段划分

虽然田径运动各投掷项目的器械、场地、运动形式等有所不同,但它们都可以分为以下 4 个紧密相连的技术阶段。

(1) 准备阶段

包括握持器械和预备姿势。

(2) 预加速阶段

由于器械、场地等条件不同,预加速阶段有助跑、滑步、旋转 3 种形式。

(3) 最后用力阶段

由人体携持器械运动向器械抛射运动的转变阶段。

(4) 结束阶段

器械出手后的维持身体平衡阶段。

2. 决定投掷成绩的因素

(1) 田径运动投掷项目的运动成绩(S)由 3 个部分组成(见图 5 - 4)

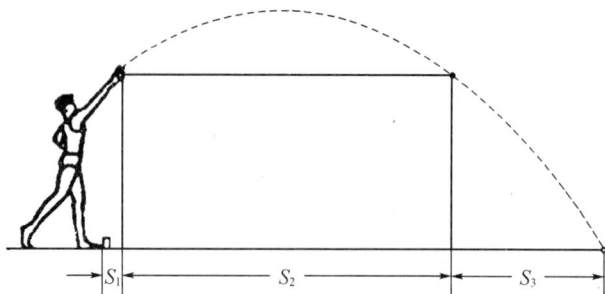

图 5 - 4 投掷项目成绩的组成

① 器械出手点的投影点到起掷弧内沿之间的水平距离(S_1)。它取决于身高、臂长和器械出手时的身体位置与身体姿势。

② 器械出手点高度到出手点高度水平线与器械飞行抛物线的交点之间的水平距离(S_2)。它取决于器械出手的初速度、出手角度以及空气的作用力。

③ 出手点高度水平线与器械飞行抛物线的交点的投影点到器械落地点之间的水平距离(S_3)。它取决于器械出手的高度、出手角度、器械飞行的速度以及空气的作用力。

投掷项目的成绩可以用 $S=S_1+S_2+S_3$ 公式来表示。

S_1：保证适宜出手角度的前提下尽量伸直投掷臂和在保证不犯规的情况下身体重心尽量向前，以此来提高 S_1 的值。

（2）器械出手的初速度

器械出手的初速度与预加速阶段器械获得的速度有关，优秀运动员滑步或旋转推铅球可比原地远 $1.5\sim2.5$ m，掷铁饼可远 $8\sim12$ m，掷标枪可远 $20\sim30$ m。在投掷运动中，要重视和掌握好预加速（助跑、滑步、旋转）阶段的技术，并使预加速阶段器械获得的速度在最后用力阶段能发挥作用。

（3）器械出手的出手角度

在实践中，各投掷项目的适宜出手角度如下：

推铅球 $38°\sim42°$，掷标枪和掷铁饼 $30°\sim35°$，掷链球 $42°\sim44°$。

（4）空气阻力

由于推铅球和掷链球项目的器械是圆形，无论如何转动，空气阻力都不变，通常忽略不计。掷标枪和掷铁饼时，空气阻力对 S_2 的值有较大影响。

二、投掷的练习方法

1. 推铅球的练习方法

推铅球是田径运动的投掷项目之一，它对增强体质，特别是发展躯干和上下肢力量有显著的作用。

（1）推铅球的基本技术

为了便于分析技术和教学，一个完整的推铅球技术可分为如下 7 个部分（见图 5-5）：预备（握持铅球），团身（滑步前的预备姿势），预摆与准备滑步，滑步，过渡，最后用力和球出手后的维持身体平衡。

预备 团身 预摆与准备滑步 滑步 过渡 最后用力 维持平衡

图 5-5 背向滑步推沿球技术

（2）推铅球技术的教学步骤

1）了解推铅球的一般知识。

2）学习和掌握原地推铅球的技术。

结合示范（也可通过课件、录像、图片等直观形式）讲解推铅球的握持方法、原地推铅球的预备姿势和最后用力推铅球的技术动作，使学生建立正确的原地推铅球技术概念，了解原地推铅球技术的要求、方法和要领。

① 练习握球与持球的方法。

② 徒手做原地推铅球的预备姿势和最后用力推铅球的模仿练习。

③ 原地推铅球练习。

3) 学习和初步掌握背向滑步推铅球技术。

① 结合示范或其他直观教学手段讲解背向滑步推铅球技术动作,使学生建立正确的背向滑步推铅球技术概念,了解背向滑步推铅球技术的要求、方法和要领。

② 背向滑步推铅球前预备姿势练习。

③ 徒手或持球做背向滑步推铅球技术的模仿练习。

④ 先在投掷圈外、再到投掷圈内做背向滑步推铅球练习。

4) 改进和完善背向滑步推铅球技术。

① 背对投掷方向,做左腿不摆动的右腿蹬地滑步练习。目的主要是体会和掌握右腿蹬地产生滑动的动力。可以连续做这一练习,每组做 4～6 次。

② 背对投掷方向,做左腿摆、右腿蹬协调配合的滑步练习。滑步时,身体重心先向投掷方向移动,然后左腿摆、右腿蹬紧密配合进行滑步。

③ 同上练习,加强右小腿的快速收拉和左脚快速落地动作。

滑步开始,当人体向投掷方向移动时,右小腿要快速向身下收拉,使右脚在身体重心投影点稍前方着地并与投掷方向成 120°角左右。当右脚即将着地时,左腿积极下压,继右脚着地后,左脚以前脚掌内侧着地,并与投掷方向成 45°角左右。

④ 背向滑步推铅球的模仿练习。

⑤ 在投掷圈外或投掷圈内做背向滑步推铅球练习。

（3）推铅球的专项身体素质

1) 绝对力量素质训练。卧推杠铃、负重全蹲、负重半蹲、抓举杠铃、挺举杠铃等。

2) 速度力量素质训练。

① 发展腿部肌群力量的方法:负重下蹲(半蹲),负重蹲跳,负重提踵,多级跨步跳,立定跳远或立定三级跳远,双腿连续跳过若干个栏架等。

② 发展躯干肌群力量的方法:仰卧起坐(负重或不负重),俯卧背收(负重或不负重),体侧屈(负重或不负重),负杠铃转体,负杠铃体前屈,反复做体前屈双手握杠铃成直立,垒木悬垂举腿练习。

③ 发展肩带肌群力量的方法:卧推杠铃(宽握、窄握),颈后推杠铃(立姿、坐姿),俯卧撑(或推起击掌)等。

④ 发展手腕和手指肌肉力量的方法:屈拨球的练习,单手抛接球练习,单手抓球练习,手指撑地的俯卧撑练习等。

3) 动作速度素质训练。多级跨步跳,立定跳远或立定三级跳远,双腿跳过若干栏架,蹲踞式起跑,30 m 加速跑,蛙跳,负轻杠铃快速转体,推或投小铁球等。

4) 灵活性和柔韧性素质训练。转髋跑,行进间听信号急转身加速跑,垫上练习,仰卧转髋,仰卧听信号团身起立,立卧撑练习,球类活动,各种压腿、踢腿等。

2. 掷标枪的练习方法

（1）掷标枪的技术

掷标枪的完整技术是一个连续过程,为了便于分析,可分为握枪与持枪、助跑、最后用力和标枪出手后维持身体平衡 4 个部分(图 5 - 6)。

（2）掷标枪技术的教学步骤

1) 建立正确的掷标枪技术概念。

2) 学习最后用力技术。

| 助跑 | 投掷步 | 最后用力 | 维持平衡 |

图 5-6 掷标枪技术

① 学习、掌握掷标枪的各种诱导练习和专门练习。

② 学习握枪与持枪方法。

③ 原地正面插枪。

④ 正面上一步插枪。

⑤ 原地侧向掷标枪。

⑥ 侧向上一步掷标枪。

3）学习投掷步掷标枪的技术。

① 投掷步第三、四步的练习。

② 引枪练习。

③ 投掷步掷标枪练习。

4）学习全程助跑掷标枪技术。

5）改进和提高掷标枪的完整技术。

（3）掷标枪的专项身体素质

1）速度素质训练。

① 助跑速度的练习方法：短、中、长距离持枪快跑，利用下坡持枪快跑，20～30 m 持枪计时加速跑或行进间 15～20 m 持枪计时跑，持枪跑接投掷步的节奏跑练习，徒手、持枪或负轻重量连续交叉步跑 15～20 m，可计时，持枪跑 15～20m 后引枪接侧向交叉步跑 15～20 m，动作熟练后结合计时，持枪全程助跑练习。

② 动作速度的练习方法：徒手或持枪，原地或左腿上一步做右腿大幅度、快速的蹬转送髋练习，徒手或持枪，交叉步后右腿做快速蹬转送髋动作，原地或上步做大幅度、快速度的展体"拉弓"和屈体"鞭打"练习，两手正握单杠，两脚前后开立，左脚在前，右腿屈膝，体重落在右腿上，然后做快速的蹬腿送髋和挺胸拉肩练习，原地正面、原地侧向和上步，徒手或手持软树枝做各种"鞭打"练习，右手持一段软管、粗绳或软竹竿，原地、上步或助跑，快速用力击打前上方悬挂的轮胎、吊球或其他标志物，原地侧向、交叉步、助跑对挡墙或挡网掷垒球、小沙包和轻橡皮球，投掷步或短程、半程、全程助跑掷小球、小石块和轻标枪。

2）力量训练。仰卧、斜卧、立姿或坐姿，单臂或双臂从头后屈肘拉起杠铃（片），坐凳肩负杠铃转体，双手持杠铃片弓步臂上举，两手各持杠铃片直立，两臂依次交替向头后上方和体后下方摆振，单手或双手持杠铃片做右腿蹬转展体拉"满弓"的练习，单杠悬垂，两腿后摆并充分展体挺髋，然后快速收腹举腿使两脚触及头上方的单杠，两手持杠铃片左、右腰绕环，原地正面两脚前后开立，左脚在前，以单手或双手从头后向前上方掷实心球，正面上一步、上两步、助跑以单手或双手从头后向前上方掷实心球，侧向站立，原地或上步蹬腿、送髋、转体用力，以单手或双手从头后向前上方掷实心球,一手抓住胶带(胶带另一端固定),原地、上一步或交叉步用力拉成"满弓"。练习时抓握胶带的手臂要放松,不应主动用力等。

3)柔韧性、灵活性素质训练。各种转髋练习,向不同方向大幅度摆腿和摆臂,站立、原地和上步做低重心、大幅度的右腿蹬转、送髋练习,两手握单杠或吊环做悬垂翻转拉肩练习,利用垫木或双人做各种背弓和后桥练习,利用垫木或标枪做各种压肩、转肩和双人配合拉伸肩关节的练习,用标枪顶住墙,原地和上一步做右腿蹬转、送髋、挺胸、拉肩的练习,各种转体、屈体、体侧屈和伸展腰椎关节的练习,俯卧在体操垫上,两手握踝做抬头、挺胸、展髋练习等。

第六节　田径比赛场地介绍

1. 田径运动场地的演变

古代奥林匹克运动会是在希腊的雅典举行,通过挖掘古遗址发现,当时的田径场地是长方形的直跑道,长度不一,约合 115~185 m。终点线是绳子,手抓住绳子就算到达终点。后来演变为马蹄形场地(见图 5 - 7),这种场地一直沿用到现代第一届奥林匹克运动会。20 世纪初,又演变成半圆式场地,这种场地一直沿用到现在。在这期间还出现过篮曲式和三圆心式场地。目前世界各国都采用半圆式田径场地。一开始半圆式田径场地的周长不统一,直到第七届现代奥运会才确定为 400 m,两个半圆的半径有 36 m 的,有 37.898 m 的,目前国际田联建议标准田径场地两个半圆的半径最好修建成 36.50 m。

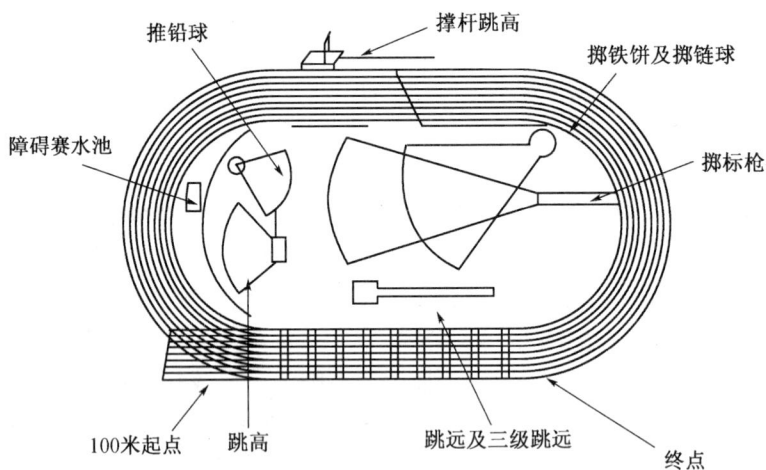

图 5 - 7　马蹄形田径场地示意图

2. 塑胶田径场地基本知识介绍

田径运动场地,一般有 3 种类型的面层:第一种为自然草皮场地;第二种为非合成材料场地,如煤渣跑道,19 世纪 60 年代以前,世界大部分地区的比赛是在这种场地上进行的;第三种为现代合成材料的田径跑道表层,称为塑胶场地,也称为"塔当"跑道。其面层为聚氨酯胶粘合的一层防滑颗粒,有助于提高塑胶跑道的摩擦系数。

最早正式采用塑胶场地进行比赛的是在 1968 年墨西哥举行的第十九届奥运会。目前,世界上举行的较大规模的田径比赛,都是在塑胶跑道上进行的。1975 年,在北京举行的第三届全国运动会上,我国第一次使用了塑胶跑道。

塑胶场地使用的注意事项

① 塑胶场地铺设竣工后,需保养两周后方可使用。

② 进场需穿专用跑鞋(钉鞋)、普通运动鞋、平底鞋,严禁穿皮鞋、高跟鞋进入。

③ 严禁在场地上吸烟、乱扔烟头。隔离热源以防损坏表层。

④ 机动车辆及重载车辆禁止进入场地。

⑤ 严禁用刀子及其他利器破坏场地。

⑥ 严禁乱吐口香糖,严禁机械油污污染,以防跑道无法清理。

⑦ 季节性的保养,应每年进行两次大规模清洗,建议用高压水管冲刷整个场地。清除雪时,一定要用扫帚扫净。

⑧ 日常保养,要经常清除废物。如表面有油类污渍,可用稀皂液或洗涤剂溶液冲洗,一般污渍用清水冲洗即可。

第七节 田径运动比赛的基本规则

一、田径比赛通则

参加比赛的运动员必须佩带号码布,否则不得参加比赛(除跳高和撑竿跳高以外,其他项目必须在胸前和背后佩带两个号码,且必须与秩序册中一致。如采用终点摄影装置,短裤侧面须带胶带式号码)。

在径赛分道跑和部分分道跑项目的比赛中,运动员应自始至终在自己的分道内跑进(下列情况除外:运动员在直道上跑出自己的分道或在弯道上跑出自己分道的外侧分道线,未从中获利,也未阻挡别人)。

径赛运动员挤撞或阻挡别人、妨碍别人走或跑时,应取消其比赛资格。在比赛中如发生此类情况,有关裁判长有权命令除了被取消资格以外的运动员重赛。如发生于预赛,可允许任何由于受推或阻挡而受到严重影响的运动员参加下一赛次的比赛。在田赛的某一次试跳、试掷中,因故受阻的运动员,有关裁判长有权给予其重新试跳、试掷的机会(不管是否存在取消比赛资格的情况,在特殊情况下,裁判长如认为重新比赛是公正和有理由的,可下令重赛)。

如果一名运动员参加一项径赛和一项田赛或多项田赛,则有关裁判长每次可以允许该运动员在某一轮的比赛中,或在跳高和撑竿跳高的每次试跳中以不同于赛前抽签排定的顺序进行试跳(掷)。如果该运动员后来在轮到他试跳(掷)时未到,一旦该次试跳(掷)时限已过,则应视其该次试跳(掷)为免跳(掷)。

在所有的田赛远度项目中,记录测量距离的最小单位均为 0.01 m,不足 1 cm 不计。

各项竞赛名次判定与成绩相等时的处理办法。

1. 径赛项目

① 判定运动员到达终点的名次是以运动员躯干(不包括头、颈、四肢)的任何部分抵达终点线后沿的先后顺序为准。以决赛成绩判定该项目最后名次,而不是以预、次、复赛的成绩来判定。

② 如遇两人或两人以上成绩相等时,采用下列方法解决:在任一赛次中,按成绩录取进入下一赛次时出现成绩相等,则终点摄影主裁判应考虑有关运动员的 1/1 000 秒的实际时间。如果成绩依然相等,则有关运动员均应进入下一赛次。如实际条件不允许,则应抽签决定进入

下一赛次的人选。

③ 决赛中出现第一名成绩相等,有关裁判长有权根据实际情况决定这些成绩相等的运动员是否重新比赛。如该裁判长认定无法安排重赛,则成绩相等的运动员名次并列。其他名次的运动员成绩相等时,按并列处理。当使用手计时出现成绩相等时,应根据判读的 1/100 秒成绩处理。

2. 田赛高度项目的名次判定与成绩相等时的处理方法

① 每名运动员应以其最好的一次试跳成绩,包括因第一名成绩相等而进行的决名次赛的试跳成绩,作为其最后的决定成绩,然后以个人最好成绩排列名次。

② 按下列规定处理成绩相等的名次问题:a. 在出现成绩相等的高度上,试跳次数较少者名次列前。b. 如成绩仍然相等,则在包括最后跳过的高度在内的全赛中,试跳失败次数较少者名次列前。c. 如成绩仍相等,涉及第一名时,则在造成其成绩相等失去了继续试跳权利的最低失败高度上,每人再试跳一次。如有关运动员都跳过或都未跳过而仍不能判定名次,则横杆应提升或降低:跳高为 2 cm,撑竿跳高为 5 cm。其应在每个高度上只试跳一次,直到分出名次为止。有关运动员必须参加决定名次的每次试跳。如成绩相等而不涉及第一名时,则运动员的比赛名次并列。(以上三条不适于全能比赛项目)

③ 田赛远度项目的名次判定与成绩相等时的处理方法

a. 以全部试跳(掷)的最好一次成绩来判定名次。

b. 如成绩相等,应以其次优成绩判定名次;如仍相等,则以第三优成绩判定,以此类推。如仍相等,并涉及第一名者,则令成绩相等的运动员按原比赛顺序进行新的一次试跳(掷),直到决出名次为止。

④ 全能项目的名次判定与成绩相等时的处理方法

a. 以运动员全部单项得分的总和排定名次,总积分多者名次列前。

b. 如总积分相等,应以单项得分多的项目较多者名次列前;如仍不能判定,则以任何一个项目单项得分高者名次列前;如再次成绩相等,则以第二得分高的单项分数较高者列前,依此类推。

⑤ 团体总分名次的判定与总分相等时的处理方法

a. 总积分较多者列前。

b. 如总积分相等,应以破纪录项或次数多者列前;若再相等,则以第一名多者列前;若仍相等,则以第二名多者列前,依此类推。

二、径赛主要规则

1. 计时

① 在跑道上举行的径赛项目,手计时成绩应判读到较差的 1/10 s。部分或全部在场外举行的径赛项目,手计时成绩应判读到较差的整秒,如马拉松的时间为 2:09:44.3 应进位成 2:09:45。

② 停表时如指针停在两线之间,应按较差的时间计算。使用 1/100 s 的表或人工操作的数字式电子表,当百分位秒不为零时,应进位至较差的 1/10 s,如 10.11 s 应进位成 10.2 s。

③ 在三只正式表中,两只表所计时间相同而第三只表不同时,应以两只表所计时间为准;如三只表所计时间各不相同,则应以中间时间为准;如只使用两只表,所计时间不相同时,应以较差的时间为准。

④ 计时应从发令枪或经批准的发令器材发出的闪光或烟开始,直至运动员的躯干(不包括头、颈、四肢)的任何部位抵达终点线后沿垂直面的瞬间为准。

2. 起跑

400 m 及 400 m 以下(包括 4×200 m 和 4×400 m 接力的第一棒)各项目,运动员必须使用起跑器进行蹲踞式起跑。

在"各就位"口令之后,运动员必须走向起跑线,完全在自己的分道内和起跑线后做好准备姿势。双手和一个膝盖应触地,两脚应接触起跑器。发出"预备"口令时,运动员应立即抬高身体重心做好最后的起跑姿势,此时运动员的双手仍须与地面接触,两脚不得离开抵脚板。

运动员已就位时,其双手或双脚均不得触及起跑线或线前地面。

运动员在做好最后预备姿势之后和鸣枪之前开始起跑动作,应判为一次起跑犯规。

对于一次起跑犯规的运动员,必须给予警告。对两次起跑犯规负有责任的运动员,应取消其比赛资格。

自 2003 年 1 月 1 日起,对第一次起跑犯规的运动员应给予警告,之后的每次起跑犯规的运动员均应被取消该项目的比赛资格。

在全能比赛中,如果一名运动员两次起跑犯规,将被取消比赛资格。

400 m 以上的各个项目起跑时,运动员单手或双手不得触地。

3. 跨栏

运动员在过栏瞬间脚或腿低于栏顶水平面,或者跨越他人栏架,或者裁判长认为其有意用手推或用脚踢倒栏架,应取消其比赛资格。除以上所述外,运动员碰倒栏架,不应取消其比赛资格,也不妨碍承认其纪录。

4. 接力跑

运动员必须手持接力棒跑完全程。如发生掉棒,必须由掉棒运动员捡起。允许掉棒运动员离开自己的分道捡棒,但不得因此缩短比赛距离。如遵守上述程序,并未侵犯其他运动员,则不因掉棒而被取消比赛资格。

在所有接力赛跑中,必须在接力区内传递接力棒。仅以接力棒的位置决定是否在接力区内完成接力,而不取决于运动员的身体或四肢的位置。在接力区外传接棒将被取消比赛资格。

4×400 m 接力的第三、四棒的运动员应在指定裁判员的指挥下,按照同队传棒运动员跑完 200 m 时的先后顺序(由内向外)排列各自的接棒位置。一旦传棒运动员跑过 200 m 处,接棒运动员即应保持其排列顺序,不应改变其在接力区起点处的位置。

任何运动员不遵守本规定,应取消其接力队的比赛资格。

三、田赛主要规则

1. 跳高

① 应抽签排定运动员的试跳顺序。运动员必须用单脚起跳。

② 如出现下列情况之一者,应判为试跳失败。

a. 试跳后,由于运动员的试跳动作,致使横杆未能留在横杆托上。

b. 在越过横杆之前,运动员身体的任何部位触及立柱前沿(离落地区较近的边沿)垂直面以外的地面或落地区。如果运动员在试跳中一只脚触及落地区,而裁判员认为其并未从中获得利益,则不应因此原因而判该次试跳失败。

③ 运动员可以从主裁判事先宣布的横杆升高计划中的任何一个高度上开始试跳,也可在

以后任何一个高度上根据自己的愿望决定是否试跳。但在任何高度上,只要运动员连续三次试跳失败,即失去继续比赛的资格。因第一名成绩相等而进行的决名次赛的试跳除外。

④ 允许运动员在某一高度上第一次或第二次试跳失败后,在其第二次或第三次试跳时请求免跳,并在后继的高度上继续试跳。但只要在某一高度上请求免跳后,不准在该高度上恢复试跳,除非出现第一名成绩相等的情况。

⑤ 所有测量应以 cm 为单位,从地面垂直量至横杆上沿最低点。

2. 远度项目

应抽签决定运动员试跳(掷)的顺序。如参赛运动员超过 8 人,每名运动员均有 3 次试跳(掷)机会,有效成绩最好的前 8 名运动员可再试跳(掷)3 次。如出现第八名成绩相等,按田赛远度项目成绩相等的规定处理。当运动员的人数只有 8 人或少于 8 人时,每人均有 6 次试跳(掷)机会。

丈量成绩时,应从运动员身体或四肢的任何部位在落地区内的最近触地点量至起跳线或起跳线的延长线。测量线应与起跳线或其延长线垂直。

(1)跳远

如果运动员从起跳线后 45 m 以外处开始助跑,应判该次试跳失败。

如出现下列情况之一者,应判为试跳失败。

① 在未做起跳的助跑中或在跳跃中运动员以身体任何部位触及起跳线以前的地面。

② 从起跳板两端之外起跳,无论是否超过起跳线的延长线。

③ 触及起跳线和落地区之间的地面。

④ 在助跑或跳跃中采用任何空翻姿势。

⑤ 在落地过程中触及落地区以外地面,而落地区外的触地点较落地区内的最近触地点更靠近起跳线。

⑥ 离开落地区时,运动员在落地区外地面的第一触地点较落地区内最近触地点和在落地区内因身体失去平衡而留下的任何痕迹更靠近起跳线。

注①:运动员在任何位置跑出助跑道白色标志线不算犯规。

注②:如果运动员的脚或鞋的一部分触及起跳板两端以外起跳线后面的地面,不算犯规。

注③:如果运动员以正确方式离开落地区后,再向后穿过落地区不算犯规。

(2)三级跳远

三级跳远的三跳顺序是一次单足跳、一次跨步跳和一次跳跃。

单足跳时应用起跳腿落地,跨步跳时用另一只腿(摆动腿)落地,然后完成跳跃动作。

运动员在跳跃中摆动腿触地不应视为试跳失败。除"跳远"中①、③的情况,其余规则均同跳远。

(3)投掷项目

① 应在投掷圈内完成铅球、铁饼或链球的试掷。应在助跑道内完成标枪的试掷。在圈内进行试掷时,运动员应从静止姿势开始试掷。允许运动员触及铁圈内沿。包括铅球抵趾板内沿。

② 如果运动员在试掷中出现下列情况,则应判为试掷失败。

a. 铅球或标枪出手姿势不符合规定。

b. 在进入投掷圈内并开始投掷之后,身体的任何部分触及铁圈上沿或铁圈外地面。

推铅球时,身体的任何部分触及抵趾板上沿。

c. 掷标枪时,身体的任何部分触及投掷区标志线或标志线外地面。

③ 如果在试掷过程中未违反上述规则,运动员可终止已开始的试掷,可将器械放在投掷内或助跑道外边,也可离开投掷圈或助跑道。但必须遵守⑤ 的规定且必须在规定的最大时限之内。

④ 铅球、铁饼、链球球体(包括器械着地时未触地的任何部分)和标枪枪尖应完全落在落地区角度线内沿以内,试掷方为有效。

⑤ 运动员在器械着地后方可离开投掷圈或助跑道。

⑥ 运动员在圈内完成试掷,离开投掷圈时,首先触及的铁圈上沿或圈外地面应完全在圈外白线的后面。该线在理论上应能通过投掷圈的圆心。

掷标枪时,当运动员离开助跑道时,首先触及的助跑道标志线或助跑道外地面应完全在投掷弧两端的白线后边,该线与助跑道标志线垂直。

⑦ 每次投掷后均应立即进行成绩丈量。

从铅球、铁饼和链球球体落地痕迹的最近点取直线量至投掷圈内沿,测量线应通过投掷圈的圆心。标枪项目中,从标枪尖的首次触地点取直线量至投掷弧内沿,测量线应通过投掷弧的圆心。

复习思考题

1. 田径运动的意义? 田径运动由哪些部分组成?
2. 田径运动分为哪几个阶段?
3. 短跑的定义?
4. 跳远的定义?

课外实践活动

1. 短跑的起跑练习。
2. 腿部爆发力量训练。
3. 急行跳远助跑踏板起跳练习。

第六章 乒 乓 球

乒乓球是由两名或两对选手用球拍在中间隔网的球台两端轮流击球的一项室内运动。它主要有直拍和横拍两大类打法。

乒乓球比赛的基本方法有淘汰赛和循环赛两种。比赛每场采用 3 局 2 胜、5 局 3 胜或 7 局 4 胜制。每局比赛先得 11 分者为胜。如 10 平后,则先多得 2 分者为胜。乒乓球比赛分男、女团体,男、女单打,男、女双打和男女混合双打 7 个项目。从 1988 年开始,乒乓球首次进入奥运会,成为正式比赛项目;但比赛目前只设男女单打、男女双打 4 个项目。第 1 届世界乒乓球锦标赛于 1926 年在伦敦举行,自第 26 届世乒赛开始改为每两年举行一届。

乒乓球运动的特点是球小、速度快、变化多、设备简易。另外,它不受年龄、性别、身体条件的限制,所以能广泛地开展。在我国乒乓球运动已相当普及,乒乓球运动量适中,具有较强的娱乐性、竞争性,经常参加比赛还有利于促进人际间的交流,增进友谊,可以有效调节紧张的情绪,缓解工作、学习所带来的精神压力,它是广大群众尤其是青少年所喜爱的体育运动项目。经常参加乒乓球运动可以发展人的灵敏性和协调性,提高动作速度和上下肢的活动能力、改善心血管系统的能力、增强体质,还有助于培养勇敢顽强、机智果断、沉着冷静,敢于拼搏等优良品质。因而,在普通高校开展乒乓球运动是非常有必要的,但由于学生技术水平不高,体能锻炼的强度不够,还需要与心肺功能及力量素质的练习相结合,以促进学生健康和身体素质的全面发展。

第一节 乒乓球的基本技术

一、握拍方法

乒乓球握拍方法分直拍握法和横拍握法两种,不同的握法各有其优缺点,从而产生各种不同的打法。初学者可以根据各自的习惯和爱好,选择适合自己的握拍方法。

(一)直拍握法

直拍握法,根据不同的技术动作又分为:近台快攻型握拍法、弧圈球型握拍法、直拍削球型握拍法等,但无论是哪一种握法,其基本的手指动作大致相似:拍前,以食指第二指节和拇指中段扣拍;拍后,三指弯曲贴于拍的 1/3 上端。这种握法又称为中钳式(如图 6-1)。

直拍握法的特点是正反手都用球拍的同一拍面击球,出手快,正手攻球快速有力,攻斜、直线球时,拍面变化不大,对手难于判断。

(二)横拍握法

虎口贴拍,拇指在拍前,食指在拍后。此握法又称为八字式。正手攻球时食指向上移动;反手攻球时拇指向上移动(如图 6-2)。

图 6-1   图 6-2

横拍握法的特点是正反手攻球力量大,攻削球时握法变化小,反手攻球容易发力也便于拉弧圈;但正反手交替击球时,需变换击球拍面,攻斜、直线球时调整拍形的幅度大,容易被对方识破。

无论哪种握法,握拍都不应过紧或过松:过紧会使手腕僵硬,影响发力时的手腕动作,过松则影响击球力量和击球的准确性;握拍也不宜太浅,特别是直握时食指和拇指构成的钳形不能过大或过小,以免影响手腕动作的灵活性。在变换击球的拍面、调节拍面角度时,要充分利用手指的作用。

二、发球与接发球技术

发球是乒乓球的基本技术之一,在比赛中占有很重要的地位。发球多变且质量好,不仅能使对方回接失误,己方直接得分,而且可以为进攻创造良好的机会。发球是比赛开局的第一板球,它不受对方的干扰,可以任意在各种方位(双打除外)按自己的战术意图将球发到对方任何位置,先发制人,争取主动。

（一）发球

1. 平击球

（1）正手平击球

平击发球是一种几乎不带旋转、速度一般的发球,是掌握其他复杂发球的基础。发球时身体约离台40厘米,两脚开立,左脚稍前,抛球的同时挥拍手向后引拍,击球时向前挥拍,击球的中部稍偏伤,第一落点在球台中间,击球后挥拍继续向前而后还原。

（2）反手平击球

发球时右脚在前,左脚在后,身体稍向左转。左手掌心托球,置于身体左侧,右手持拍与体前。抛球后,球拍开始后撤,待球将回落时,小臂从身体左后方,向前挥击球的中上部,整个过程是"抛—拉—打"。

如果在球拍触球的刹那,球拍前倾,小臂加快挥拍速度,手腕配合外展,使球拍正对左角,则成为反手斜线急球。同样,如果手腕向左扭动,使球拍正对右角,就成反手直线急球。

发轻球时,随着小臂向上方摆动而使球拍后仰,击球的中下部,顺着摆臂的惯性,轻轻地将球送出。发急球主要依靠小臂横摆的力量来加快速度,球拍与球台约成60°角,击球点比网低8~10 cm,将球击在本台近端线10 cm处。发轻球(近网球)应以小臂由后向前送,球拍保持后仰,拍触球时用力要轻而缓和,击球点要稍高于球网,球被击在球台的中段附近。

2. 上旋球

球拍用力向前上方移动,摩擦球的中上部。球拍接触点应比网稍高或等高。

3. 下旋球

球拍用力向前下方切削,摩擦球的中下部,球拍接触点应比网高。在发近网下旋球时,用力下切动作要快,落点距网较近;发远网下旋球时,除用力下切外,还应略加向前的力量。(如图 6-3)

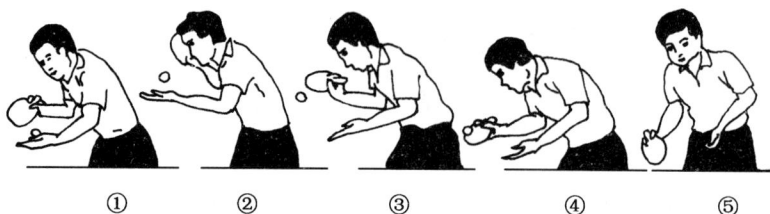

图 6-3

4. 左、右侧旋球

发左侧旋球时,将拍面稍向左倾斜,用力向身体左方发力,擦击球的中部。发右侧旋球时,将拍面向右倾斜,用力向身体右方发力,擦击球的中部。

5. 左侧上、下旋球

左侧上旋球和左侧下旋球混合交替的发球,主要利用十分近似的发球手法,使对方不易判断。发左侧上旋球时(正手),身体站于球台左角,稍偏右侧。将球抛起后,球拍由右上方向左下方摆动。然后,小臂和手腕同时发力,在离台面约 15 cm 处触球。拍面触球点从球的中部到中上部,小臂需做后旋动作,手腕协助使球拍向内、向左上方勾球,将球击出。发左侧下旋球时,手臂则从右后上方向左前下方直接做擦击动作,触球的中下部(如图 6-4)。

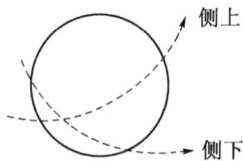

图 6-4

6. 右侧上、下旋球

右侧上旋球又称"奔球"。将球抛起后,持拍的手向后引拍,小臂放松,使球拍高度顺势下降,好像把球拍在体侧做一次向后的小绕环动作。在球下降离台约 15 cm 时,整个手臂迅速向左前方用力,同时拇指用力扣拍,使拍面沿着球的曲线向右侧上部摩擦。球击在离本台底线 20 cm 处,弹向对方右角,偏斜前进。右侧下旋球的挥拍弧线是由后上方向右前下方,而球拍则由球的中下部向右侧下部转移。

7. 急球和轻球

急球和轻球主要是靠控制速度和落点来使对方失误。所以,发急球时动作要快、角度要大或者追身,使对方忙于左右照应,顾此失彼。在发急球的同时,要头脑冷静、随机应变,间隔插发些近网球,迫使对方近台拉球,伺机进行抽杀。

急球和轻球的动作愈逼真,差异愈不明显,收效就愈大。发左侧上下旋球时,首先应多发左侧下旋球,迫使对方用搓球来回接,然后夹杂着发左侧上旋球,令对方搓接时造成高球或失误。左侧上旋球(奔球)在打对攻或对付削球时用处较广,能有效地扰乱对方步法,伺机扣杀(如图 6-5)。

图 6-5

除上述发球外,还有用相似手法发转与不转球,抖动式的上、下旋球,下蹲式发球等等。这些都是用相同的动作发出不同旋转强度和旋转性质的球,造成对方判断不清,回接失误。

(二)接发球

在一局比赛中,接发球的机会和发球相同。如果接发球能力较差,不仅给对方以较多的进攻机会,而且在处理关键球时会延误战机,影响全局。

接发球常用推、搓、削、拉、抽等方法来回击。推、搓、削是用旋转和变化落点去抑制对方攻势的,并带有一定的防御性质。拉球和抢攻时可以直接破坏对方的攻势,打法上较积极主动。所以,在接发球时应根据不同的情况做到时搓时拉,忽攻忽守,只有这样才能充分掌握比赛的主动权。

接发球首先应根据对方发球时的位置来决定站位。如对方在左后方正手发球,接发球者的站位应在中间靠右;对方在左面反手发球,己方站位则应中间靠左。同时接发球时,还要密切注意对方发球的挥拍动作、球拍移动方向以及触球瞬间用力的大小,以正确地判断对方发球的性质和落点,及时用相应的、正确的方法回击。例如,在接上旋球时,用快速推挡或加力快抽来击球的中上部;接下旋球时,球拍后仰,搓击或拉抽球的中下部。而接左、右侧旋球时,则必须将球回击到对方球拍移动的相反方向。如对方向左挥拍,己方就应回击向右方;对方向右挥拍,就击向左方。回接侧上、下旋球时,对左侧上旋球应将球拍向左前下方击球;对左侧下旋球则应用提拉向左前上方挥动击球。

三、基本击球技术

(一)推挡球

推挡球以反手推挡球为主,其中又分为高压推挡球(大力推挡)、下旋推挡球、侧上旋推挡球等。反手推挡时,离台约 30～50 cm 站立,左脚稍前,右脚在后,小臂与地面略平行,肘部与大臂贴右侧身旁,大小臂夹角成 100°左右,小臂靠近腹前,球拍与桌面成 90°角。当来球入台将近上升期时,小臂内收,球拍迎向来球方向,向前向下发力,推击来球的中上部,食指同时微微用力使球拍前倾,盖住来球,大臂随小臂前摆。击球后,球拍呈半圆弧形路线还原。

1. 快推

快推的特点是借力还击,回球速度快,有斜直线的变化。对付弧圈球时还能推侧旋、推大角度以破坏和干扰对手的进攻。在对攻和相持阶段又常用来推两大角或突袭对方空当,使对方因应接不暇而失误或被动,为进攻创造有利条件。

动作要领:左脚稍前或两脚平行,屈膝,提踵,两脚之间的距离略宽于肩,身体离球台约40 cm。击球前,持拍手臂和肘关节内收,前臂略向外翻展,球拍柄呈横状。击球时,小臂向前推击的同时,手腕外旋,食指压拍,拇指虽放松但要紧贴拍柄,使拍前倾。在上升期时击球的中上部,把球快推过去。除此之外,还有一种加力推,就是在球来之前先向后拉球拍,球来之际猛地由后向前迎击球。由于加大了力量,对球产生更大的撞击力,所以推过去的球力量大、速度快、往往能压住对方攻势,也能为自己侧身抢攻创造有利的条件,推完球后要迅速还原(如图6-6)。

图 6 - 6

2. 减力挡

首先在概念上明确,这种技术是既不加力也不加速推的一种击球技术。目的是使球弧线低、落点短、力量轻。在对攻的相持中,当对方离球台远时,可用减力挡吊对方一个近网球,迫使其前后奔跑,然后伺机用正手抢攻。比较常用的是对付弧圈球选手,用大角度或近网的小球干扰和破坏对方的进攻。

动作要领:准备姿势和推挡动作相同,拍要前倾,当球由台面刚弹起后,球拍贴近来球并高于来球,这时前臂不仅不往前发力,相反还要随着来球的方向迅速向后撤,以缓冲球的反弹力,使球落于近网。

(二) 攻球

攻球是最重要的一项基本击球技术,是最具有威慑力的得分手段。攻球可分为正手攻球和反手攻球;按站位又可分为近台、中台和远台攻球;按击球点和击球的时间又可分别为拉、抽、拨、带、扣、杀等方法(如图6-7)。常用技术有:

图 6 - 7

1. 正手近台攻球

站位靠近球台,出手快、动作小,从速度上夺取优势为扣杀创造有利的条件。击球之前引拍至身体右侧,当球由台面弹起时,手臂向左前上方迅速回击来球。击球时食指稍放松,拇指压住球拍,使拍面前倾,形成合理的击球角度,结合手腕内旋动作,在球的上升期击球的中上部。

(1)正手拉球

这是回击下旋球的主要进攻技术,能为发力攻击创造条件。提拉时是击球的回落期,用大臂和小臂由右后方向左前上方挥击,击球时小臂迅速向内收,配合手腕内旋动作,用球拍摩擦球的中上部。

(2)正手扣球

击球的动作幅度大、力量重,是得分的主要手段。击球时,由小臂带动大臂由右后方向左前方加速挥击,击球前用右脚蹬地,配合转腰力量形成一股合力去击来球的高点期;如遇到上旋球时,拍面稍前倾,击球中上部;击下旋球时,球拍略低于来球,击球的中上部。

(3)侧身正手攻球

首先要移动脚步,左脚在前,右脚在后,使身体位于球台左侧,上肢收于腹前,上身略前倾。根据来球特点酌情拉或扣杀。

(4)正手攻弧圈球

回击弧圈球的时机极为重要,所以首先要判断清来球的落点、旋转、捕捉好击球的战机。攻打加转弧圈球时,先拉开手臂,球刚弹起时尽快挥拍向下方迎击,拍形要前倾,与台面成约60°的夹角,击球的中上部。回击前冲弧圈球时,球刚刚弹起就要立即回击,拍一触球前臂立即内收,击球时拍与台面约成70°夹角,击球的中上部。

(5)滑板球

滑板球是一种战术动作很强的进攻技术,不仅要求击球角度大,而且球应有一定的左侧旋,动作要隐蔽。更高的技术则是当自己打算攻对方右角时却发现对手正往右方起动,而这时自己的臂已向前挥动,此时要在击球的瞬间手腕迅速外展将球击往对方左角,使对方人右而球左,也称为"出手改线"。

(6)杀高球

这是具有摧毁性的一击。所以,动作大、力量大。击球时,靠腿、腰、臂的合力盖压住球的上部或上中部发力攻打。

2. 反手攻球

直拍反手攻球是中国的独特击球技术。其特点是:动作小、出手快、能抢先上手、争得主动而为正手大力扣杀创造机会。如对方想盯住左方而控制攻势时,反手挥拍一击,常使对方感到意外而猝不及防,能达到控制区域的局面。

动作要领:右脚稍前,膝盖微弯,前脚掌着地,收腹弯腰。击球前腰肢向左略转,球拍后引,来球后球拍迅速向前迎击球的中上部。根据来球的不同性质,用大小臂和手腕来相应地做出不同动作,形成中、近台攻球和拉、扣、拨等技术。

(三)搓球

搓球是一种近似削球手法的台内短打技术,又称小削球,是一种可以解除削球逼角威胁的手段。对方的发球性质来不及判清时,用搓球回接比较稳当。但搓球毕竟是一种变化受局限的手段。

1. 反手搓球

搓球前两脚平行站立,离台 50 cm 左右。当来球将达台面时,大臂开始向胸前右侧贴近,略下垂。拍柄与小臂成直线,球拍后仰与球台成 100°角,置于腹部前右方。大小臂之间夹角为 100°～200°。小臂引拍,由后向前下方发力,做铲击动作(半圆弧动作)。球拍触球的一刹那,手腕配合小臂向前下方抖动球拍,擦击球的中下部,将球送出。

2. 正手搓球

站位与反手搓球相同。大臂引向身体右侧,与身体成 45°角。小臂持拍外伸,迎向来球方向。球拍与球台成 100°角,大、小臂夹角为 90°～120°。等来球从台面反弹至最高点时,小臂向前、向内收缩发力,同时手腕配合由外向内扭动,球拍由右上方向左前下方削击来球。触球时,手腕协助加快球拍的擦击速度,摩擦球体,将球送出。

(四) 削球

削球和攻球一样,按其部位划分类别,也有正、反削球两种。近、远削球从基本打法上区分,又有削追身球、扑救网前短球、接突击球、削逼球、削转与不转球等。先介绍一般使用最普遍的正、反手削球。练习者可以这两者为基础,结合球的旋转原理,在实践中不断琢磨,提高和丰富削球的技术内容。

1. 正手削球

(1) 正手远削

削球时,左脚与左肩靠近球台右角,右脚后退一步。身体与球台成 75°角并稍向前倾,两腿稍曲,重心先放在右脚上。手臂自然弯曲伸出,球拍略高于来球弹起高度,拍柄向下。当球飞到身前,手臂即向前、下、左方向挥动,球拍在右腰前 35 cm 的地方触及球的中下部(或下部)。然后,手臂加速发力,小臂与地面接近平行,身体重心逐渐由右脚移至左脚。球削出后,手臂肌肉立刻放松,球拍因惯性仍往前向下方摆动,上体转向球台,准备继续削球。

(2) 正手近削

近削动作要求是离台 50 cm,身体与球台成 45°倾斜角,在来球将要回落时擦击球的中下部。手腕用力要比远削大,使球的旋转较快。(如图 6-8)

图 6-8

2. 反手削球

(1) 反手远削

在进行反手远削时(横拍),右脚应伸出球台的左边,左脚在后,重心落在右脚上,背斜对球台。小臂弯曲,把球拍举起与头齐高,拍柄向下,拍面正对对方左角。手臂从上向前、下、右方摆动。当球拍触球的一刹那,小臂与手腕加速发力挥拍,将球勾救到对方台内。球削出后,手臂肌肉立刻放松,上体顺势向右移动,球拍也摆向身体右侧,重心由右脚移到左脚上。右脚后退一步,恢复准备姿势。

(2)反手近削

近削时由于大臂受身体阻碍,所以削球动作主要靠小臂和手腕来完成,动作也比正手削球快些。

(五)弧圈球

1. 加转弧圈球

击球前,左脚在前,右脚稍后,身体向右倾斜与球台约成 45°角,两膝微屈,球拍贴近臀部,右肩略低于左肩,手臂自然下垂,手指紧握球拍,手腕比较紧张地固定球拍角度,身体重心在两脚之间。当来球从桌面弹起时,小臂先向前迎球,然后大臂和小臂同时由下向上垂直挥动擦击球的中部,腰部由右后方急剧向上扭转。球拍与桌面约呈 80°角,拍面与球的擦击间隙越薄越好。在触球的一刹那,加速用力,使球呈较高弧线飞出。球拍顺势挥动至额前,然后放松还原。

2. 前冲弧圈球

屈体与桌面成 75°角。球拍拉至身后,约与桌面齐高,手指握拍同前。当来球着台后,手臂向前上方迅速挥出,手腕使球拍前倾,与桌面成 50°角,擦击球的上部。腰部向前上方扭转,协助球拍加速摆动,使球沿一低弧线落于对方台面,球拍顺势前摆至面部为止,然后放松还原。

3. 回击弧圈球的方法

弧圈球多数来势飞快,并带有强烈的上旋性,球拍碰到这种球时稍微不慎就会飞出界外。因此,对付弧圈球,攻球者多用近台快抽或快速推挡盖球的中上部,压低球的弧线,控制落点,将球回击过去。在来球上旋力特别强时,可将球拍盖住球的上部,以防止碰板飞出。回击弧圈球的关键在于思想上有准备,不紧张。回球时拍前倾,盖球及时,动作迅速利落。

削球时,多采用调整拍形快挡或近台快削的方法回击,自上而下快速将球削出。球拍后仰角度一般是 110°～135°,从后上方向前下方削出,动作要短。

4. 弧圈球的练习要点

(1)练习弧圈球时,肩部、腰部的活动量较大,因此事先应加强肩关节和腰部的肌肉活动,避免不慎拉伤肌肉。

(2)练习弧圈球,最好在一定的正、反手攻球技术基础上进行。有了一定的基础才容易体会动作,避免走弯路和动作过大。

(3)击球时,手指要握紧球拍,固定球拍角度,不要随便摆动。

(4)球拍触球的刹那,拍面擦击球的切面愈薄愈好,并注意迅速加力挥击,充分发挥腰部的助力。

(5)拉弧圈球和杀回击过来的高球时,要密切配合,拉、杀要协调。拉球后,手臂要迅速放松,还原及时,以提高拉后扣杀的命中率。

加转弧圈球和前冲弧圈球是基本的弧圈球打法,如果在击球部位、握拍方法、擦击部位、发力动作等方面稍加变化,就不难打出更多种类型的弧圈球来。现将各种弧圈球的特点列举简介(见表 6-1)。

表 6-1　各种弧圈球的特点

内容\种类	旋转力	着台后的球速	挥臂动作（弧线）	着台时弧线	击球点及球碰拍后的情况
加转弧圈球	上旋力特强	速度较慢,着台后向下滑落	手臂垂直向上挥拍,大臂发力,小臂迅速内收	弧线高（比网高2～4倍）,球触拍后成高球或出界	中部
前冲弧圈球	有一定上旋力	有一定冲力,着台后急剧前冲	手臂向前上方挥出,大小臂发力,小臂辅助	弧线较低,使对手回击不及	接近上部
侧旋弧圈球	有一定侧旋力	有一定冲力,着台后向两侧（左或右）拐弯前冲	手臂向左或右前方挥拍,大臂、前臂合力向侧上方挥动	同前冲弧圈球	接近右侧上部（或左）
不转弧圈球	击出球不太旋转	同加转弧圈球	同加转弧圈球	如对方误用回弧圈球方法回击,易下网	中下部
弧圈提拉球	比一般提拉球稍强	前冲较小	动作较前冲弧圈球小	同一般上旋球	中上部

四、乒乓球基本技术的练习方法

（一）球感的练习

通过各种对墙击球等练习来熟悉球的性能。

1. 对墙任意击球

从定位开始,逐渐后退击球,或前进或后退结合对墙击球。

2. 拍面击球

自抛自打的单面击球;也可持拍,反复转动正、反两面来击球。

3. 对墙击定点球

在上述基础上,把球击在固定的区域中,提高控制球的能力。

4. 向凹凸板上击球

（二）挡球的练习

1. 不定点的挡球练习

掌握短挡球的手法。

2. 正面、左右面的挡球练习

一人固定送球,其他练习者轮流击球。

3. 圆圈跑击球练习

做顺时针或逆时针方向跑动挡球动作。

4. 不同落点挡球练习

一人把球送向各点,练习者用各种板形把球击回去,练习板形的变化。

5. 挡近台短球的练习

在限定的区域内击球。

6. 挡固定区域长短球的练习

可同长同短或异长异短练习。

7. 二人挡两个球的练习

通过挡两个球的练习，提高反应能力。

（三）推挡球的练习

1. 单线推挡（中线、直线、斜线）

推挡单线球，掌握动作。

2. 推挡不同点到多点球

3. 推挡球结合大力推挡

4. 推挡侧身球

推挡侧身攻斜线（直线）球。

（四）正手攻球的练习

1. 由一人抛球或自抛球，进行正手攻球，掌握正手攻球手法

2. 正手攻挡球的定点球练习

3. 正手斜线对攻球练习

远抽对远抽，近抽对近抽，远抽对近抽，近抽对远抽，远抽近抽交叉进行的打法等。

4. 正手定点打不同二点练习

5. 正手定点打多点练习

6. 不定二点打定点，不定二点打斜线或直线，移动的距离从 1/2 台面逐渐扩大到全台

（五）反手攻球的练习

1. 反手攻挡球或推挡的练习

掌握反手攻挡的手法。挡球的速度可逐步加快。

2. 反手二点打一点练习

在 1/2 台面内做反手二点打一点。

3. 推挡结合反手攻球

4. 正、反手二面攻一点

5. 反手一点攻多点

6. 反手对攻球练习

（六）搓球的练习

1. 自抛或对方发球的搓球练习

对方发下旋球或自己抛球，练习搓击动作。

2. 正、反手搓斜线球或直线球练习

反手斜线对斜线，反手斜线对正手直线，正手斜线对正手斜线，正手直线对反手直线。

3. 反手（正手）一点对二点

4. 二点对一点搓球练习

5. 搓中突然起板

（七）削球的练习

1. 接正、反手平击球的削球练习

2. 正手削斜线、直线球练习

3. 反手削斜线、直线球练习

4．正、反手不同二点削一点练习

5．相反球路削球练习

二斜对二直，逢斜削直，逢直削斜。

6．削球结合攻正、反手球练习

（八）发球的练习

发球要考虑落点、速度、力量、旋转。这四者结合得好，可以加强发球的攻击性，为下一步的进攻创造良好条件。

1．发远台三落点练习

2．发近台三落点练习

3．发同长同短球练习

4．发同长异短球练习

5．发异长同短球练习

6．发左侧上、下旋球的结合练习

7．发右侧上、下旋球的结合练习

8．用相似手法发转与不转球的练习

9．用相似手法发抖动式上、下旋球的练习

第二节　乒乓球的基本战术

一、攻对攻的战术

以攻为主的战术运用主要是以力量为基础，结合速度、落点和旋转的变化以制胜。打对攻时，往往为争夺一个比分而有几个来回。所以，最主要的是运动员根据不同情况采取不同策略，灵活运用战术以争取主动权，打出风格、打出水平，取得胜利。

（一）两面攻对左推右攻

因对方是左推右攻的打法，球速较快，所以一般应采用以猛制快，力争主动的策略去对付。在战术上是以狠、变为主，结合快、准的打法。

① 发下旋的端线长球至对方左边，破坏对方的第一板推挡；或发上旋底线长球，使对方不能挡成近网短球。

② 以反手猛攻对方左边，再伺机突击中路。

③ 猛攻左边后，突击右方空位。

④ 正反手交替攻对方左、右角，伺机扣杀空档。

⑤ 猛攻左边，使对方回高球至中央或左角时，侧身扣杀右角。

左推右攻的主要弱点在左边，所以各种战术都应以压住对方左边为重点，同时谨防对方侧身抢攻。

（二）左推右攻对两面攻

因对方攻球技术比较全面，不宜采用稳扎稳打的办法，而应充分发挥推挡球中"快"的特长以克制对方。通常采取以快打慢、以近制远、调动对方、力争主动的策略。战术的具体运用是以快速多变为主，结合狠、准。

① 一般发追身的中间急球，迫使对方后退接着回近网轻球，引其上前；或者发中间靠右角

轻球,引其上前,然后猛攻左边。

② 通过快而有力的推挡球,压住对方中间或追身急球,破坏对方两面起板的节奏。

③ 快速推挡,配合长短球,扰乱对方步法,使其不能发挥有力的正、反手攻球;伺机快速侧身攻球,争取主动。

④ 快推对方中路或追身,侧身猛攻左边。

⑤ 快速推挡,突然变线(直线)。引对方回斜线以后,以正手抽杀对方中间或左边。

两边攻对两边攻,左推右攻对左推右攻等等,因为双方打法相同,故应预先分析彼此之长短,根据对手的不同情况决定策略,尽量发挥自己之特长,以己之长攻彼之短,争取主动。

二、攻对削的战术

(一)拉两角,突击中间

先左、右做试探性进攻,然后拉两角突击中间。

(二)拉两角,突击左或右方直线

打法与"拉两角,突击中间"相同。

(三)拉中间,突击两角,结合短球

用大角度球把对方逼离台面后,突然放短球,致使对方来不及上步,而接球失误。

(四)拉两角,突击追身

反复拉两角,伺机突击追身。

(五)拉搓结合的战术

当对方削球加转或回短球难于实行进攻时,可用搓球过渡。此种战术,还可以迫使对方在近台还击时,因其步法在调动之中或回球速度较慢,从而用突击取得扣杀的机会。

三、削对攻的战术

(一)紧逼一角,突袭空当

① 先用加转球逼住对方左角,在对方重心位置逐渐左移时,突然送球至右方直线。

② 当对方往左移动时,突然使用一连串削球紧逼对方右角,当对方跑右角时,又回左角。

③ 用相反球路交叉逼角,逢斜变直,逢直变斜。在逼角中,使对方在移步不及回击高球时,伺机扣杀。

(二)用转与不转的削球变化来扰乱对方,伺机反攻

① 加转中突然送不转球过去,使对方拉球过高或抽球出界,伺机扣杀。

② 稳削中突然加转,使对方回球落网。

(三)以轻重不同力量和落点控制对方攻势,伺机反攻

① 先送底线长球,逼对方后退拉球,再突然削近台短球,引对方上台。

② 先长后短,先短后长,交叉使用,迫使对方忙于移动,不易加力扣杀,在对方移步不及时,就能伺机反攻。

(四)挡、削兼施,伺机反攻

① 削球中突然挡右角空档,使对方措手不及,对方回球过高时起板反击。

② 在削球中突然轻挡一板,变化回球旋转性质,致使对方判断不准,自己伺机反击。

(五)削球中配合拉弧圈球,伺机反攻

四、削对削的战术

削球双方相遇,主要以进攻能力的强弱来决定自己的打法。如攻球技术强,又会使用弧圈球,就可以用发球抢攻结合弧圈球的打法。如削球基础较好,则可采用先守后攻,看准机会突然起板的打法。

除先用发球抢攻战术力争主动外,一般都多数用搓攻结合、搓中突击或搓拉结合的打法。

搓攻时,可以用变换速度的快慢搓,或搓长短球、搓转与不转球、搓中侧身拉弧圈球等多种打法来取得主动进攻的机会。

拉搓结合打法中,可发变化落点的急球和轻球,扰乱对方步法,伺机抢攻或吊杀,也可拉中转搓,或搓球中突然拉上旋球,扰乱对方步法,伺机猛攻。

第三节 乒乓球竞赛规则和重要赛事

一、乒乓球竞赛的基本规则

① 发球时将置于手心,垂直抛起不少于 16 cm,球从最高点下落时方可击球

② 发球时,发球人应在台面以上和端线左边延长线以内。

③ 发球时,每人轮换发两个球,11 分为一局,五局三胜制或七局四胜制。

④ 双打比赛发球时应从右半台发到对方右半台,轮换发球时要换人接发球。一局中首先发球的一方,在该场下一局应先接发球,在决胜局的比赛中,当一方先得 5 分时,双方应交换方位。

⑤ 团体赛采用的比赛顺序为第一场 A—X,第二场 B—Y,第三场 C—Z,第四场 A—Y,第五场 B—X,先胜三场者为胜方。

二、乒乓球比赛规则最新变化

变化之一:小球改大球

1996 年 5 月,国际乒联开始改换大球的试验,但是直到 2000 年 2 月 23 日,国际乒联特别大会和代表大会才在吉隆坡通过了 40 mm 大球改革方案,悉尼奥运会之后,乒乓球比赛使用直径 40 mm、重量 2.79 g 的大球,以取代 38 mm 小球。

变化之二:每局 11 分

2001 年 9 月 1 日,乒乓球比赛由每局 21 分制改为每局 11 分制。国际乒联采用 11 分赛制的初衷是缩短每局比赛的时间,原来打 3 局的时间,11 分制可以打 5 局,这样比赛就会变得更加激烈精彩。不过,真正能够使比赛精彩的根本原因是加大了结果的偶然性。

变化之三:无遮挡发球

2002 年 9 月 1 日,国际乒联正式在各国乒协推行无遮挡发球。发球时,尤其是在侧身正手发球时,不能用身体和抛球的手、手臂及衣服遮挡对方球员的视线。国际乒联主席沙拉拉称:"实行无遮挡发球,并无意刁难中国队,只是想使比赛更加透明,这样才显得更加公平,使比赛的回合增多,观赏性增强。"

变化之四:北京奥运会双打改团体

2005 年 10 月 27 日,国际奥委会执委会在瑞士洛桑宣布了对 2008 年北京奥运会 28 个大

项下小项的新增和调整决定,对中国影响最大的是乒乓球项目的男女双打被确认调整为男女团体。奥运会乒乓球男女团体比赛将取消 1/4 决赛。团体小组赛中,只有 4 个小组的头名才能出线并入围半决赛,从而争夺最后的冠军。

三、乒乓球比赛的各项赛事

世界乒坛三大赛事

(一)世界乒乓球锦标赛(World Table Tennis Championships)

国际乒乓球联合会主办的国际乒乓球比赛。原称第 1 届欧洲乒乓球锦标赛,后改此名。第 1 届于 1926 年在伦敦举行。比赛共设男子团体、男子单打、男子双打、女子单打和混合双打 5 项。以后每年举行 1 次。从第 2 届瑞典斯德哥尔摩锦标赛开始设女子双打比赛项目;从第 8 届巴黎锦标赛开始设女子团体赛。1940 年第 14 届乒乓球锦标赛由于第二次世界大战而被迫推迟,延至 1947 年在法国巴黎举办。1957 年的第 24 届瑞典斯德哥尔摩锦标赛后,改为每两年举行 1 届,在每年的 5 月份举行。

世界乒乓球锦标赛共设七个奖杯

	奖杯名称	英文名称及缩写	备 注
1	斯韦思林杯 男子团体赛奖杯	Mens Team:(Swaythling Cup) MT	它是由第一任国际乒联主席蒙塔古的母亲斯韦斯林女士在 1926 年捐赠的
2	考比伦杯 女子团体赛奖杯	Women's Team:(Marcel Corbillom Cup) WT	1934 年第 8 届世界乒乓球锦标赛法国乒协主席马赛耳·考比伦先生(marcel corbillon)捐赠
3	勃莱德杯 男子单打比赛奖杯	Men's Singles:(St. Bride Vase Cup) MS	它是由英国伍德科先生在 1929 年以圣·勃莱德俱乐部命名捐赠
4	盖斯特杯 女子单打比赛奖杯	Women's Singles:(Geist Prize) WS	它是由前匈牙利乒协主席盖斯特于 1931 年捐赠的
5	伊朗杯 男子双打比赛奖杯	Men's Doubles:(Iran Cup) MD	它是由伊朗国王在 1947 年捐赠的
6	波普杯 女子双打比赛奖杯	Women's Doubles:(W. J. Pope Trophy) WD	它是由前国际乒联名誉秘书卫·杰·波普先生于 1948 年捐赠
7	赫杜塞克杯 混合双打比赛奖杯	Mixed Doubles:(Heydusek Prize) XD	它是由前捷克乒协秘书赫杜塞克先生在 1948 年捐赠

(二)世界杯乒乓球锦标赛(World Cup Table Tennis Tournament)

1980 年 5 月由香港乒乓球总会举办了第一届世界杯男子单打比赛,从此以后每年举行一届,到 1993 年已经进行了 3 届比赛。开始世界杯只有男子单打项目,由 16 名世界高手参赛,后来又增加了男子团体比赛,现还将增设其他项目比赛。男子单打奖杯:伊万斯杯,是以前国际乒联主席伊万斯先生名字命名的。

(三)奥运会乒乓球比赛

1988 年乒乓球比赛作为奥运会的正式比赛项目。从第 24 届汉城奥运会开始,乒乓球的四个单项比赛被正式列入比赛中,包括男子单打、男子双打、女子单打、女子双打。

复习思考题

1. 乒乓球的发球技术有几种方法,如何进行练习?
2. 乒乓球推挡技术要领是什么?
3. 正手快攻技术要领是什么?

第七章　篮球运动

篮球运动是 1891 年美国东部马萨诸塞州斯普菲尔德市基督教青年会训练学校教师詹姆斯·奈史密斯发明的。他为解决寒冷季节学生的体育活动问题,受当地民间儿童摘桃子投入桃筐的启迪,创造性地设计了向篮筐内互掷皮球的游戏。因其活动主要内容是向篮筐中准确地投球,在此基础上而形象地命名为"篮球"。

最初的篮球比赛作为游戏活动,对场地、规则、上场人数和时间等方面均没有严格限制,仅以进球多少为标准。1892 年,奈史密斯先生制定了 13 条比赛规则,主要限制粗野的动作。1893 年,篮球运动传播到世界上的一些国家。1895 年由传教士传入我国。

现在,国际篮联修改的新规则有:女子比赛不再使用小号篮球,使用 7 号球;运动员技术犯规后对方可获得 1 次罚球并得到球权;比赛时间实行 4 节(1、2 节为上半场,3、4 节为下半场),每节 10 分钟,每队每节如达 4 次犯规,则以后发生的所有犯规均要处以两次罚球;中场休息15 分钟,首节与次节之间、3 节与 4 节之间休息 2 分钟;进攻时间从 30 秒减至 24 秒,8 秒之内必须使球进入前场;奥运会及世界锦标赛可采用 3 人裁判制。

篮球运动是一项魅力无穷的运动,今天在世界上已经拥有数亿的爱好者和观众。我国篮球运动的发展非常迅速,正向国际化发展,特别在学校这个育人的场所,篮球运动开展非常普及,深受青年学生的青睐。经常参加篮球运动能够促进速度、灵敏、力量、耐力、柔韧性等身体素质的发展,提高中枢神经的灵活性,增强循环系统、呼吸系统、消化系统的机能,促进肌肉和骨骼的生长发育,使身体得到全面的发展。篮球运动是集体项目并具有强烈的竞技性和对抗性,因此能够培养团结协作、互相配合的集体主义精神和勇敢顽强、机智果断等优良品质。

第一节　篮球的基本技术

一、移动技术动作

（一）起动

成基本站位姿势,起动时,后脚或异侧脚(向侧起动时)前脚掌急促用力蹬地,同时上体迅速前倾或侧转,向跑动方向移动重心,手臂协调摆动,前几步要小而且频率要快,能在最短的距离内充分加快速度并超越对手(如图 7-1)。

要领:急促快速用力蹬地,重心迅速向跑动方向移动,协调摆臂。

（二）急停

1. 跳起急停(也叫一步急停)

在慢跑或中速跑动中,单脚或双脚起跳(腾空不要过高),在空中臀部后坐。然后双脚同时着地,屈膝降重心,重心落在两脚前掌内侧上。

2. 跨步急停(也叫两步急停)

一般在快速跑动中运用此动作。方法是:先向前跨出一大步,用脚跟着地并快速过渡到用

图 7-1　基本站立姿势

脚掌抵住地面,上半身稍后仰,屈膝降下重心,然后跨出第二步,脚尖稍内转,脚前掌内侧用力蹬地,重心落在两脚前掌内侧上。

要领:第一步要大,脚跟先着地,第二步落地时脚尖稍内转并用力抵地,屈膝降重心。

（三）变向跑

这是在跑动中利用快跑或慢跑速度的变化以摆脱防守的一种方法。在跑动中由慢变快时,应用脚的前掌急促有力地蹬地,同时上体向前倾,快速摆臂。减速时,步幅较大,上体直起,用脚的前掌用力抵地,减缓向前的冲力,降低跑速。

要领:急促快速用力蹬地,重心迅速向跑动方向移动,协调摆臂。

（四）侧身跑

为了便于观察球的动向或切入时保护球和抢位而采用的一种跑法。方法是:在向前跑动中,头和上体转向球的方向,脚尖对着前进的方向。眼睛看球并注意观察场上情况。

要领:头和上体转向球的方向,脚尖对着前进方向。

（五）滑步

动作方法:滑步是防守移动的一种主要方法,可分为侧滑步、前滑步和后滑步。以侧滑步为例:滑步前,两脚左右开立约肩宽,膝微屈,上体稍前倾,两臂侧伸,目平视。向左滑步时,右脚前脚掌内侧用力蹬地,同时左脚向左跨出,在落地的同时,右脚迅速随同滑行,然后重复上述动作,滑步时身体要保持平稳(如图 7-2)。

要领:重心平稳,移动时做到异侧脚同侧脚同时跨出,异侧脚要跟上。

移动技术动作的三要素:身体重心要保持在膝关节弯曲到135°的高度;两脚蹬地力量的大小;脚蹬地的方向。移动技术动作易犯的错误:身体重心过高,上体前倾过大;全脚掌着地,不会前脚掌支撑等。主要是明确动作方法和要领,多练习。

侧滑步

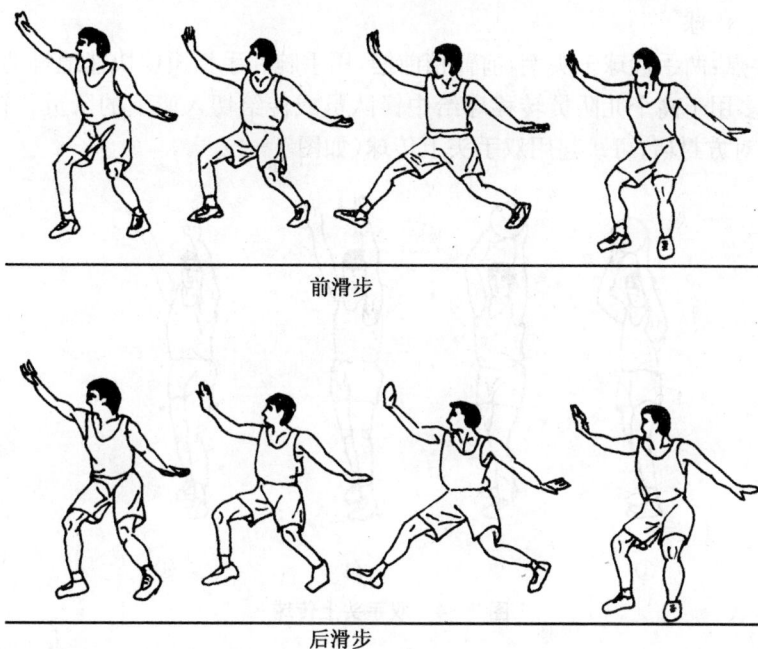

前滑步

后滑步

图 7-2

二、传、接球技术动作

传、接球技术是篮球比赛中队员之间有目的地转移球,是组织进攻配合和实现战术的关键,也是一切组织进攻的基础。传球者将球越过防守自己的队员传给被防守的同队队员时,不但要使同伴安全地接到球,而且应使其接球后能顺利地衔接下一个进攻动作。因此,传、接球技术的好坏,直接影响战术的质量。在练习传、接球时,应正确判断,切实做到快速、准确、及时、隐蔽。

（一）传球技术动作要点和运用

1. 持球

双手自然分开,拇指相对成"八"字,用指根以上部位握住球的两侧后下方,手心空出,两臂弯曲,肘关节下垂,持球于胸前。

2. 双手胸前传球

（1）动作要点:手臂伸向传球方向,两手腕下压、外翻,快速地抖腕拨指将球传出(如图 7-3)。

图 7-3 双手胸前传球

（2）运用:常用于快速传球推进,阵地进攻时外围队员转移球以及不同距离的传球。它便于同投篮、突破等技术结合运用。

3. 双手头上传球

(1)动作要点:两手握球于头上,前臂稍前摆,用手腕和手指短促快速地抖动将球传出。

(2)运用:多用于高个儿队员转移球给中锋队员或传给切入篮下的队员。在抢到后场篮板球后,为避免对方封堵,可跳起用双手头上传球(如图7-4)。

① ② ③ ④

图7-4 双手头上传球

4. 双手反弹传球

(1)动作要点:与双手胸前传球基本相同,两臂向前下方用力,腕、指快速抖动传球。球击地点和力量大小要以球反弹后接球队员能顺利接到球为宜(如图7-5)。

(2)运用:多用于向内线传球,突破分球,快攻一传和结束段的传球。

① ②

图7-5 双手反弹传球

③ ② ①

图7-6 单手胸前传球

5. 单手肩上传球

(1)动作要点:以右手传球为例,传球前,左脚向前跨半步,向右转体将球引至右肩侧上方。传球时,上体向左转动并带动肩肘,前臂快速前摆,扣腕,手指用力将球传出(如图7-7)。

图7-7 单手肩上传球

（2）运用：多用于中、远距离传球。在抢到防守篮板球后快攻第一传和接应队员把球传给跑向篮下的队员时，经常运用单手肩上传球。

6. 单手胸前传球

（1）动作要点：持球方法与双手胸前传球相同。传球时，传球手的前臂快速前伸，手腕急促前扣，手腕、手指用力将球传出（如图 7-6）。

（2）运用：多用于近距离和快速传球。如果与防守队员较近，可以突然将球从防守队员头顶、耳旁传过。它便于和双手胸前投篮、运球突破结合运用。

7. 单手反弹传球

（1）动作要点：单手反弹向前传球的手法与单手胸前传球基本相同，只是手臂向前下方用力，球击地后，反弹给同伴。

（2）运用：它是小个子队员对付高大队员的传球方法。向内线队员和向空切篮下队员传球时，也多用于此种传球方式。

（二）接球技术动作要点

1. 双手接球要点

（1）双手接腰部以上的球时，手臂伸出迎球，两拇指相对成"八"字形，虎口相对，手指朝上。手指触球后，迅速收臂将球置于身前或体侧。

（2）双手接腰部以下的球时，手臂伸出迎球，两拇指相对成"八"字形，虎口相对，手指朝下。手指触球后，迅速收臂将球置于身前或体侧。

2. 单手接球要点

单手接球时接球手自然伸出迎球，五指自然分开，手心对球。手指触球后，迅速收臂将球引至身前，另一只手迅速扶球。

3. 行进间双手胸前传、接球

（1）动作要点：腾空接球时，左（右）脚落地后，右（左）脚上步，同时将球传出。双手接球后，马上收臂后引，然后迅速伸前臂，抖腕出球。

（2）运用：多用于快攻时两人短传推进。

三、投篮

投篮是篮球比赛中的主要进攻技术。比赛中运用任何进攻技术、战术的最终目的都是为了投篮，比赛的胜负是由两个队的得分多少而定的，因此要取得比赛的胜利，就必须正确和熟练地掌握投篮技术，提高投篮命中率。

投篮技术发展的主要特点是：投篮是在快速移动中完成的，多在移动中接球，利用假动作、时间差、改变方向或紧贴对手投篮。投篮应与突破、传球等技术相结合，投篮方式多、变化多、出手点高。

（一）投篮技术动作要点和运用

1. 原地双手胸前投篮

（1）动作要点：双手持球与胸前，肘关节自然下垂，上体稍前倾，两腿微屈。投篮时，两腿蹬地，两臂向前方伸展，手腕同时外翻，最后用拇指、食指、中指将球投出（如图 7-8）。

（2）运用：此投篮方法能够充分发挥身体和臂部力量，适用于远距离投篮。女子运用较多，罚球中也常用。其特点是握球牢，便于与突破、传球相结合。

2. 原地单手肩上投篮

(1)动作要点:以右手投篮为例,右手五指自然分开,向后屈腕、屈肘,持球于肩上;左手扶球,右脚在前,两腿微屈。投篮时从下向上发力,同时提肘且手臂向前上方充分伸展,最后食指、中指指端发力将球投出。球出手后,手腕前屈,手指向下(如图7-9)。

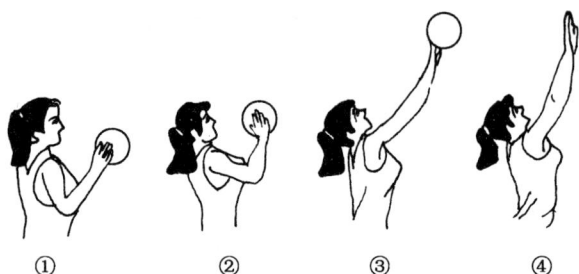

图7-8 原地双手胸前投篮

图7-9 原地单手肩上投篮

(2)运用:适用于中、远距离投篮。其特点是出手点高、变化多较为灵活。

3. 行进间单手高手投篮

(1)动作要点:以右手投篮为例,接球和运球上篮时,右脚跨出一大步的同时,双手持球;左脚紧接着跨出一小步,用力蹬地起跳。当身体接近最高点时,右手手指向后,掌心向上,托球的下部向球篮的方向伸臂,用食指、中指以柔和力量拨球,最后球从指端投出(如图7-10)。

(2)运用:多在快攻和切入篮下时运用。这种投篮的优点在于出手点高,易用身体保护。

图7-10 行进间单手高手投篮

4. 行进间单手低手投篮

(1) 动作要点：以右手投篮为例，接球和运球上篮时，右脚跨出一大步的同时，双手持球；左脚紧接着跨出一小步，用力蹬地起跳。当身体接近最高点时，右手手指向前，掌心向上，托球的下部向上伸展。当接近球篮时，用食指、中指、无名指以柔和力量向上拨球，最后球从指端投出（如图7－11）。

图 7－11　行进间单手低手投篮

(2) 运用：在快攻、突破中已经超越对手时，多用低手上篮。它具有伸展距离长、出手点离球篮近的特点。

5. 原地跳起单手肩上投篮

(1) 动作要点：投篮时屈膝降低重心，两脚掌用力蹬地向上起跳。同时双手举球至肩上，右手托球，左手扶球的左侧方。当身体接近最高点时，左手离球，右臂向前上方伸展，手腕用力前屈，通过食指、中指力量将球投出。球出手后，指、腕自然前屈。

(2) 运用：当防守队员离持球队员较近时，持球队员运用传球、突破等假动作，诱使防守队员失去重心而突然起跳投篮。

6. 急停跳起投篮

(1) 动作要点：a. 接球急停跳起投篮：移动中跳起腾空接球后，两腿同时或先后落地，脚尖对篮筐，两膝弯曲，迅速跳起投篮，投篮出手动作同原地跳起单手肩上投篮。b. 运球急停跳起投篮：运球过程中及时降低重心，用跨步急停或跳步急停，持球屈膝跳起投篮，投篮出手动作同原地跳起单手肩上投篮。

(2) 运用：进攻队员向篮下移动中接球或运球突破时，利用防守队员向后移动防守的惯性，果断运用急停跳投，可达到良好效果。

四、运球

持球队员在原地或移动中用手连续按拍，借助地面使球反弹起来叫运球。

运球是篮球比赛中个人控制球、支配球、突破防守的重要手段，是组织全队进攻配合的桥梁。合理地运球，可以创造有利的进攻机会。若滥用运球，则会影响全队进攻和贻误战机。

（一）运球技术动作要点和运用

1. 高运球

（1）动作要点：抬头，目视前方，上体稍前倾，手按拍球的后上方，球的落点在身体的侧前方，球反弹高度约在腰胸之间。

（2）运用：多用于快速直线推进，如以后场向前场推进，快攻接应后的快速推进，摆脱防守接球后加速运球上篮等。

2. 低运球

（1）动作要点：抬头，目视前方，两膝深屈身体半蹲，手按拍球的后上部，球的落点在身体侧面，球的反弹高度约在膝腰之间。

（2）运用：在防守密集、接近防守队员或防守队员抢球时，可运用低运球。

3. 运球体前变方向

（1）动作要点：运球队员从防守队员右侧变方向时，用右手按拍球的右侧后上方，使球反弹至左手外侧，右脚迅速向左前跨步，向左侧转体探肩，及时换手继续向前运球（如图7-12）。

图 7-12 运球体前变方向

（2）运用：当防守队员堵截运球队员进攻路线时或运球队员接近防守队员时，为了摆脱和突破对手，可在运球前变方向。

4. 运球背后变方向

（1）动作要点：运球队员从防守队员右侧变方向时，变向前一次运球，要把球控制于身体右侧后方，左脚前跨，右手按拍球侧后方，球经身后拍到左前方，右脚迅速前跨，换用左手运球继续前进（如图7-13）。

⑤　　　　　　⑥　　　　　　⑦　　　　　　⑧　　　　　　⑨

图 7－13　运球背后变方向

（2）运用：当防守队员堵截运球队员，而且与运球队员距离较近时，运球队员为了突破对方而主动靠近对手后，都可以运用运球背后变方向。

5. 运球急停急起

（1）动作要点：快速运球中运用两步急停，同时按拍球的前上方，目视前方。急起时，后脚（或异侧脚）用力蹬地，上体迅速前倾，手按拍球的后上方，快速起动。

（2）运用：当运球队员被防守得很紧时，可利用运球"急停—急起—急停"速度的变化，摆脱对手，超越对手。

6. 运球后转身

（1）动作要点：右手运球后转身时，把球运到身体后侧，按拍球的右侧前上方，左脚向前跨一步，以左脚的前脚掌为轴，右脚用力蹬地后撤做后转身动作，同时右手向后拉球，然后换左手运球。

（2）运用：当运球队员向防守队员一侧突破被堵截，而且与对手距离较近，又无法变方向运球时，可用运球后转身从另一侧突破。当运球队员从防守队员右侧突破时，可先主动靠近防守队员左侧，然后用运球后转身突破。

五、防守技术

防守技术是队员在防守时为了阻挠和破坏对手的进攻，达到夺球反攻的目的所采用的各种专门动作的总称。

（一）防守无球队员

1. 站在对手与球篮之间偏向有球一侧，做到"以球为主，人、球、区兼顾"，"内紧、外松、近球紧、远球松、松紧结合"。

2. 不让对手在限制区及附近范围内接球。

3. 要积极破坏对手接球后的身体平衡，使其不利于衔接下一个动作。

（二）防守持球队员

1. 位置和距离的选择

当对手接到球后，必须迅速调整位置和距离，占据对手与球篮之间的有利位置，并与对手保持适当距离。一般来说，对手离篮远则远，离篮近则近，还要根据对手善投、善突等特点和战术的需要而有所调整。

2. 动作方法

由于持球队员的特点、意图以及与球篮的距离不同，所以防守持球队员有两种方法：（1）平步防守，即向持球队员平行站立的防守姿势。这种步伐防守的面积大，便于左右滑动，对防守突破比较有利。（2）斜步，即两脚前后斜步站立的防守姿势。这种步伐便于前后移动，对防守投篮有利。

3. 视野

眼睛主要看进攻队员的腰部,这是重心所处的部位,用眼睛余光观察对手是否投篮。

4. 双手的姿势

左脚在前,左臂屈肘上举,手指朝上,臂不完全伸直,以免失去重心;右脚在后,右臂置于体侧,手指朝下,防止传球和突破运球。

5. 防守姿势

投球时,要保持良好的防守姿势,掌握好挑球时机,手心向上,要由下而上挑球,其优点是:(1) 不容易失去平衡;(2) 不容易犯规。

六、持球突破

持球突破是持球队员运用脚步动作与运球技术相结合的快速超越对手的一项攻击性很强的进攻技术。

(一) 持球突破技术动作要点和运用

1. 原地持球交叉步突破技术(以右脚为中轴脚,从防守队员右侧突破)

动作要点:两脚左右开立,两膝微屈,持球与胸前,突破前先做瞄篮或其他假动作。突破时,左脚内侧蹬地,并向右前方迈出一大步,上体右转,左肩向前下压,将球引至右侧,在右脚离地前用右手推拍球于迈出脚的侧前方。同时,右脚用力蹬地,迅速超越对手(如图7-14)。

图7-14 原地持球交叉步突破技术

2. 原地持球同侧步突破技术(以左脚为中轴脚,从防守队员左侧突破)

动作要点:准备姿势与原地持球交叉步突破相同。突破时,左脚向内侧蹬地,右脚迅速向防守队员左侧跨出,上体稍右转,同时探肩,重心前移。在左脚离地前,用右手推拍球于右脚的侧前方。同时,左脚用力蹬地,加速超越对手(如图7-15)。

图 7 - 15　原地持球同侧步突破技术

3. 跳步急停持球突破技术

动作要点：跳步持球前应根据自己与防守队员的位置、同伴的传球方向调整好准备姿势，向前或向侧面跳步急停。接球时，要向来球方向伸臂迎球。同时，一脚蹬地，向前或向侧跃出，在腾空中接球(一般使用移动方向异侧脚)。然后两脚前后或平行落地，两腿微屈，重心落在前脚掌上。根据防守队员情况，用交叉步或同侧步超越。

七、抢篮板球

篮球比赛中，抢篮板球是获得控制球权的重要手段之一。进攻时，有效地控制篮板球不仅可以增加进攻次数和投篮得分的机会，而且还可以增强队员投篮的信心和减少对方发动快攻的机会。防守时，有效地控制篮板球不仅可以中止对方连续进攻造成进攻队员外线中投的顾虑，而且还为本队发动快攻创造了有利的条件。因此，一个球队对抢篮板球技术掌握的好坏，对在比赛中的主动与被动、比赛的胜利与失败起着很重要的作用。抢篮板球的要点如下：

① 当对方或同伴投篮时，必须想到可能不中，要积极地抢篮板球。

② 防守时抢篮板球，必须把对手挡在外面。挡人的方法有两种：(a) 前转身挡人：当对手与你的距离稍远，动作很快时，用前转身挡人，前转身挡人比后转身快，但占据面积小。(b) 后转身挡人：对方离身体较近，为抢占较大面积，多用后转身挡人。后转身挡人应注意：第一，必须贴紧对方，最好用臀部、腰部顶住对方。第二，挡住人以后，稍停 1 s，再冲到篮下去抢篮板球，因为中距离投篮时，一般球在空中运行 1～2 s。第三，要冲到篮下抢占投篮方向的对面，因为球碰到篮圈后，一般球有 70% 的机会反弹后落在对面。

③ 到篮下立即屈臂，两臂要张开，占据空间面积，腿和腰及全身要用力起跳，技术动作要求力量强，起跳迅速，即使被对方冲撞也不能失去平衡，仍然能跳起来。抢前场篮板球时，只要挤进一条腿、一只手臂，就要跳起来拼抢。

④ 只要手指触到球，就要用力抓紧、下拉，以便控制住球。在空中要转身观察同伴接应情况，并抓住球，保护好球，将球举到头上，不要拿在胸前。落地同时要向边线一侧后转身，同时

观察同伴接应位置,以最快的速度做好第一传。

⑤ 一传出手后,借后转身的动作把和自己争抢篮板球的对手挡在后面,立即快跑跟进参与快攻。

第二节　篮球的基本战术

一、篮球战术概念

篮球战术是指在比赛中为了战胜对手,队员个人技术的合理运用和队员之间相互协调配合的组织形式。

二、篮球战术基础配合

战术基础配合是两三人之间协同动作组成的简单配合。

（一）进攻战术基础配合

1. 传切配合

传切配合是两三名队员利用传球和切入组成的简单配合。

传切配合的要点:① 合理选择进攻位置,队形要拉开,按战术路线跑动;② 持球队员运用投篮和突破等假动作,吸引对手,以便及时把传给切入的同伴;③ 切入的队员要先靠近对手,然后突然快速侧身跑,摆脱对手向篮下切入,随时注意接球进攻(如图 7-16)。

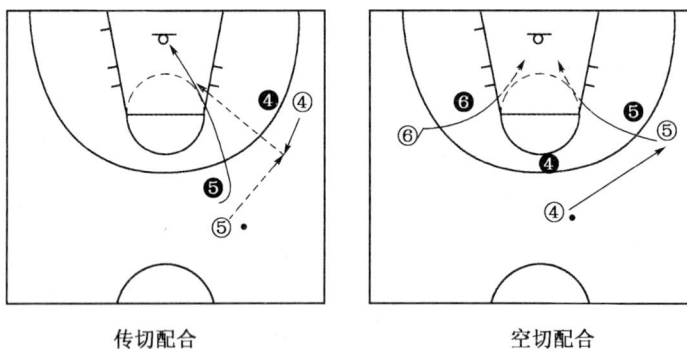

传切配合　　　　　　　　　空切配合

图 7-16　传切配合　空切配合

2. 掩护配合

掩护配合是进攻队员选择正确的位置,运用合理的技术,以身体挡住同伴的防守队员的移动路线,给同伴创造摆脱防守、获得进攻机会的配合方法。

掩护配合的要点:① 掩护队员要站在同伴的防守队员的移动路线上;② 掩护配合行动要突然、快速,运用假动作造成防守队员错觉,完成掩护配合;③ 同伴之间必须掌握好配合动作的时间;④ 当防守队员交换防守时,掩护队员运用掩护后的第二个动作,突然转身切入篮下或寻找其他进攻机会;⑤ 进行掩护的过程中,掩护队员和同伴都要做一些进攻动作,吸引住对手,达到隐蔽掩护配合的意图。

（二）突分配合

突分配合是持球队员运用突破打乱防守部署或吸引防守,并及时将球传给同伴,使同伴获得进攻机会的配合方法。

如图 7-17 所示：⑤从防守者的左侧突破，并吸引④号上来和⑤号"关门"防守。此时④及时跑到有利的进攻位置上去接⑤传来的球投篮或做其他进攻配合。

突分配合的要点：① 突破队员的动作要突然、快速。在突破过程中，既要有传球的准备，又要有投篮的准备；② 突破队员在突破过程中，要始终注意观察场上攻、防队员的位置变化，及时分球或投篮；场上其他进攻队员要掌握时机跑到有利的进攻位置上去接球。

（三）策应配合

策应配合是指进攻队员背对或侧对球篮接球，并以其为枢纽，与同伴相互配合而形成的里应外合的进攻方法。

策应配合的要点：① 正确选择策应点，迅速摆脱防守，抢占策应位置；② 策应队员接球后两脚开立，两腿弯曲，上体稍前倾，两肘微屈，两手持球于腹前，用手臂和身体保护好球，要随时注意观察场上情况，以便伺机进攻或及时将球传给有利进攻机会的同伴；③ 策应队员在策应过程中，运用好跨步、转身来调整策应方向和位置，以便协助同伴摆脱防守或为自己创造进攻机会；④ 同队队员传球给策应队员后要及时摆脱、接应或切入篮下进攻。

如图 7-18 所示：⑤将球传给④后，向底线做切入的假动作，突然摆脱△号跑到罚球线后接④的传球作策应。④传球后摆脱防守跑到⑤面前接球跳投或上篮。

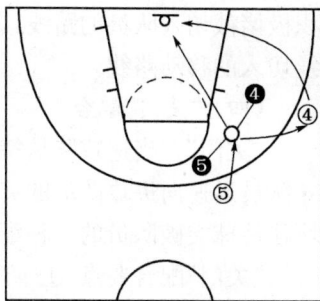

图 7-17 突分配合图

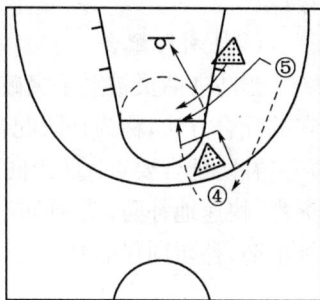

图 7-18 策应配合

三、防守战术基础配合

防守战术基础配合是两三名队员在防守中运用协同防守配合的方法，它包括挤过、穿过、交换防守、"关门"、夹击、补防等防守配合，是组成全队防守战术的基础。

（一）挤过配合

挤过配合是当掩护队员在进行掩护的一刹那，被掩护的防守队员主动上前，靠近自己的防守对象，并随其移动，从两名进攻队员之间侧身挤过去，继续防守自己对手的配合方法。

挤过配合要点：① 防守掩护的队员应及时提醒同伴注意对方掩护，自己随移动应稍向后撤，以便补防；② 被掩护的防守队员要及时、主动地上步贴近自己的对手。

（二）穿过配合

当进攻队员进行掩护时，防守掩护的队员主动后撤一步，让同伴（即被掩护的防守队员）及时从自己和掩护队员之间穿过去，以便继续防守住自己的对手，称为穿过配合。

穿过配合要点：① 当对方掩护时，防守掩护的队员要主动、及时地后撤一步；② 被掩护的队员要快速穿过堵住进攻的路线。

（三）交换防守配合

交换防守配合是当对方进行掩护或策应时，两名防守队员及时交换自己防守对手的一种配合方法。

交换防守配合要点:① 交换防守前,防守掩护的队员要及时地把换人的信号告诉同伴并积极堵截切入队员的路线;② 被掩护的防守队员接到换人的信号后,积极堵截掩护队员向内线切入的移动路线。

(四)"关门"配合

"关门"是当进攻队员持球突破时,防守突破的队员向侧后滑步。同时,临近突破一侧的防守队员迅速向进攻队员的突破路线滑动,与防守突破的队员靠拢,像两扇门一样地"关"起来,堵住持球突破队员的一种配合。

"关门"配合要点:① 防守突破队员要积极防守,堵住进攻队员的突破路线,临近突破一侧的防守队员及时、快速向同伴靠拢进行"关门",不给突破队员留空隙;② "关门"后,突破队员一停球,协助"关门"的队员应迅速回防自己的对手。

(五)夹击配合

夹击配合是两个防守队员利用有利的区域和时机,封堵持球队员的传球路线,造成持球队员传球失误或违例的一种协同防守的配合方法。

夹击配合要点:① 正确选择夹击的区域和时机;② 夹击配合时,行动要果断、突然,两名夹击队员应充分运用身体、两臂严密防守持球队员,两人的双脚位置约成90°,不让对手向场内跨步;③ 夹击时,防止身体接触或抢球造成的不必要的犯规动作;④ 防守的两名队员在夹击配合过程中,其他防守队员要紧密配合,放弃离球较远的进攻队员,严防近球的进攻队员接球。

(六)补防配合

当防守队员被对手突破或绕过时,临近的其他防守队员主动放弃自己的对手而去补漏防守的配合方法,称为补防配合。

补防配合要点:① 当同伴被对方突破后,临近的防守队员要大胆放弃自己的对手,果断、突然、快速地补防;② 补防时,应合理运用技术,避免犯规;③ 被对手突破而漏防的队员应积极追防,补防同伴的对手,注意观察对手传球路线,争取断球。

四、快攻与防守快攻

(一)快攻

快攻是指在由防守转入进攻时以最快的速度、最短的时间,在人数上造成以多打少的优势,或在人数相等以及人数少于对方的情况下,趁对方立足未稳,果断而合理地进行攻击的一种快速进攻战术。

快攻战术是全队战术的主要组成部分,是篮球比赛中得分的重要方法,为国内外篮球队所重视。因此,在快攻训练中,必须加强快攻基础战术的练习及攻防转化意识的练习,培养勇猛顽强的意志品质和勇于取胜的集体主义精神,不断提高快攻战术质量。

1. 发动快攻的时机

① 抢到防守篮板球时发动快攻。

② 抢、打、断球,获球时发动快攻。

③ 掷界外球时,要想到发动快攻。

④ 跳球,获球后发动快攻。

2. 快攻战术的形成和组织结构

快攻的形式分为长传快攻、短传快攻和结合运球突破快攻三种。

（1）长传快攻

长传快攻是防守队员在后场获球后,立即快速地运用一次或两次传球给迅速超越对手的同伴进行投篮的一种配合方法。

长传快攻的要点:① 全队要有快攻意识;② 由攻转守获球队员迅速观察场上情况,机警、快速地传球;③ 快攻队员要全力快跑超越对手,并准确判断来球的方向和落点,在跑动中完成接球和投篮(如图7-19)。

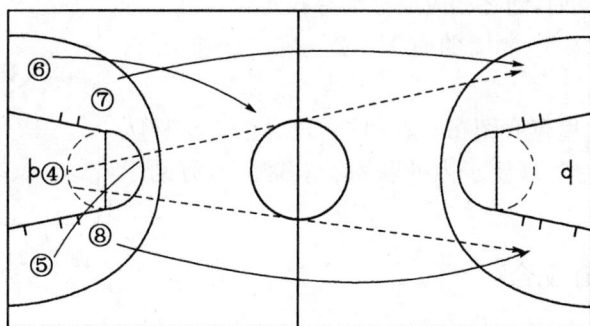

图7-19　长传快攻

（2）短传快攻

短传快攻是防守队员获球后,立即以快速的短传推进和快速跑动获得投篮机会的一种配合方法(如图7-20)。

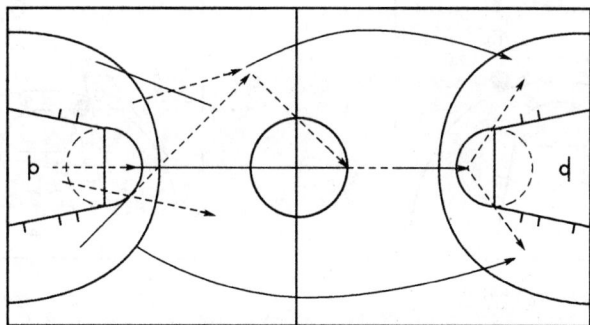

图7-20　短传快攻

（二）防守快攻

防守快攻是防守战术的主要组成部分。它是在进攻转入防守的刹那间,快速地、有组织地制约对方的反击速度和破坏对方快攻路线的破坏方法。

防守快攻的要点:

① 提高投篮命中率,拼抢篮板球。从比赛规律看,抢篮板球发动快攻的次数最多。因此,提高投篮命中率,减少对方抢篮板球的机会最重要。即使投篮不中,也要拼抢篮板球,破坏对方在空中的拨球,发动第一传。

② 封第一传,堵接应。当对方控制了篮板球时,离持球队员最近的队员要迅速上前封堵对手的传球路线,其他队员应判断好接应点,阻挠对方接应第一传和有组织地退守。

③ 堵中路,卡好两边。除封第一传和堵接应外,还应组织力量堵截中路,迫使对手沿边线推进。同时卡好两边,以防对手偷袭快攻。

④ 提高以少防多的能力。防守快攻结束阶段,若遇到以少防多时,防守队员要沉着冷静,有信心,充分发挥防守的积极性,判断准确,积极移动,合理运用技术,及时补位,提高防守效果。

五、阵地进攻

阵地进攻要求过中场后,落位要快,进攻要连续,根据防守的情况和持球同伴的动向,随之相应地移动寻找防守缺口。

阵地进攻的战术队形常用的有"1—2—2"、"1—3—1"、"2—1—2"、"2—3"等。

由于篇幅有限,这里仅介绍"1—3—1"进攻方法。这种队形队员分布面广、攻击点多、便于内外联系、左右配合,有助于组织抢篮板球和保持攻守平衡(如图 7-21)。

图 7-21 "1—3—1"进攻方法

六、防守战术的基础配合

防守战术的基础配合有挤过、穿过、换防、"关门"和夹击配合等形式。

1. 挤过、穿过配合

当对方进行掩护时,如果防守者发觉,可根据对方掩护者和被掩护者的距离远近,决定向前一步挤过(如图 7-22)或后撤一步穿过(如图 7-23),及时防住对手。

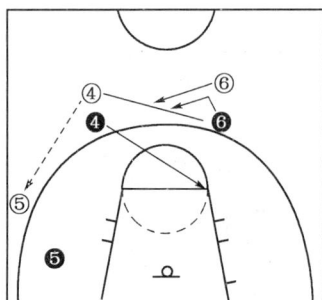

图 7-22 挤过配合

图 7-23 穿过配合

2. 换防配合

换防配合是为了破坏对方的掩护配合,防守队员之间彼此及时地交换自己所防守的对手的一种配合方法。

3. "关门"配合

"关门"配合是临近的两名防守队员协同防守突破的配合方法。

4. 夹击配合

夹击配合是两名防守队员运用合理的防守技术,积极防守一名进攻队员的配合方法。

5. 补防配合

补防配合是两三名防守队员之间的一种协同防守的配合。当同伴失去有利防守位置,对方进攻队员有直接得分的可能时,临近的防守队员要立即放弃自己的对手进行补防。

七、区域联防

区域联防是防守时每个人分工负责防守一定的区域,严密防守进入该区域的球和进攻队员,并与同伴协同防守的集体防守战术。

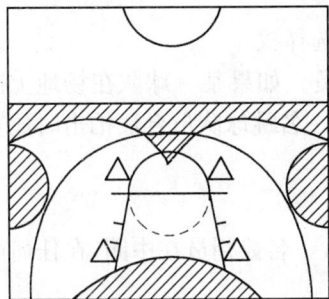

图 7-24

区域联防要求合理地分配队员的防守区域,在分工负责防守区域的基础上,五个队员必须协同一致,积极随球移动,加强对有球一侧的防守,做到近球者防守紧,远球者防守松;有球者上,无球者补。区域联防的战术队形常用的有"2—1—2"、"2—3"、"3—2"、"1—3—1"等。

区域联防应根据进攻队的特点和本队的条件来决定采用哪种站位队形进行防守。一般情况采用"2—1—2"联防队形。"2—1—2"联防是区域联防的基本形式,五个队员位置分布较均衡,移动距离短,便于相互协作,能相对减少犯规(如图7-24阴影部分为防守的薄弱地带)。

八、半场人盯人防守

半场人盯人防守是指在后场每个防守队员盯住一个进攻队员,同时协助同伴完成集体防守任务的全队防守战术。其特点是以盯人为主,分工明确,能有效控制对方进攻重点。半场人盯人防守分为有球一侧防守与无球一侧防守。

有球一侧防守:球在正面弧顶一带时,要错位防守,以防守对方接球为主。球在45°角一带时,要侧前防守。

无球一侧防守:球在弧顶一带和45°角时,无球侧防守者应回缩防守,注意协防和篮下。进攻人盯人防守有各种阵型打法,主要是由传切、掩护策应等局部配合组合而成。篮球还有其他许多攻防战术,限于篇幅,这里不再论述。

第三节　篮球比赛规则

篮球运动在全世界范围内得到了广泛的普及与深入的发展。为使该项运动永远具有吸引力和生命力,国际篮联在近年来不断地对规则进行修改。

1. 比赛人数

篮球比赛每场由两个队参加,每队出场 5 名队员。每队的目标是将球投入对方篮筐得分,并阻止对方获得控球权或得分。

2. 比赛场地

比赛场地是一块长方形的、平坦且无障碍物的表面坚实的区域。从界线地内沿测量,长28 m,宽 15 m。所有的线条应用相同的颜色(最好白色)画出,线宽 5 cm 并清晰可见。

3. 端线和边线

端线和边线是由两条端线和两条边线限定出的区域。这些线不是比赛场地的部分。

4. 罚球区

罚球区是限制区加上以罚球线中点为圆心,以 1.80 m 为半径向限制区外赛场上所画出的半圆区域。

5. 比赛时间

比赛时间应由四节组成,每节 10 min。在第一节和第二节之间、第三节和第四节之间以及每一次决胜期之前应有 2 min 的休息时间。半场的休息时间为 15 min。如果第四节比赛结束时比分相等,需要一个 5 min 的决胜期或多个这样的 5 min 来连续比赛,直至比赛分出胜负。

6. 对所有的比赛,秩序册中的第一队应有球篮和球队席的选择权

这个选择应在预定的比赛开始至少 20 min 前告知主裁判员。如果某一球队在场地上准备比赛的队员不足 5 名,则比赛不能开始。在中圈跳球,当球被一名跳球队员合法拍击时比赛正式开始。

7. 跳球

跳球是死球成活球的一种方法。在每半时或决胜期开始时,一名裁判员在中圈,在任何两名分别属于两队的队员之间将球抛起。

8. 违例

有 3 秒钟违例、5 秒钟违例、8 秒钟违例和 24 秒钟违例及走步、两次运球违例等。违犯规则的球都是违例。

9. 犯规

犯规是对规则的违犯,含有与对方队员的非法的身体接触,无论球是活球还是死球。队员不应通过他的手、臂、肘、肩、腿、膝或脚,来拉、阻挡、推、撞、绊以阻止对方队员行进;不应将其身体弯曲成"反常"的姿势;也不应放纵任何粗野的动作。

10. 技术犯规

教练员、助理教练员、替补队员或随队人员,不应无礼貌地与裁判员、技术代表、记录台人员或对方队员讲话或接触。

复习思考题

1. 试述篮球运动的特点及其锻炼价值。
2. 篮球运动有哪些基本技术? 试述单手肩上投篮的动作技术要点。
3. 什么是区域联防?
4. 篮球进攻和防守基础配合各有哪些?

第八章　足球运动

足球是以脚为主来支配球的一项球类活动。足球的比赛场地长 100～115 m、宽 64～75 m，并要铺有草皮。场内画有中场线、中圈、开球点、罚球区（禁区）、罚球弧、球门区和罚球点；四角插有角旗，并画有半径为 1 m 的弧线；球门高 2.44 m、宽 7.32 m。

比赛以时间计算，分为两个 45 min 相等的上、下半时，上半时结束后双方交换攻防场地进行下半时比赛。比赛中因偶然事故或其他原因损失的时间均应补足，时间多少由裁判斟酌决定。上、下半时之间的休息时间为 15 min。

比赛时，每队上场队员不得多于 11 名，其中必须有 1 名守门员。每场比赛替补队员不得多于 3 名，而且被替换下场的球员不得再次替换上场。

在 90 min 比赛中，攻入球较多的一队为得胜队，如双方均未进球或进球数目相等，这场比赛应为"平局"。但在单淘汰赛制中出现平局时，则要进行 30 min（上下半时各 15 min）的加时赛以决出胜负。如加时赛后仍出现平局，则要采用互罚点球来最终决定胜负。

女子足球的比赛规则同男子一样，比赛时间亦为上、下半时各 45 min，但加时赛为 20 min（上下半时各 10 min）。

现代足球运动是世界上开展得最广泛、影响最大并深受各国人们喜爱的运动项目，有人称它为"世界第一运动"、"运动之王"。经常从事足球运动锻炼，可以锻炼反应能力和判断能力，培养勇敢、顽强、机智、果断、坚忍不拔、勇于克服困难等优良品质，和团结互助、遵守纪律的集体主义精神。

第一节　足球的基本技术

一、踢球

踢球的方法有脚内侧踢球、脚背正面踢球、脚背内侧踢球、脚背外侧踢球、脚尖踢球和脚跟踢球等。

（一）脚内侧踢球

用脚内侧部位（跖趾关节、舟骨和跟骨所构成的三角部位，即脚弓）击球。其特点是脚与球接触面积大、出球平稳准确，多用于短距离传球和射门。

1. 动作要领

踢定位球时，直线助跑，支撑脚踏在球的侧方 15 cm 左右处，膝关节微屈，两臂自然张开，在支撑脚着地的同时踢球腿以髋关节为轴由后向前摆动，在前摆过程中屈膝外转，踢球腿的内侧正对出球方向，小腿加速前摆，脚尖稍翘起，脚掌与地面平行，用脚内侧部位击球的后中部。

向左（右）侧踢球时，支持脚踏在球的后方，用右（左）脚脚弓对准出球方向，提起大腿，并用以带动小腿由右（左）向左（右）横摆，同时身体重心向出球的相反方向移动，用推送动作将球踢出。

踢空中球时，大腿在踢球前先屈膝抬起并外传，小腿拖在后面，脚弓对准出球方向，以髋关节为轴,利用小腿摆动平敲球的后部(如图8-1)。

图 8-1

2. 脚内侧踢球的练习方法

① 初学者先做踢球腿膝盖外传前后摆动的模仿动作。

② 二人一组,距离约10 m左右,踢定位球。

③ 二人一组,行进间传接球。

④ 踢迎面传来的地滚球,近距离射门。

⑤ 抢球游戏:3人传2人抢、3人传1人抢、5人传2人抢,规定只准用脚内侧踢球,犯规者出来抢球。

⑥ 脚内侧踢球射门练习。

3. 易犯错误

① 脚弓和球接触面不正确,影响了击球的准确性。

② 踢球脚离地过低,踢在球的底部,易形成高球。

③ 动作过度紧张,使用力量不及时,特别是脚击球的一刹那,没有用力,只靠腿的摆动力量踢球。

4. 纠正方法

① 讲解示范,反复练习,体会动作要领,掌握动作方法。

② 一人持球,一人做脚内侧踢球,注意触球部位。

③ 一人脚踩球,一人做脚内侧踢球动作。

④ 原地和助跑踢固定球或正面、左右两侧地滚球,要求变换击球部位而踢出低球、平球、高球。

(二)脚背正面踢球

用脚背的正面部位(楔骨和跖骨的末端)踢球,其特点是踢球腿摆幅大、摆速快、踢球力量大。多用于长距离传球和射门等。

1. 动作要领

踢定位球时,直线助跑,最后一步稍大并积极地,支撑脚踩在球的侧方约12~15 cm处,脚尖正对出球方向,膝关节微屈,两臂自然张开。踢球腿在支撑脚前跨和助跑的最后一步瞪离地面时,顺势向后摆起,膝关节弯曲,在支撑的同时以髋关节为轴,大腿带动小腿由后向前摆,当膝盖摆至接近球正上方的一刹那,小腿做爆发式的前摆,脚背绷直,脚趾扣紧,以脚背的正面踢球的后中部,踢球腿随球继续前摆(如图8-2)。

踢反弹球时,要判断好球的落点,当球要落地时,踢球的腿的小腿急速前摆,在球刚反弹离地时,踢球的后中部。

图 8-2

踢体侧凌空球时,身体要侧对出球方向,支撑脚指向出球方向,上体向支撑脚一侧倾斜。当球落于髋部高度时,踢球腿的大腿高抬,并与地面平行。然后以大腿带动小腿急速前摆,用正脚背踢球的后中部,身体随之向出球方向扭转。踢球后,面向出球方向。

踢勾球时,支撑腿的膝部弯曲,上体后仰,踢球脚以髋关节为轴尽力向上方摆动。当球落在头前稍高处时,用正脚背向后勾踢。

跳起踢倒勾球时,用踢球腿做支撑,上体后仰,另一条腿向上摆动。当上摆腿下落时,踢球脚蹬地并向上迅速摆起,两条腿在空中成剪式交叉动作。踢球后,两手掌先轻轻着地,然后背部、臀部着地。

转身踢球时,支撑脚最后一步稍跳动,再落在球的侧方,并以前脚掌着地,脚尖外转对准出球方向。在支撑脚着地的同时,以上体和髋关节的扭转带动腿的扭转,并迅速挥摆小腿,用脚背正面将球踢出。

2. 脚背正面踢球的练习方法与脚内侧踢球的练习方法相同

3. 易犯错误

① 踢球腿膝盖不在球的正上方,脚跟没有提起而将球踢出。

② 踢球时脚尖没有绷紧,踢球部位不正确,影响了踢球力量。

③ 摆动腿不是前后摆动,而是侧向摆动,容易把球踢偏或踢高。

4. 纠正方法

① 明确脚背正面踢球动作的要领,反复进行练习。

② 采用一人踩固定球,一人以脚背正面踢球的方式,练习踢准触球部位。

③ 摆动腿注意前后摆动,一边练习一边检查。

(三) 脚背内侧踢球

用脚背内侧部位几个楔骨、趾骨末端击球,其特点是踢球腿的摆幅大、摆速快、踢球的力量大。由于助跑方向、支撑脚选位灵活性较大,出球方向变化幅度较大,因此可踢出平直球、远距离弧线球等,也便于转体踢球。在比赛中多用于中长距离的传球和射门等。

1. 动作要领

踢定位球时,斜线助跑,助跑方向与出球方向成 45°角。支撑脚以脚掌外沿积极着地,踏在球的侧方向 20~25 cm 处,屈膝,脚尖指向出球方向,身体稍向支撑脚一侧倾斜。在支撑脚着地的同时,踢球腿以髋关节为轴,大腿带动小腿由后向前摆,在身体转向出球方向,膝盖摆到接近球的内侧正上方的刹那,小腿做爆发式的前摆,脚尖稍外转,脚面绷直,脚趾扣紧,脚尖指向斜下方,以脚背内侧部位击球的后中部(踢高球时,击球的中下部),踢球后踢球脚继续前摆

（如图 8-3）。

图 8-3

踢过顶球时,支撑脚可踏在球的侧后方,踢球脚不必过于绷直,踢球的后下部,稍有下切的动作。踢球后,脚不随球前摆,使球产生向后的旋转,以控制球速,令球成抛物线下落。这种球可使接球人便于接球。

转身踢球时,助跑最后一步略带跨跳动作,支撑脚的脚尖和膝关节要尽可能地转向传球方向,利用腰的扭转协助摆腿和踢球。

2. 脚背内侧踢球的练习方法

① 二人一组,相距 10~15 m 对踢,要求踢球力量不要过大,着重体会踢球的部位。

② 二人一组,加大距离做长传球,要求传球准确。

③ 自己运球到罚球区附近射门,速度由慢到快。

④ 传球射门:一人做向前传球,踢球者快速上前踢球射门。

3. 易犯错误

① 踢球时上体后仰,易把球踢高。

② 脚尖外传太多,踢球部位不正确,易把球踢偏。

③ 踢球时,踝关节松弛,往往踢在脚尖或脚内侧上,击球无力。

4. 纠正方法

① 踢固定球,练习斜线助跑,脚触球,注意击球部位。

② 二人相距 10~15 m 对踢,反复练习,体会动作要领,掌握动作方法。

（四）脚背外侧踢球

与正脚踢球的动作基本相同,只是用脚背的外侧触球。在踢球的一刹那,脚背要绷直,脚趾用力下扣,脚尖内转,踢球的后中部(如图 8-4)。

图 8-4

　　向右移动弧线球时,支撑脚踏在球两侧左右处,身体稍向支撑脚一侧倾斜,踢球脚的脚腕用力,并以外脚背切削球的侧后方。踢球后,踢球腿向支撑脚的一侧的前上方摆出,以加大球的旋转力量。

二、停球

　　停球是指运动员有目的地用身体的合理部位把运行中的球停挡在所需要的控制范围内,在比赛中停球不是最终目的,而是为传球、运球、过人和射门做准备。常用的停球方式有脚内侧停球、脚底停球、胸部停球、脚背外侧停球、脚背正面停球、腹部停球和大腿停球等。

　　（一）脚内侧停球

　　脚接触球的面积大,易将球停稳,并且便于改变方向和结合下一个动作,多用于停地滚球、反弹球和空中球。

　　1. 停地滚球动作要领

　　支撑脚正对来球,膝关节微屈,停球腿屈膝外转并前迎,脚尖稍翘起,当脚与球接触前的一刹那开始后撤,在后撤过程中用脚内侧接触球,缓冲来球力量,把球控制在衔接下一动作所需要的位置上(如图 8-5)。

脚底停球　　　　　　脚内侧停球

脚外侧停球

图 8-5

　　2. 停反弹球动作要领

　　支撑脚踏在球的落点的侧前方,膝关节弯曲,上体稍向前倾并向停球方向微转,同时停球腿提起,踝关节放松,用脚内侧对准来球的反弹路线,当球落地反弹刚离地面时,用脚内侧推球的中上部。

　　3. 停空中球动作要领

　　一种方法是根据来球的高度,将停球脚抬起前迎,脚内侧对准来球路线,在脚与球接触前的刹那开始后撤。在后撤过程中用脚内侧触球,缓冲来球力量,把球控制在所需要的位置上。另一种方法是将脚提起稍高于选择的停球点,在脚与球接触的一刹那开始下切,在下切过程中用脚内侧切于球的侧上部,将球停在地上。接空中球时,先提大腿,腿弓正对来球。触球时,小腿放松下撤。

4. 脚内侧停球的练习方法

① 二人一组,互踢停球,力量由轻到重。

② 二人一组,一人踢地滚球,另一人跑上停球。

③ 二人一组,互踢停球,要求停球后快速传球。

5. 易犯错误

停球脚上肌肉太紧张,当球与脚弓接触时未做后撤动作,使球停不到脚下。

6. 纠正方法

① 讲解示范,反复练习,领会动作要领,掌握动作方法。

② 一脚支撑身体重心,一脚练习停球的迎球和后撤动作。

③ 停低球或停反弹球时,可采用由同伴抛球的练习方法,先在原地,后可跑动逐渐体会动作。

(二)脚底停球

脚底接触面积大,易将球停稳,比赛中多用于停正面来的地滚球和反弹球。

1. 停地滚球动作要领

支撑脚站在球的侧后方,膝关节微屈。停球脚提起,膝关节自然弯曲,脚尖翘起高过脚跟(脚跟离地面稍低于球高),踝关节放松,用前脚掌触球的中上部(图8-5)。

2. 停反弹球动作要领

支撑脚踏在球落点的侧后方。当球着地的一刹那,用前脚掌对准球的反弹路线,触球的后上部。

3. 脚底停球的练习方法

① 二人一组,互抛互停。

② 二人一组,互抛互停。要求少看停球脚停球。

4. 易犯错误

判断球的落点不准确,停球脚提起过高。

5. 纠正方法

① 一人脚内侧踢地滚球,一人用脚底停球。

② 一人踢低平球,一人用脚底接停反弹球。

③ 反复练习,体会要领,掌握动作方法。

(三)脚背正面停球

正脚背停球这种接球方法使用于接空中下落的球。

1. 动作要领

身体正对来球,接球腿屈膝提起,以脚背对准来球。当球与脚接触的一刹那,小腿和脚腕放松下撤,缓和来球力量,使球落在身前。另一种接法是接球腿稍抬起,在球接近地面时,用正脚背触球,随球下撤落地。

2. 脚背正面停球的练习方法

① 自抛自停,体会要领。

② 二人一组,互抛互停。

3. 易犯错误

停球脚接触球时,下撤过早或过晚。

4. 纠正方法

① 停球时要看准来球,支撑脚站在适当的位置。

② 停球脚以脚背对准下落的球,主动迎接球。

③ 当球接触脚背时,迅速放松小腿和做下引动作,以缓和来球力量。

(四)胸部停球

胸部面积较大、有弹性、位置高,适于停高球和平直球。胸部停球有挺胸停球和收胸停球两种方法。

1. 挺胸停球动作要领

一般用于停高于胸部的下落球,身体正对来球,两脚前后开立,重心落在两脚之间,两膝微屈,两臂自然张开,上体稍后仰,收下颏。当球与胸部接触前的刹那,脚跟提起,向上挺胸,使球弹起,然后落于体前。

2. 收胸停球动作要领

一般用来停胸部高度的水平球。身体正对来球,两脚前后开立,两臂自然张开,挺胸迎球,当球与胸部接触的刹那迅速收胸、收腹,以缓冲来球力量,把球停在身前(如图 8 - 6)。

胸部停球(挺胸)　　　　　胸部停球(收胸)

大腿停球

图 8 - 6

3. 胸部停球的练习方法

① 二人一组,约距 10 m,互抛互停。

② 二人一组,约距 10 m,加大来球速度,互抛互停。

4. 易犯错误

缩胸过早或过晚,不能缓和来球力量,易将球弹出。

5. 纠正方法

① 明确动作要领。当球与胸部接触时,迅速收胸、收腹,以缓和来球力量。

② 通过讲解示范与反复练习,掌握正确的胸部停球方法。

（五）大腿接球

适用于高空下落球。

1. 动作要领

接球时,大腿抬起迎球。当与球接触的一刹那即随球下撤,使球落在身前（如图 8-6）。也可用大腿上抬垫球,使球平稳弹下。如做转体接球时,以支撑腿为轴向左（右）转体,把球接到身体左侧或右侧。

2. 大腿停球的练习方法

① 二人一组,约距 10 m,互抛互停。

② 自抛自停。

3. 易犯错误

不能正对来球,不能缓冲来球力量（或缓冲过早）,不能将球停在自己控制的范围内。

4. 纠正方法

明确动作要领,反复练习。

（六）腹部接球

适用于接反弹球。

动作要领:身体正对来球,两脚平行站立。当球从地上弹起时,两臂张开,上体前倾,提气、收腹,缓冲来球力量以将球接在身前。

三、运球

运球是运动员在跑动中用脚连续推拨球,使球处于自己控制范围内的动作,是完成个人突破与战术配合必不可少的技术。常用的运球方法有脚背正面运球、脚背内侧运球和脚背外侧运球等。

脚背外侧和内侧运球较为灵活,便于迅速奔跑和改变方向,是比赛中常用的运球方法。

1. 动作要领

跑动时身体自然放松,上体前倾,步幅可大可小。脚背外侧运球时,运球脚提起,脚尖稍内转,以脚背外侧推球前进。脚背内侧运球时,运球脚提起,脚尖稍向外摆,以脚背内侧推球前进。

2. 运球的练习方法

① 练习时要求步子小、轻松自然,两臂自然摆动。

② 在走步或慢跑中练习运球,由单脚到双脚,用脚背内、外侧运球。

③ 曲线运球绕 6 根标枪竿（竿距 2 m）,要求由慢到快（定距测验时间）。

④ 直线运球或绕竿曲线运球,要求少看球,多巡视四周情况。

3. 易犯错误

① 只是低头看球,而不是随时观察场上情况,以致不能达到及时完成传球或射门的目的。

② 运球时不是推拨球而是踢球,以致离人过远而失去控制。

4. 纠正方法

① 通过讲解示范,明确动作要领。

② 脚接触时不是踢球,而是推拨球前进,并注意触球部位。运球时注意抬头观察场上

情况。

③ 反复练习直、曲线运球,才能熟练地掌握运球技术。

熟悉球性的练习(如图 8-7、8-8)。

颠球　　　　　　　　　带球起练习一

带球起练习二

图 8-7

脚内侧运球　　　　脚外侧运球　　　　脚背正面运球

图 8-8

四、头顶球

头顶球是运动员在比赛中为了争取时间和取得空中优势,用头部的前额部位击球的动作,常用来传球、抢截球和射门,是进攻和防守中不可缺少的重要技术之一。头顶球分为前额正面顶球和前额侧面顶球。这两个部位都可以做原地顶球、跑动中顶球、跳起顶球和鱼跃顶球等。

1. 原地前额正面顶球动作要领

身体正对来球,两脚前后开立,膝关节微屈,两臂自然张开,上体稍向后仰,眼睛注视来球。当球运行到身体垂直部位前的一刹那,后脚用力蹬地,身体重心由后前移的同时,迅速向前摆体,颈部紧张,快速摆头,用前额正面顶球的后中部,接着上体随球继续前摆。

2. 原地前额侧面顶球动作要领

两脚前后开立,出球方向的同侧脚在前,两膝微屈,上体和头部稍向出球的相反方向侧屈,身体重心放在后脚上,两臂自然张开,两眼注视来球。当球运行到出球方向同侧肩上方的一刹那,双脚用力蹬地,上体迅速向出球方向扭摆,同时颈部紧张地摆头,以前额侧面顶球的后中部(如图 8-9)。

图 8-9

3. 头顶球的练习方法

① 徒手做头顶球模仿练习。

② 自抛自顶,体会顶球部位。

③ 二人一组,相距 5~7 m,一人抛球,另一人原地将球顶成高、平、低球。

4. 易犯错误

① 顶球时没有后仰,没有用上腰腹力量。

② 没有摆头的动作。

③ 顶球时用眼看和低头。

5. 纠正方法

① 头部顶球位置要正确,顶球时要注意用上腰和腹部力量。

② 反复练习,掌握技术动作要领。

五、抢截球

抢截球是防守中的主动行动,是转守为攻的积极手段。抢截球包括抢球和截球两个内容。

1. 正面跨步抢球动作要领

面向对手两脚前后开立,两膝微屈,在对手运球脚触球后即将着地或刚着地时,支撑脚立即用力后蹬,抢球脚以脚内侧对准球跨出,膝关节弯曲,上体前倾,身体重心移至抢球脚上,另一脚立即前跨。如双方脚同时触球,则要顺势向上提拉,使球从对方脚背滚过,同时身体重心要迅速跟上,把球控制好。如果离球稍远可用脚尖捅、抢、截。

2. 侧面冲撞抢截动作要领

当与对方平行跑动争球时,身体重心要降低,两臂紧贴身体,当对方近侧脚着地时,可用肩和上臂做合理冲撞动作,使对方失去平衡,从而截获其球。侧面冲撞抢截用于抢截者和运球者平行跑动时抢截球。

3. 侧后铲球动作要领

防守人追到距运球人侧后 1 m 左右,可用脚掌或脚背外侧进行铲球。当运球人将球拨动时,先蹬腿,抢球腿跨出,以脚掌或脚掌外侧在地面滑行而将球踢出。小腿、大腿、臀部上体依次着地。侧后铲球使用于对手运球刚越过防守者时。

4. 抢截球的练习方法

① 二人并肩走步中练习冲撞,慢跑和快跑中进行冲撞,体会合理冲撞的方法。

② 一人在慢跑中运球,另一人练习侧面并肩冲撞抢球。

③ 一对一抢截,正面抢截后相互交换,以抢到球为准。

④ 一对一抢截,正面、侧面抢截,以触到球为准,相互交换练习。

⑤ 原地练习铲球,一人站在固定球的后面伴做停球,一人从侧后方跑上来练习铲球倒地动作。

⑥ 助跑练习铲球,一人带球前进,一人在带球人身后,待球推出时铲球。

5. 易犯错误

① 抢球时犹豫不决,判断不准,盲目乱跑。

② 抢球时支撑脚重心不稳,轻易移动,重心落在抢球脚上,容易被撞倒。

6. 纠正方法

① 通过讲解示范,反复练习,体会动作要领,掌握动作方法。

② 抢截球时判断要灵敏、果断、准确。

③ 抢截球时要注意控制支撑脚重心,体会合理冲撞的方法。

六、假动作

假动作必须在接近对方适当距离时进行,假动作慢,真动作快、突然,真假动作衔接要快速、适当,做到真真假假,使对方捉摸不定,防不胜防。

1. 踢球假动作

传球前可做假向左(右)方踢球动作,诱使对方向该方向堵截,待其重心移动后,突然向右(左)方踢球或运球突破。

2. 接球假动作

接球前,如对方上步抢截,可假做向左(右)接球,诱使对方堵截左(右)侧,然后突然改为向右(左)接球。

3. 运球假动作

对方迎面抢截球时,可采用身体虚晃动作,使对方捉摸不定,从而越过对手。对手侧面抢截,先快速带球前进,诱使对手追赶,这时带球人可突然降低速度或做假停球,使对方也放慢速度,然后又突然加速甩开对手,带球切进,运传射门。

七、守门员技术

守门员技术的高低、反应敏捷程度、竞争意识直接影响全队最后一道门户的牢固与士气。守门员的有球技术可分为接球、扑接球、拳击球、托球、掷球和抛踢球。

(一)接球

接球包括接地滚球、接平直球和接高球。

1. 接地滚球

动作要领:接地滚球分直立和单膝跪立接球两种。直立接球时,两脚要自然并拢不留空隙,脚尖对准来球,上体前屈,两臂自然下垂近地,手指自然张开,手心向前,两手接球底部,接球后两臂同时弯曲,并互相靠拢,将球提至胸前紧抱。

单膝跪立接球时,两腿向侧前方开立,前腿弯曲,后退跪立,膝关节接触地面,并靠近前脚跟,不留中空,上体前倾,两臂下垂,掌心对准来球方向,两手接球底部,接球后将球抱至胸前。

2. 接高球

动作要领:两手自然张开,拇指相对,食指与拇指成"桃形",当手触球时,手腕和手指适当用力将球接住,同时屈肘、回缩并下引,顺势翻掌将球抱于胸前。要求判断球路与落点要准,跑动、起跳要准,控制高度要快。

3. 接平球

动作要领:接球前两臂屈肘置于胸前两侧,在球接触胸前的一瞬间,两臂夹紧,收缩两手抱住球的侧上部,迅速置于胸前。

(二)扑接球

扑接球分为侧地、鱼跃扑接地滚球和平高球。

侧地扑接低球时,先向来球一侧跨一步,接着身体以一侧小腿、大腿臀部、上体和小臂依次着地,同时两臂向前伸出,同侧手掌对准来球,另一侧手在球的上方对准来球,触球后手指、手腕用力、屈肘把球收回胸前,然后起立。

(三)拳击球

可分为单拳击球和双拳击球。单拳击球时,屈肘、握拳于胸前,跳起快速冲拳,以拳面将球击出。双拳击球时,双臂屈肘握拳于胸前,两拳靠拢,当跳起到最高点时,双拳同时快速冲击,以拳面将球击出。

(四)托球

起跳后身体成背弓,单臂快速上伸,手掌前部和手指用力将球向后上托起。

(五)掷球和抛踢球

掷球有单手低手和肩上掷球,抛踢球有自抛踢下落球和踢反弹球。

八、掷界外球

掷界外球时要充分发挥蹬地,腰腹和手腕力量,整个动作过程要连续不停。

1. 原地掷界外球

动作要领:手指自然张开,持球的后半部,两脚前后或左右站立,膝微屈,将球举在头上,上体后仰,掷球时两脚蹬地,收腹屈体,两臂快速前摆将球掷出。

2. 助跑掷界外球

动作要领:助跑时将球持于胸前,在最后一步迈到的同时将球举至头后,蹬地、收腹、向前快速摆臂,并用扣腕力量将球掷出。

第二节　足球运动的基本战术

足球比赛攻守过程中采取的个人行动和集体配合,称为基本战术。

足球战术可分为进攻战术和防守战术两大类。在进攻战术和防守战术中都包含着个人和集体的战术。

一、比赛阵形

比赛阵形是指比赛场上队员基本位置排列,是本队攻守力量搭配和分工的形式。比赛阵形种类繁多,但要依据本队队员的条件、特长和对手的特点来选用。

根据队员的职责和排列的层次分为后卫线、前卫线和前锋线。阵形的人数排列原则是从后卫数向前锋的,守门员不计算在内。

目前,世界上普遍采用的阵形有"4－3－3"、"4－4－2"、"4－1－2－3"、"3－5－2"等。在以上阵形中,除"4－4－2"阵形以防守为主,反击为辅外,其他阵形均以进攻为主。尤以"3－5－2"阵形更为突出。

阵形绝不是僵化的规定,它只是队员在场上活动的大体安排,可根据临场情况不断变化,场上每个队员都应在明确基本位置和主要职责前提下进行创造性的活动。

二、进攻基础战术

1. 个人进攻战术

它包括摆脱、跑位、运球过人等。这是在对方紧逼防守的情况下采取的有效措施,摆脱自己的对手,跑到有利的位置,接应控制球的同伴巧妙的传球配合以达到进攻的目的。

2. 局部进攻战术

它指两人以上的战术配合行动,此战术可以丰富和完善全队的进攻战术,是实施全队战术的基础。一般常用的有斜传直插二过一、直传斜插二过一、踢墙式二过一和三过二进攻配合等。

两人的局部配合是集体配合的基础。常用的两人配合有:

① 斜传直插二过一(如图 8－10):⑦传给⑨,⑨斜线传球,⑦直线插入接球;⑥斜线传球给⑩的斜线传球。

② 直传斜插二过一(如图 8－11):⑦横传给⑨,⑦立即斜线插上接⑨的直传;⑩运球过人后传给⑧,⑩立即斜线插上接⑧的直传。

③ 反切二过一(如图 8－12):⑦回撤接⑨的传球,如防守跟上紧张逼时,⑦回传给⑨并转身切入,接⑨传至对手身后空当的球。

④ 斜线运球交叉部位。

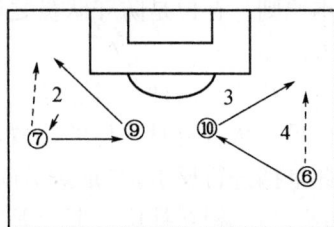

图 8－10

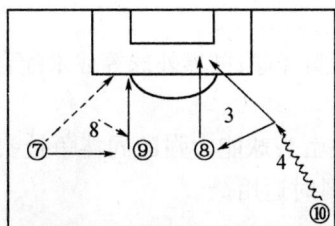

图 8－11

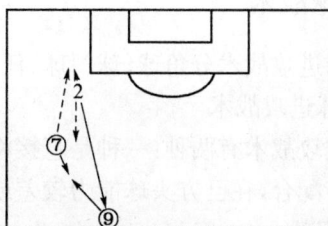

图 8－12

3. 集体进攻战术

(1) 边路进攻

它主要通过边锋或交叉到边上的中锋,直接插上的前卫、边后卫,运用个人带球突破或传球配合突破对方防线达到传中(外围传中、下底传中、切底迂回传中)的目的。由中锋的另一侧包抄射门。

（2）中路进攻

中路进攻能直接威胁球门,但中间防守队员密集,不易突破。因此通过中锋、内切的边锋,插上的前卫间的配合或个人运球过人等方法突破对方防线。

（3）转移进攻

当一侧进攻受阻,另一侧进攻有利时要及时快速转移进攻方向。此方法多是采用有效而准确的中长距离传球实现的,以拉开对方的一边防守,达到声东击西的进攻目的。

（4）快速反击

在防御中积极拼抢,一旦得球,趁对方立足未稳时,快速传球,以多打少,达到射门得分取胜的目的。

三、防守技术

（一）选位与盯人

选位与盯人也是防守中重要的个人技术。选位时防守队员一般应处于球门中心与对手之间的直线上(如图 8-13)。盯人时应采用"有球紧,无球松"和"远松近紧"的方法,即对有球的、接近球和球门的对手采用紧逼的战术,对无球的、远离球和球门的对手采用松动盯人的战术。

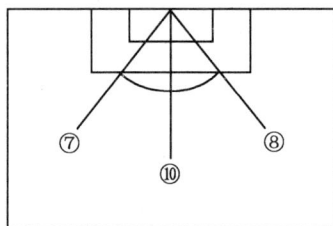

图 8-13

（二）保护与补位

保护是补位的前提,没有保护就不可能有效地补位,队员之间适当的斜线站位是保护的选位要求和后卫防守站位的基本原则。补位是防守队员之间的协同配合、相互帮助的一种方法。

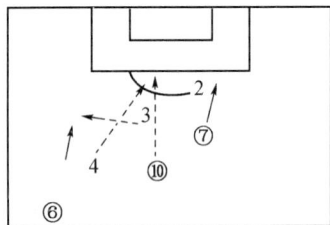

图 8-14

补位有两种:一是队员去补空当,如边后卫插上助攻时就由另一队员暂时补他的位置,以防插上进攻失误后对方利用此空挡进行反击;二是队员间的相互补位,即交换防守(如图 8-14)。相互补位一般应是临时的两个同伴之间的换位,这样出现漏洞的可能性就降低了。

四、定位球战术

定位球进攻战术分角球、球门球、任意球、点球、中圈开球、掷界外球等战术配合。

1. 角球进攻战术

角球进攻战术有两种:一种是直接将球踢至门前,由头球能力强的同伴争抢头球射门;另一种是短传配合,在己方头球能力较差或碰到较大逆风时运用。

2. 球门球

发球门球的原则是及时、快速、准确、有效地发起进攻。发球门球时守门员与后卫做一次配合,也可踢远球给进攻的一线队员。

3. 任意球

任意球分直接任意球和间接任意球两种：罚直接任意球可采用穿墙和弧线球直接踢入，或者采用过顶吊人传切配合；罚间接任意球时，传球次数要少，运用假动作声东击西，传球要及时，以免越位。

4. 点球

要求主罚队员沉着、机智、高度地自信、有熟练的假动作技术和过硬的脚法。

五、防守战术

1. 个人防守战术

个人防守技术是局部和集体防守的基础，包括堵（迎面堵、贴身堵）、抢（迎面抢、侧面抢、侧后铲）、断等技术在防守中的运用。选位与盯人也是重要的个人防守战术。

2. 集体防守战术

有全攻全守的全场防守、半场防守、紧逼防守、区域防守，也有盯人结合区域防守、密集防守等多种防守战术。不论采用那种战术都要考虑到本队的特长，更要针对对方的进攻技术，采用有效的防守战术，阻止对方的进攻。

3. 造越位战术

它是防守队员主动制造对手越位的配合以破坏对方的进攻节奏和攻势，是由守转攻的一种手段。

第三节　足球比赛规则

1. 比赛场地

（1）场地尺寸

长度：90～120 m，国际比赛：100～110 m。

宽度：45～90 m，国际比赛：64～75 m。

（2）场地标记

比赛场地是用线来表明的，这些线作为场内各个区域的边界线应包括在区域之内。两条较长的边界线叫边线，两条较短的边界线叫球门线。所有线的宽度不超过 12 cm，比赛场地被分为两个半场。在场地中线的中点处做一个中心标记，以距中心标记 9.15 m 为半径画一个圆圈。

（3）球门区

在距每个球门柱内侧 5.5 m 处，画两条垂直于球门线的线。这些线伸向比赛场地内 5.5 m，与一条平行于球门线的线相连接。由这些线和球门线组成的区域范围是球门区。

（4）罚球区

在距每个球门柱内侧 16.5 m 处，画两条垂直于球门线的线。这些线伸向比赛场地内 16.5 m，与一条平行于球门线的线相连接。由这些线和球门线组成的区域范围是罚球区。在每个罚球区内距球门柱之间等距离的中点 11 m 处设置一个罚球点。在罚球区外，以距每个罚球点 9.15 m 为半径画一段弧。

（5）旗杆

在场地每个角上各竖一根不低于 1.5 m 的平顶旗杆，上系小旗一面。

（6）角球弧

在比赛场地内,以距每个角旗杆 1 m 为半径画一个四分之一圆。

（7）球门

两根柱子之间的距离是 7.32 m,从横梁的下沿至地面的距离是 2.44 m。

2. 球

圆周不长于 70 cm、不短于 68 cm,重量在比赛开始时不多于 450 g、不少于 410 g。压力在海平面上等于 0.6～1.1 个大气压。

3. 队员人数

一场比赛应有两队参加,每队上场队员不得多于 11 名,其中必须有 1 名守门员。如果任何一队少于 7 人则比赛不能开始。在由国际足联、洲际联合会或国家协会主办的正式比赛中,每场比赛最多可以使用 3 名替补队员。被替补下场的队员不得再次参加该场比赛。替补队员只能在比赛停止时从中线处进场。

4. 比赛时间

比赛分为两个半场,每半场 45 min,中场休息 15 min。

5. 场地选择

通过掷币,猜中的队决定上半场比赛的进攻方向,另一队开球开始比赛。猜中的队在下半场开球开始比赛。下半场比赛两队互换比赛场地。

6. 计胜方法

① 得分:当球的整体从球门柱间及横梁下越过球门线,而此前未违反竞赛规则,即为进球得分。

② 获胜的队:在比赛中进球数较多的队为获胜者。如两队进球数相等或均未进球,则比赛为平局。

③ 加时赛:规定时间内未分出胜负而又必须分出胜负,采取的上下半场各 15 min 的比赛。上下半场间没休息时间,交换场地后继续比赛。在加时比赛中,任何一方先进球就为胜方,即为金球制胜法。

④ 点球制胜法:在规定时间和加时赛后仍未分出胜负时,采取互罚点球法决胜。先由每队各派 5 人依次罚完点球,如还未分出胜负,每队各派一人罚球,依次进行,直至分出胜负。任何场上队员不得在对方队员未罚完点球前连续罚第二次。

7. 越位

① 越位位置:指比赛中队员处于:a. 对方半场;b. 较球更接近于对方球门线的位置;c. 在该队员与对方球门线之间,对方队员不足两人时的位置。

不存在越位的三种情况:球门球（当球的整体不论从地面或空中越过球门柱以外的球门线,而最后触球者为攻方队员）;掷界外球;角球。

② 如何判罚越位:当裁判员认为处于越位位置的队员,在其同队队员踢球的一刹那,该队员干扰比赛或干扰对方,或企图从越位位置取得利益时,应判罚该队员越位。

如果队员处在越位位置,直接接到同队队员的球门球、角球、界外球时,则不判该队员越位。

8. 踢球门球

由防守方从球门区内的任何一点踢球;对方应在罚球区外直至比赛进行;踢球队员在其他队员触球前不得再次触球;当球被直接踢出罚球区,防守方队员才能碰球。

9. 掷界外球

面向比赛场地内的掷球方向;任意一只脚站在边线上或站在边线外的地上;使用双手将球从头后经头上掷出;在其他队员触球前不得再次触球。

10. 罚点球

防守方守门员留在本方球门柱间的球门线上,面对主罚队员,直至球被踢出;除主罚队员外的队员处于比赛场地内、罚球区外、罚球点后,距罚球点至少 9.15 m。

11. 犯规与不正当行为

(1) 判罚直接任意球的 10 种情况

① 踢对方队员;

② 绊摔对方球员;

③ 跳向对方球员;

④ 冲撞对方球员;

⑤ 打或企图打对方球员;

⑥ 推对方球员;

⑦ 为了得到对球的控制而抢截对方球时,于触球前触及对方球员;

⑧ 拉扯对方球员;

⑨ 向对方球员吐唾沫;.

⑩ 故意手球(不包括守门员在本方罚球区内)。

(2) 判罚间接任意球的 8 种情况

① 守门员用手控制球后,在发出球之前持球超过 6 秒;

② 守门员在发出球之后未经其他队员触及,再次用手触及球;

③ 守门员用手触及同队队员故意踢给他的球;

④ 守门员用手触及同队队员直接掷人的界外球;

⑤ 队员动作具有危险性;

⑥ 队员阻挡对方球员;

⑦ 队员阻挡对方守门员从其手中发球;

⑧ 违反以前未提及的任何其他规则,而停止比赛被警告或罚令出场。

(3) 被警告并出示黄牌的 7 种情况

① 犯有非体育行为;

② 以语言或行动表示异议;

③ 持续违反规则;

④ 延误比赛重新开始;

⑤ 当以角球或任意球重新开始比赛时,不退出规定的距离;

⑥ 未得到裁判员许可进入或重新进入比赛场地;

⑦ 未得到裁判员许可故意离开比赛场地。

(4) 被罚令出场并出示红牌的 7 种情况

① 严重犯规;

② 暴力行为;

③ 向对方或其他任何人吐唾沫;同 11(1)第 9 条基本相同;

④ 用故意手球破坏对方的进球或明显的进球机会(不包括守门员在本方罚球区内);

⑤ 用可判为任意球或点球的犯规破坏对方向本方球门移动着的明显的进球得分机会；

⑥ 使用无礼的、侮辱的或辱骂性的语言及动作；

⑦ 在同一场比赛中得到第二张黄牌。

复习思考题

1. 足球运动的特点及其锻炼价值是什么？
2. 试述脚背正面踢球的动作要领。
3. 常用的停球方法有哪些？
4. 脚背正面停球的易犯错误和纠正方法有哪些？
5. 结合图示说明斜传直插"二过一"的配合方法。

第九章　羽　毛　球

　　羽毛球运动起源于14～15世纪的日本,发展于印度,形成于18世纪的英国。1899年举行了第一届全英锦标赛。此后,羽毛球便传到其他国家。1934年成立了国际羽毛球联合会。首届世界男子团体锦标赛(汤姆斯杯)和世界女子团体锦标赛(尤伯杯)分别于1948年和1956年举办。1992年,羽毛球正式列入奥运会比赛项目。1920年,羽毛球传入我国。1982年中国首次参加第12届汤姆斯杯赛即获团体冠军。1984年的第10届尤伯杯赛,中国女子队首次加盟也捧杯而归。羽毛球运动的最大特点是活动量可根据年龄或体质强弱而定,特别适合广大青少年学生。

　　羽毛球是一项为广大群众喜爱的体育运动项目,它具有球小、速度快、变化多的特点。运动器材设备比较简单、在室内外都可以进行。运动量可大可小,不同年龄、性别和身体条件的人都可以参加。因此,这项运动易于开展和普及。经常参加羽毛球运动不仅可以发展人的灵敏性和协调性,提高动作的速度和上下肢活动的能力,改善心血管系统的机能,而且有助于培养勇敢顽强、机智果断等品质,亦有利于更好地学习和工作。

第一节　羽毛球的基本技术

一、握拍法

　　(一)正手握拍

　　技术要点:虎口对着拍柄窄面的小棱边,拇指和食指贴在拍柄的两个宽面上,食指和中指稍分开,中指、无名指和小指并拢握住拍柄,掌心不要紧贴,拍柄端与近腕部的小鱼际肌持平,拍面基本与地面垂直(图9-1)。正手发球、右场区各种击球及左场区头顶击球等,一般都采用这种握法(以右手握拍者为例)。

　　(二)反手握拍

　　技术要点:在正手握拍的基础上,拇指和食指将拍柄稍向外转,拇指顶点在拍柄内侧的宽面上或内侧棱上,中指、无名指和小指并拢握住拍柄,柄端靠近小指根部,使掌心留有空隙(图9-2)。球拍斜侧向身体左侧,拍面稍后仰。一般说来,击身体左侧的来球,大都先转体(背对网),然后用反手握拍法击球。

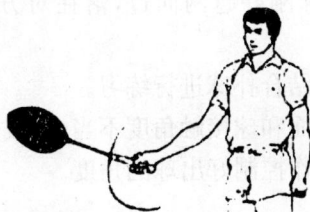

图9-1　正手握拍　　　　　　图9-2　反手握拍

二、发球

羽毛球的发球技术可分为正手和反手球技术。一般来说发网前球、发平球、发平高球、发平球和发网前球均可采用正手发球法。基本的技术有：发高远球、发平高球、发平球和发网前球。下面介绍正手发高远球与发网前球。

（一）发高远球

技术要点：站在靠近中线一侧，离前发球线约一米左右的位置上。身体左肩侧对球网，左脚在前，脚尖向内，右脚在后，脚尖稍向右侧，两脚距离与肩同宽，身体重心放在右脚上。准备发球时，右手握拍向右后侧举起，肘部微屈，左手拇指、食指和中指夹住球，举在腹部右前方，然后放开球，挥拍击球。在左手放开球使之下落时，右手转拍由上臂带动前臂，自右后方沿身体向前左上方挥动。当球落到右臂向前下方伸直能够接触到球的刹那，紧握球拍，并利用手腕屈收的力量向前上方发力击球。然后顺势向左上方挥动缓冲（如图9-3）。

图9-3 发高远球

练习方法：

① 挥拍练习。模仿发球动作做挥拍练习。

② 对发练习。两人一组，隔网相站做对发高远球练习。

③ 准确性练习。在对方场区画出圆圈，将球发至圈内。

练习提示：初学者练习发高远球时会出现动作僵硬，放球与挥拍配合不当，击球点离身体过近或过远，发球后球拍未顺势挥向左上方而是挥向了右上方等错误动作。在纠正时，首先要建立正确的发球动作概念，抓住发球时最后用力这一主要环节，做反复挥拍即对发练习。也可单人对墙做发球练习，提高发球技术。

（二）发网前球

技术要点：发球前的准备动作同发高远球。击球时就是把球发到对方发球区内的前发球线附近，球拍触球时，拍面从右向左斜切击球，使球刚好越网而过，落在对方前发球线附近。（如图9-4）

练习方法：练习方法基本同发高远球。另外可结合扑球进行练习。

练习提示：发网前球易犯错误主要是用力与拍面和球接触角度不当，造成过网点过高或落网。纠正方法是反复体会发球时的"切球、送拍"动作控制好出球的角度。

图 9-4 发网前球

三、后场高空击球

后场高空击球也称后场上手击球,即在尽可能高的击球点上,还击对方向底线附近击来的高球。它具有主动性强、击球力量大等特点,可给对方造成较大的威胁,是初学者首先必须学好的技术。

击高远球分为正手击高远球、反手击高远球、头顶击高远球。下面介绍正手击法(图 9-5)。

图 9-5 正手击高远球

技术要点:首先判断来球的方向和落点,侧身后退使球在自己右肩稍前上方的位置,左肩对网,左脚在前,右脚在后,重心在右脚上。左臂屈肘,左手自然高举,右手持拍,大小臂自然弯曲,将球拍举在右肩上方,两眼注视来球。击球时,由准备动作开始,大臂后引,随之肘关节上提明显高于肩部,将球拍后引至头后,自然伸腕(拳心朝上),然后在后脚蹬地、转体和腰腹的协调用力下,以肩为轴,大臂带动小臂快速向前上方甩动手腕,在手臂伸直的最高点击球。击球后,持拍手臂顺惯性往前下方挥动并收拍至体前。与此同时,左脚后撤,右脚向前迈出,身体重心由后脚移到前脚。

练习方法：

① 挥拍练习。按动作要领反复做挥拍练习，有条件的可用网球拍练习。

② 空中悬球练习。用一细绳将球挂在适当位置，反复练习击球动作。检查击球点以及球拍的接触面是否正确。

③ 原地对打练习。两人站在各自场区底线附近，先练直线对打，然后再练对角线打。

④ 一人固定，一人前后移动练习。一人在底线固定位置击出高球，另一人则在回击高球后从底线回到中心位置，再退到底线还击对方打来的高球。

练习提示：正手击高远球时易犯的错误有击球点选择不当，偏前或偏后，影响击球用力；击球时，不是以肩为轴挥臂，而是以肘为轴，影响大臂发力，造成用力不当；击球时不是用挥臂甩腕动作靠"爆发力"把球击出，而是将球"推"出；击球后不是将球拍顺惯性朝前下方挥动并收至体前，而是将球拍朝下，朝右后方挥动，影响了手臂的用力；击球时全身用力不协调等。这些错误主要是对照技术要点，反复做挥拍练习和原地对打练习，也可以照镜子练习，以便观察自己的动作。

四、吊球

吊球是自后场打到对方前场向下坠落的球。吊球技术分为正手、反手和头顶三种手法。初学者首先要学好正手吊球，然后再学反手及头顶吊球技术。下面介绍正手吊球(图9-6)。

图9-6 吊球

技术要点：击球准备和前期动作同正手击高球。只是击球时拍面稍向内倾斜，手腕做快速切削下压动作，击球托的后部和侧后部。若吊斜线球时，则球拍切削球托右侧并向左下方发力；若吊直线球，则拍面正对前方向下方切削。

练习方法:

1. 原地吊球练习

① 定点吊斜线:练习者固定在右后场或左后场底线,用正手或头顶击球技术将球吊至对方的右(左)场区网前,对方将球挑回练习者的右、左后场底线,如此往复练习。

② 定点吊直线:练习者固定在右(左)后场底线,将球吊至对方的右(左)场区网前,对方将球挑至练习者的右、左后场底线,如此往复练习。

2. 移动中吊球练习

① 一点打吊一点前后移动:练习者在后场底线吊球后,移动到中心位置,然后重新退回到底线进行吊球;挑球者挑球后,退回中心位置,然后重新上网挑球。

② 两点吊一点前后移动:吊球者先后在后场两个点将球吊至对方网前的一个点上;挑球者先后将球挑至对方后场两点上。双方均作前后移动。

③ 两点吊两点前后移动:在两点吊一点的基础上,吊球方增加一个吊球落点。

练习提示:练习吊球时易出现的错误有:击球点过低造成球不过网;不是用"切削"动作击球,而是往下拉球拍。纠正方法是多进行定点吊球,加大练习密度,体会"切削"动作。

五、杀球

杀球是把对方击来的球在尽量高的击球点上斜压下去。这种球力量大,弧线直,落地快,给对方的威胁很大。它是进攻的主要技术。杀球分为正手、反手、头顶技术来完成。下面介绍正手杀球(图9-7)。

图 9-7 杀球

技术要点:击球前的准备姿势和击球动作同正手击高远球一样,不同的是最后用力的方向朝下,而且要充分利用蹬地、转体、收腹以及手臂和手腕的爆发力全力将球向下击出。击球一刹那要紧握球拍。

练习方法:

① 按照技术要点做挥拍练习。

② 一杀两防。用两人防守可提高练习的连续性和密度,同时防守的一方可练习防守技术。

③ 多球练习。将球连续发至对方后场进行杀球练习,可有效提高练习的密度和强度。

练习提示:杀球技术易犯错误有:击球点偏后或偏低影响手臂发力;杀球时动作过于紧张,有劲用不上;挥臂时以肘为轴,影响上臂发力;击球时手腕下"甩"不够,造成杀球出界等。因此,在练习杀球时,要特别注意全身协调用力,最后通过加快挥臂速度以及手腕下甩来增加杀球力量。

六、前场网前击球

前场技术包括网前的放、搓、推、勾、扑、挑球等。其中搓、推、勾、扑属进攻技术,要求击球前期动作有一致性,击球刹那间产生突变;握拍要活,动作要细腻,手腕、手指要灵巧,以控制好球的落点。

(一)搓球

1. 正手网前搓球

技术要点:击球前小臂稍外旋,手腕由后伸至稍内收闪动;击球时在正手放网前球动作基础上,加快挥拍速度,搓切来球的右下部,使球旋转滚过网(图9-8)。

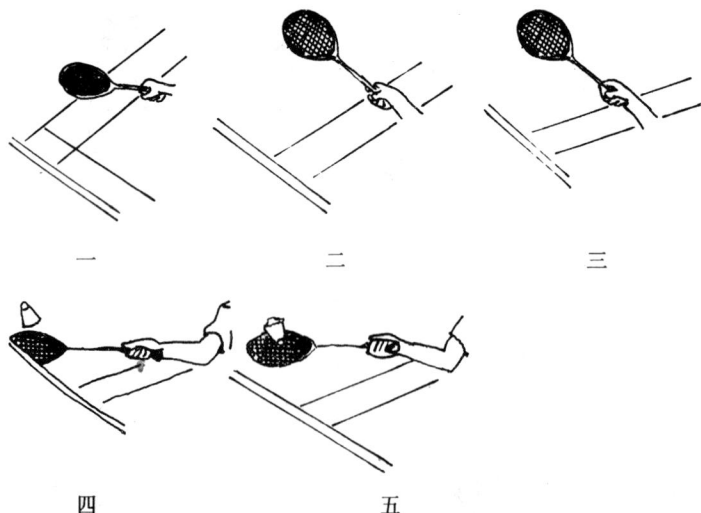

一　　　　　二　　　　　三

四　　　　　五

图9-8　正手网前搓球

2. 反手网前搓球

技术要点:击球前,小臂前伸外旋,手腕由内收至外展状;搓击球的右侧后底部,使球侧旋滚动过网。另外还可以小臂稍伸直,手腕由外展到内收,带动球拍向前切送,击球托的后底部,使球下旋滚动过网(图9-9)。

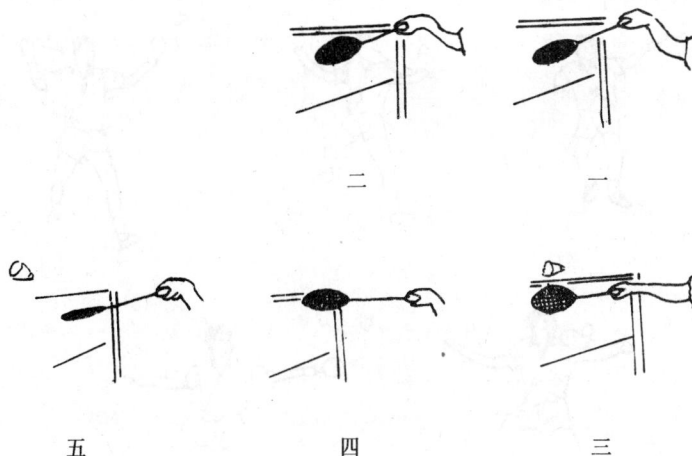

图 9-9 反手网前搓球

（二）勾球

1. 正手网前勾对角线球

技术要点：在步法移动的同时，球拍随着前臂往右前上方举起。前臂前伸的同时，稍有外旋．手腕微后伸，这时的握拍稍有变化——将拍柄稍向外捻动，使拇指贴在拍柄的宽面上，食指的第二指节贴在与其相对的另一个宽面上，拍柄不触及掌心。击球时，靠前臂稍有内旋往左拉收，手腕由稍后伸至内收．球拍拨击球托的右侧下部，由手腕和手指控制拍面角度，击球后，球拍回收至胸前（图 9-10）。

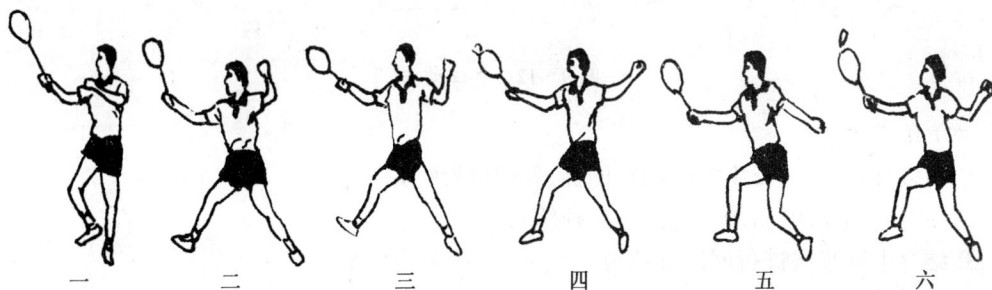

图 9-10 正手网前勾对角线球

2. 反手网前勾对角线球

技术要点：随着步法移动的同时，手臂向左侧前方平举（注意手臂不要伸直，稍弯即可）。击球时，随着肘部下沉，前臂回收外旋的同时，食指和拇指协调用力捻动拍柄，使拍面拨击球托的左侧后部，将球沿对角线飞越过网，击球后，球拍回收至胸前，为下次的来球做作积极的准备（图 9-11）。

（三）扑球

技术要点：击球时，拍面前倾，上臂带动手腕和手指快速闪动发力，击球后立即收拍，以免触网犯规（图 9-12）。

图 9－11　反手网前勾对角线球

图 9－12　扑球动作

（四）练习方法

① 用多球进行正、反手两个部位的搓、勾、扑球练习。

② 一对一站在网前，用球对搓、勾、扑练习。

③ 结合上网步法进行网前球练习。

（五）练习提示

网前击球易犯错误有：手腕与手指用力不当，使击出的球离网太高或落网；击球点低，出手慢等。纠正方法是首先提高抢网意识，即在高点击球；其次是握拍要放松，并用多球反复练习，体会手腕与手指用力。

七、步法

（一）上网步法

技术要点：判断准来球后，左脚掌内侧用力蹬地并向来球方向迈出，接着右脚也向前迈出一大步，落地后，右膝关节弯曲缓冲并成弓步，紧接着左脚自然向前脚靠上小半步。击球后，右脚蹬地，用小步或并步退回中心位置。

练习方法：

① 先做分解步法练习再过渡到完整上网步法练习。

② 在场外教师手势指挥下做上网步法练习。

③ 结合多球击网前技术,从中心位置向左右两边网前做上网步法练习。

练习提示:右腿成弓步时,要防止因上网前冲力过大使身体重心越过右腿而失去平衡。另外,前脚落地时,脚尖应朝着边线,而不应朝向内侧。

(二)后退步法

技术要点:判断准来球后,先调整身体重心至右脚,然后右脚向右后侧蹬转,后撤一小步,使髋带动身体转向右后场,随后以交叉步或并步移动到接近击球点的位置,在移动的同时必须完成举拍准备动作,最后一步利用右脚(或双脚)蹬地起跳在空中转体,击球后用左腿后撤落地缓冲,右腿前跨以便迅速回位。

练习方法:后退步法练习方法同上网步法。

练习提示:在练习后退步法时,要注意侧身后退,前几步要小,最后一步要大。在做完击球动作后重心由后前移,并回到场地中心位置。

第二节 羽毛球的基本战术

羽毛球比赛的战术较多,但不管采用什么战术,都要根据双方特点及场上情况合理加以运用,才能收到较好的效果。下面介绍最基本的几种战术。

一、单打战术

(一)打四方球

战术要点:它的主要目的是通过打落点,逼迫对方前后奔跑,被动应付,并在其回球质量下降或露出破绽时乘虚攻之。它对步法较慢、体力较差的对手十分有效。

(二)吊、杀上网

战术要点:这是一种主动进攻的战术。通过高球下压迫使对方被动回网前球,这时迅速上网以搓、勾、扑等网前技术,制造在中场大力扣杀的机会。这种战术必须很好地控制杀、吊球的落点使对方被动回网前球,为主动迅速上网创造条件。

二、双打战术

(一)攻人

战术要点:集中本方力量,重点攻击对方较弱的一人,常给对方造成巨大的心理压力。

(二)攻中路或攻边

战术要点:对方站位若是左右分开,将球攻到对方中路;当对方前后站位时,则可攻其两边线附近,这样可诱使对方防守出现失误。

(三)练习方法

① 按教师手势,徒手做扣杀、吊球上网的模仿练习。

② 按教师信号,用多球进行场区各个方位的击球练习,要求落点正确。

(四)练习提示:

① 了解对方长处和自己的短处,已达到避实就虚、扬长避短的效果。

② 不论运用哪种战术,必须坚持以"我"为主的打法。

③ 赛场情况千变万化,战术运用也必须随机应变。

第三节　羽毛球比赛规则

　　羽毛球比赛分男、女单打,男、女双打和混合双打 5 个单项。国际羽联对 21 分制作了最后修订,并宣布新规则将从 2006 年 2 月 1 日起正式实施。据介绍,新规则的最大变化是取消了发球得分制,另外将所有单项的每局获胜分统一定为 21 分。具体规定如下:

　　单打:① 每场比赛采取三局两胜制;② 率先得到 21 分的一方赢得当局比赛;③ 如果双方比分打成 20 比 20,获胜一方需超过对手 2 分才算取胜;④ 如果双方比分打成 29 比 29,则率先得到第 30 分的一方取胜;⑤ 首局获胜一方在接下来的一局比赛中率先发球;⑥ 当一方在比赛中得到 11 分后,双方队员将休息 1 分钟;⑦ 两局比赛之间的休息时间为 2 分钟。

　　双打:① 改双发球权为单发球权;② 后发球线保留,现行规则适用;③ 比赛开始前,双方通过投掷硬币方式确定由哪一方来选择是先发球或后发球。

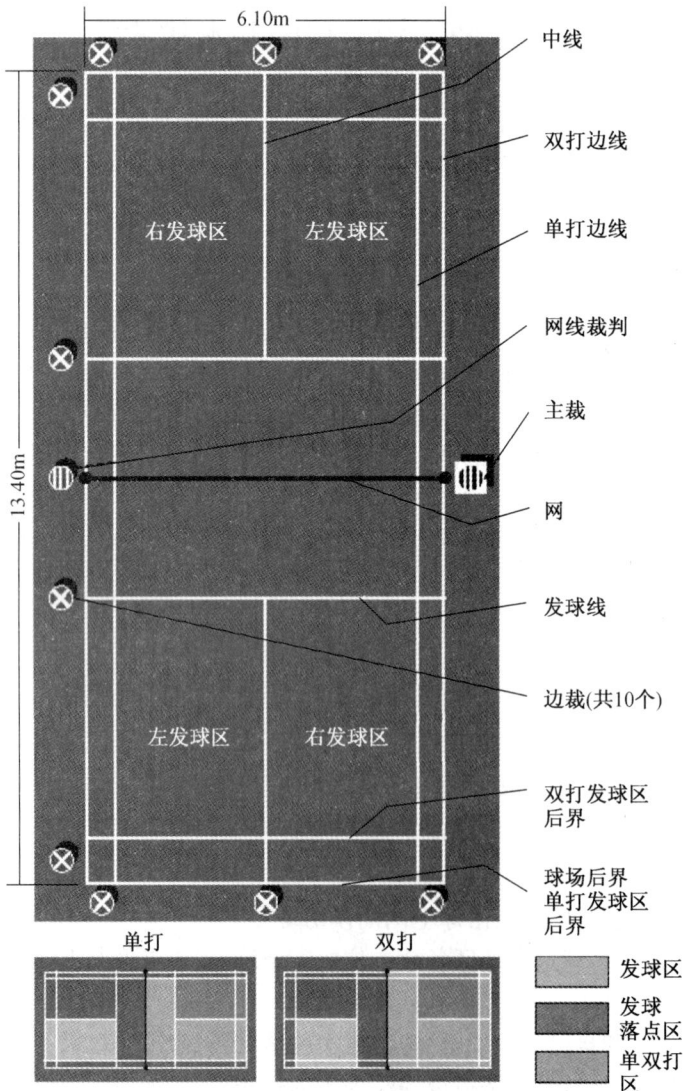

图 9 - 13　发球方位

（一）发球方位

单打中发球方分数为零或双数时，双方均在右区发、接发球。双打中，除每局首先发球一方只有一次发球机会之外，以后双方均有两次发球权。每一方获得发球权时，不论得分是单数还是双数，均从右区先发球。当发球方得分，该球员应换至左区继续发球，但接球方队员位置不变。如两次发球均失去后，则换由对方右区先发球。双打比赛中，除发球和接发球外，任何队员都可还击。

（二）主要违例及其罚则

1. 发球违例

① 过腰。球的任何部分在击球瞬间高于发球运动员的腰部。

② 过手。击球瞬间，球拍顶端未朝下，整个拍框没有明显低于握拍手的整个手部。

③ 未先击球托。在击球瞬间不是首先击中羽毛球的球托部分。

④ 不正当行为。一旦开始发球，双方站好位置时，任何运动员不得做假动作或有意妨碍对方或故意拖延发球或接发球的准备时间，有企图占便宜等不正当行为（发球队员的向前挥拍动作不得中断）。

⑤ 发球方位错误。发球时，发球队员（双打时包括接发球队员）未站在应该站的发球区内发球或接发球。

⑥ 顺序错误。双打中发球或接发球队员，没有按照正确顺序进行发球或接发球。

⑦ 脚违例。发球时，发球或接发球队员，不得有踩线、任何一脚离开地面、移动等动作。

2. 比赛进行时违例

① 连击。运动员在击球时两次挥拍连续击球两次，或同队两名队员连续各击球一次。

② 持球。击球时，球停滞在拍上紧接着又有拖带动作。

③ 过网击球。球拍与球的接触点不在击球者一方（如在本方击球后，则球拍允许随球过网）。

④ 触网。比赛进行中，运动员的球拍、身体或衣服触及球网或球网的支撑物。

⑤ 侵入对方场区。比赛进行中运动员的球拍和身体任何部分侵入对方的场区。

⑥ 妨碍。当对方运动员在靠近网前上空有机会向下击球时，将球拍在网前举起企图拦截使球反弹过去。

复习思考题

1. 羽毛球运动的特点及锻炼价值是什么？
2. 试述羽毛球正手高远球的动作技术要领是什么？
3. 单打和双打有哪些区别？

第十章　排　　球

排球运动 1895 年诞生于美国,由马萨诸塞州好利诺城青年会干事威廉·莫根(William Morgan)发明的。排球比赛是两队以中间球网为界,用手通过发球、垫球、传球、扣球、拦网等动作来组织进攻与防守的球类运动。

排球比赛场地呈长方形,长 18 m、宽 9 m,由中线将球场分为两个相等场区,中线上方设置长 9.5 m、宽 1 m 的球网(男网高 2.43 m,女网高 2.24 m)。

排球运动是人们比较熟悉和喜欢的运动项目,它对场地设备要求不高,参加者不受年龄、性别的限制,可根据自己的体力来掌握运动量。经常参加排球运动锻炼,能促进身体的全面发展,增进内脏器官的功能;能提高弹跳、灵敏、耐力、速度、力量等身体素质以及反应能力。此外,它还可以培养人们团结战斗的集体主义精神、精确快速的判断能力以及勇猛顽强、坚毅果断、机智灵活等意志品质。

第一节　排球的基本技术

一、传球

传球是排球运动的基本技术,是进行比赛与组织战术的基础,主要用于衔接防守和进攻。

(一)二传技术的分析与运用

1. 正面双手上手传球

它是传球技术中最基本的方法,又是掌握和运用其他技术的基础(如图 10-1)。

图 10-1

(1)准备姿势

用稍蹲准备姿势,身体站稳,上体适当挺起看球,双手自然抬起置于脸前。

（2）迎球或击球

当来球接近前额时，开始蹬地、伸膝、伸臂、两手微张从脸前向前上方迎球。击球点在额前上方约一球距离处。

（3）手型

当手触球时，两手自然张开呈半球，使手指与球吻合，手腕稍后仰，以拇指、食指和中指托住球的后下部，手指、手腕保持适当的紧张，以承担球的压力，两拇指相对，接近"一"字，两手间要有一定距离（不超过球的直径）。用拇指内侧、食指全部、中指的二三指节接触球，无名指和小指在球的两侧辅助控制传球方向。两肘适当分开，两前臂之间约 90°角。

（4）用力

传球动作是由多种力量合成的，如伸臂力量、手指、手腕的反弹力量、身体伸腿蹬地的力量，主动屈腕的力量以及球的弹力等。正面传球主要靠伸臂的力量，配合蹬地的力量，通过球压在手上使手腕产生的反弹力将球传出。

运用正面双手传球，可以传正面一般拉开球、传正面集中球（包括传小夹角球、传大夹角球、传平冲来球、传近网高球、传低球）。

2. 背传

二传队员背对传球目标的传球叫背传，主要用于组织进攻。

动作要领：传球前背对传球目标，上体保持正直或稍后仰，击球点比正面传球要高，迎球时，微仰头挺胸，在下肢蹬地的同时，上体向后上方伸展，击球时手腕适当后仰，掌心向后上方击球的底部，利用抬臂、送肘的动作和手指、手腕主动向后上方传出。

运用背传球可以传拉开球，也可以传近体快球和短平快球。

3. 侧传

二传队员侧对传球目标，并将球向体侧方向传出叫侧传。

动作要领：传球前的准备姿势手型与正面传球相同，迎球时通过下肢蹬地使身体重心向上伸展，但上体和手臂应向上方用力，触球上方，传球方向异侧手臂的动作幅度和用力的距离要大于同侧手臂。

由于侧传有隐蔽性的特点，可以传各种快球以增强快攻力量。

4. 其他姿势的传球

如调整二传、倒地二传，这两种姿势的传球是针对一传不到位而采用的传球办法。晃传、二传伴扣后转移球主要是传快球，以增大网上的进攻面。

（二）传球的练习方法

① 徒手模仿正面传球动作。

② 同上。由老师统一口令练习伸臂击球动作，然后全身协调动作传球。

③ 三人一组，三角传球，开始可以一抛一传一接，轮流做；接下来可顺时针或逆时针方向传球，要求先转身面对传出球的方向然后再传球。

④ 抛、传球练习。向上自抛（指腕不主动用力）；接由 4 m 距离以外抛来的球，每人一球，距离墙（挡网）3 m 左右，自抛自传出；两人相距 4～5 m，一抛一传，互相将球传出（可先做反弹低球而不传出的练习）。

⑤ 移动中二人对传，一人定位，一个向前或后或两侧移动传球。

⑥ 四人一组，沿边线四角传球，不能传对角线，要求先转身面对传球的方向，也可边传球边转体。

⑦ 前后排四角传球,四人一组,后排向前排做对角线传球,前排向后排做直线传球,后排传球后,沿传出球方向移动换位;前排传球后,绕行跑动换位,每次传球后都换位。

（三）传球易犯错误及纠正方法

1. 手型不正确,触球部位离身体太远,大拇指朝前

纠正方法:① 自传中观察手型,用传球手接球,然后检查手型或先摆手后放球来检查;② 对墙连续近距离轻传;③ 传小篮球等,加强手感,形成正确手型。

2. 击球点过高或过低

纠正方法:① 击球点偏低,多练背传、自传、近墙自传反弹球、近网对传等;② 击球点过高,多做平传、坐地传、自抛自传远球。

3. 传球时上体后仰

纠正方法:① 向前移动中传球;② 先向前自传一次,再立即跟上传出;③ 传后跟进保护垫球;④ 传球出手后,手触地板一次。

二、垫球

垫球主要用于接发球、接扣球、接拦网球,有时也用来组织进攻。按动作方法可分为正面双手垫球、跨步垫球、体侧垫球、挡球等。

（一）垫球技术

1. 正面双手垫球

（1）准备姿势

根据球的落点,迅速移动成半蹲姿势站立。

（2）手型

当球接近腹前时,两手掌根紧靠后合掌互握,两拇指平行,手腕下压,两臂外翻形成一个平面(如图 10 - 2)。

（3）击球

当球距腹前一臂距离时,两臂夹紧前伸,插到球下,向前上方蹬地抬臂,垫击球的后下部。身体重心随击球的动作前移。

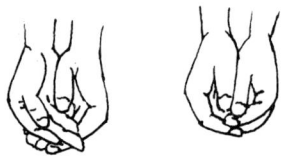

图 10 - 2

（4）用力

主要靠手臂上抬力量增加球的反弹力,同时配合蹬地、跟腰动作,使重心向前上方移动。两个手臂要适当放松,便于灵活控制垫球的方向和力量。

（5）垫球部位

保持腹前击球,触球时用前臂腕关节以上 10 cm 左右桡骨内侧平面为宜。

（6）手臂角度

根据来球的角度和要垫出的方向,运用入射角与反射角相等的原理,调整手臂与地面的角度和转动左右手臂平面来控制垫球方向。

2. 体侧垫球的动作要领

球向体侧飞来,队员来不及对正来球时,可用双臂体侧垫击。如球向左侧飞来,右脚前脚掌内侧蹬地,左脚向左跨出一步,重心移到左脚上,左臂弯曲夹紧向左侧伸出,右肩微向下倾斜,用向后转腰收腹的动作,配合两臂自左后方向前截住球飞行的路线,用两前臂垫击来球的后下部,切忌随球向左侧摆臂击球,这样会造成球飞向侧方(如图 10 - 3)。

垫球   体侧垫球

图 10-3

3. 滚翻垫球的动作要领

做滚翻垫球时应快速向来球方向移动,最后跨出一大步,重心下降并落在跨出脚上,上体前倾,使胸部接近大腿,双臂或单臂伸向来球方向,同时两脚继续用力蹬地,使身体向来球的落点方向腾出,用小臂、虎口或手腕部分击球的下部,击球后脚尖内转,以大腿外侧、臀部侧面、背部以及跨出腿的异侧肩部依次着地,然后顺势低头、收腹、团身做单肩后滚翻成低蹲姿势。

(二)垫球的练习方法

1. 徒手试做

随着教师口令做原地垫球动作;看教师手势做前后、左右移动垫球。

2. 垫固定球

一人持球于腹前,另一人体会手臂触球部位的用力。

3. 配合练习

① 两人一组,一抛一垫,两人距离由近到远,一个抛,一人原地垫球,然后过渡到移动垫球。

② 两人相距 7~8 m,一掷一垫或一发一垫一传。

③ 2~4 人一组,相距 9 m 以上,一人发球或抛球,另外的人轮流接发球,要求做好准备姿势,对正来球后垫击球。

④ 3 人一组进行发、垫或隔网一个发球,一个传球,一人垫球。

⑤ 6 人站位接发球练习。

4. 自己连续垫球

两臂抬平向上自垫时注意运用身体协调力量;对墙垫球时,要求手臂角度固定,用力适当,控制球的高度。

5. 转方向垫球

练习时队员应判断来球方向,选好垫球位置,面对垫球方向,控制垫球弧度和力量。要尽量快速移动,争取正面垫球。

(三)垫球易犯错误及纠正方法

1. 屈肘两臂关不拢,不会用力

纠正方法:模仿练习,垫固定球,自垫发球练习。

2. 移动慢,对不正球

纠正方法:移动抢球,双臂夹球移动垫球。

3. 两臂用力不等,动作不协调

纠正方法:垫固定球,体会用力和协调发力。

三、扣球

扣球是排球的基本战术之一,是得分、争发球权的主要手段。扣球的成败体现了全队的战术质量和效果,是能否取胜的关键。

现代排球运动的扣球技术,已打破位置分工的限制,更多地运用各种变步、变向的助跑起跳,充分利用网长和纵深,采用立体进攻。

(一)扣球技术

1. 正面扣球动作要领

(1)准备姿势

采用稍蹲姿势,两臂自然下垂,观察来球,做好向各个方向助跑起跳的准备。

(2)助跑

助跑的步数要视球的远近和个人习惯采用一步、二步、三步等不同的步法。

扣球助跑可采用并步法起跳、跨步法起跳(如图10-4)。

图10-4

现以二步助跑右手扣球为例,助跑时左脚先向前迈出一步,接着右脚再迅速跨出一大步,左脚及时并上,踏在右脚之前,脚尖稍向右转。第一步小,第二步大,脚跟先着地过渡到全脚掌着地,两臂也配合起跳,有力地向上摆动。两腿从弯曲制动的最低点,猛力蹬地向上起跳。

(3)空中击球

起跳后挺胸展腹,上体稍向右转,右臂向后上方摆起,身体成反弓形。挥臂时以迅速转体和收腹动作发力,依次带动肩、肘、腕各关节成鞭甩动作向前上方挥击。击球时五指微呈勺形,并保持紧张,以全手掌包满球,掌心为击球中心,击球的后中部,同时主动用力屈腕向前推压,使扣出的球加速上旋。击球点在起跳的最高点和伸直手臂最高点的前上方。

(4)落地

脚前掌先着地,再过渡到全脚掌着地,顺势屈膝、收腹。

2. 近体快球

快球有近体快球、背快、短平快、背平快、半快球、平拉开快球、调整快球等许多种,不论采用哪种都应注意以下两点:

① 助跑的步伐要轻松、快速、灵活、有节奏;起跳动作要蹲得浅,起跳快,起跳时间要准确。

② 击球时上体动作和挥臂动作的振幅要小,主要利用前臂和手腕加速甩动击球。

近体快球动作要领：近体快球是在二传队员前或体侧约 50 cm 处扣的快球。扣球队员要在二传托球的同时，助跑到网前，助跑的角度一般与网成 45°角左右。当二传队员传球时，扣球队员应在二传队员前近网处迅速起跳。紧接着快速挥臂，将刚传出网口的球扣过网去。击球时，利用含胸、收腹动作带动前臂和手腕迅速甩挥，以全手掌击球的后上部。

（二）扣球的练习方法

① 一人一球，对墙自抛自扣，练习手法与击球点，降低网高，做原地自抛自扣过网练习。

② 一人将球举在网上扣固定球练习。

③ 一人连续抛球，队员轮流地跑、起跳、扣球。

④ 一人连续扣前排 3 个位置的球。

⑤ 连续左右扣球，球员在 3 号位置扣左方或右方来球。

⑥ 扣传结合，在网前 3 号位和 4 号位各站一人，教师在后排给 3 号位做二传，4 号位扣球，随即又抛给 4 号位做二传，由 3 号位扣球。

⑦ 二人一组，相距 6～8 m，对面站立，练习者用左手持球于左肩的前上方，然后挺胸、拉臂、收腹、挥臂做原地扣球练习，二人交替进行。

⑧ 降低球网，做原地的自抛自扣练习（将球扣过球网）。

（三）扣球易犯错误及纠正方法

1. 助跑起跳前冲，击球点保持不好

纠正方法：进一步明确起跳位置；进行限制性练习，如在地上画线（起跳线），防止前冲；扣固定球或助跑起跳接球练习。

2. 上步起动时间早、起跳早

纠正方法：以口令、信号或触动队员身体，使他们体会起动上步时间。

3. 挥臂动作不正确（僵硬、拖肘）

纠正方法：① 原地扣球，用中等力量放松鞭甩；② 掷皮球或小垒球。

4. 击球手法不正确（打不转、未包满球）

纠正方法：① 击固定球，练习包满球；② 手腕推打以使球旋转，用中等力量。

5. 击球点不高（肘关节弯曲）

纠正方法：用小网原地扣球，升高击球点。

6. 扣快球时起跳离网近（出现触网或过中线）

纠正方法：① 助跑距离不要过长，前面一步要大；② 明确二传队员与扣球者关系，确定起跳点。

7. 手臂、手腕鞭甩不正确

纠正方法：原地扣球练习，注意提肩肘、甩扣。

四、发球

发球技术有正面发球、侧面下手发球、正面上手发球、正面上手飘球、勾手大力发球、高吊球等。近几年又出现了跳起发球和上手砍式发球。发球技术由准备姿势、抛球和击球几部分组成。

（一）发球技术（以右手发球为例）

1. 侧面下手发球

这种发球方式比较省力，能利用身体的力量，适于初学女生，但攻击力不强。

动作要领：左肩对网，两脚左右开立，与肩同宽。两膝微屈，上体稍前倾，重心落在两脚之间,左手持球于腹前。左手将球平稳抛至胸前约一臂的距离,离手约 30 cm 高。在抛球的同时,右臂摆到右侧下方,接着利用右脚蹬地向左转的力量,带动右臂向前上方摆动,在腹前用全掌击球的后下方。击球后,立即进行比赛(如图 10 - 5)。

图 10 - 5

2. 正面上手发球

这种发球便于观察对方,发球准确性大,易控制落点。发球时能利用屈体动作,加大发球的力量和速度,适用于初级水平的练习者。

动作要领:两脚自然开立,左脚在前,左手托球于身前。用抬臂和手掌的平托上送,将球平稳地垂直于右肩的前上方,高度适中。在左手抛球的同时,右臂抬起,屈肘后引,肘与肩平,上体稍向右侧转动。挥击时利用蹬地使上体向左转动,同时收腹带动手臂挥动。在右侧肩上方伸直手臂,用全手掌击球的中下部,击球时手指自然张平与球吻合,手腕要迅速主动做推压动作,使击出的球呈上旋飞行。击球后随重心前移,迅速进场比赛(如图 10 - 6)。

图 10 - 6

3. 正面下手发球

动作要领:发球前,面对球网,两脚前后开立,左脚在前,右脚在后,两膝微屈,上体前倾,左手持球置于腹前,右臂自然下垂,两眼注视球。发球时左手将球在体前右侧抛起,离手20～30 cm。在抛球的同时要做好右臂的后摆动作。击球时,右脚踏地,身体重心前移,右臂伸直,以肩为轴,向前摆动到腹前,用虎口、掌根或手掌击球的后下部。随之重心前移,迅速入场(如图 10 - 7)。

图 10 - 7

（二）发球技术要领

1. 抛球稳

要求掌心向上平稳地把球抛起。

2. 击球准

要求用力方向必须与所要发出球的方向相一致,如击球的后下方,球向前上方飞出;击球的正下方,球向正上方飞出;击球后中部,球向正前方飞出。

3. 手法正确

击球的手法不同,发球性能就不同。如发旋转球时,必须使手掌包住球,在击球时有推压动作。

（三）发球的练习方法

① 持球者面对球网反复做抛球练习,使球垂直平稳地起落。

② 对墙发球或二人一组近距离互相发球,体会抛、挥臂击球的方法。

③ 近距离发球过网,主要体会发球用力和身体协调动作。

④ 发球区内发球,并练习发球后进场。

⑤ 发直线、斜线、前场、后场以及发到指定区域。

⑥ 用各种不同力量、速度、弧度做发球练习。

⑦ 结合接发球练习发球技术。

⑧ 连续发球,巩固技术,逐步学会手型、力点的变化。

（四）发球易犯错误及纠正方法

1. 正面上手发球抛球不准,击球点太靠后;做不出推后带腕动作;动作不协调,用不上全身的协调力量

纠正方法:① 明确动作要领,向固定目标抛球;② 眼看球,对墙轻发,体会手抛球动作,使球打转;③ 掷实心球,做排球的发球练习。

2. 飘球抛球不正;时高时低;挥臂动作不正确;击球部位不准

纠正方法:① 多做固定目标的抛球,挥臂击球练习;② 强调手掌根部击球,通过球体重心,不使球旋转。

3. 正面下手发球准备姿势和击球位置过高,影响发球的准确性;挥臂击球方向不正确,击球时手臂在肘关节处弯曲过大,击球不准

纠正方法:① 明确动作概念,反复进行抛球练习;② 击固定球练习;③ 结合抛球进行挥臂练习。

五、拦网

拦网是防守的第一道防线,也是得分的重要手段之一。

（一）拦网技术

1. 单人拦网动作要领

① 准备姿势:队员面对球网,两脚平行站立,距离30 cm,约与肩同宽,两膝稍屈,两臂在胸前自然屈肘。

② 移动:运用并步、交叉步、跑步移动。

③ 起跳:起跳时重心降低,两膝弯曲,用力蹬地,使身体垂直起跳,起跳技术要与跑步技术相结合。

④ 空中击球：起跳时两手从额前贴近并从平行于球网上沿的前上方伸出，两臂伸直，尽量上提。前臂靠近网，两臂保持平行。拦网时，两臂尽力过网伸向对方上空，两手自然张开、屈指、屈腕呈勺形。当手触球时，两手要突然绷紧，手腕用力下压盖住球的前上方。

⑤ 落地：如已将球拦回，可面对对方，屈膝缓冲，双脚落地。如未拦到球，则在下落时就要随球转头，转身面对后场，做下一个动作的准备。

2. 集体拦网动作要领

集体拦网有双人和三人拦网两种。集体拦网技术除要求具备个人拦网技术外，还应着重注意互相配合。

（二）拦网的练习方法

① 两人一组，隔网站立，一人向网的上沿抛球，一人跳起拦网。

② 3 号位队员移动拦网。教师站在网边，队员隔网站在 3 号位前排成纵队，根据教师手臂信号，依次轮流做向左右移动的拦网练习。

③ 依次向 2、3、4 号位移动，进行单人移动拦网。

④ 教师站在高台扣自抛球，队员隔网进行拦网练习。

⑤ 二人连续扣拦。分为二人一队的扣拦组，由另二人在两边 2 号或 3 号位做二传，一人先扣球，另一个拦，接着由后者扣，前者拦。

⑥ 做向侧跨一步起跳的拦网练习。

⑦ 两人一组隔网站立，用相同的节奏，做向侧跨步同时起跳的拦网练习。

（三）拦网易犯错误及纠正方法

1. 起跳过早

纠正方法：运用节奏控制和加强信号刺激，判断起跳时间。

2. 双手前扑、触网

纠正方法：徒手模仿或结合矮网原地拦；运用提肩屈腕方法把球拦下。

3. 过中线或触网

纠正方法：练习原地起跳，含胸微收腹。

4. 手网之间漏下，不看扣球动作，盲目起跳伸臂

纠正方法：① 徒手轻跳拦固定球；② 判断扣球人的路线，快速移动对正慢跳；③ 做原地徒手和结合球的扣球练习。

第二节　排球的基本战术

一、个人战术

（一）发球的个人战术

根据临场比赛的情况，采用发准确性球控制落点，发攻击球和不同性能的球，从而达到直接得分和削弱对方进攻战术的目的。

① 加强攻击性发球：尽量准确地发出弧度平、速度快、力量狠、旋转强或飘度大的攻击性球，以破坏对方一传并争取直接得分。

② 控制落点的发球：可将球准确地发到对方两个队员之间的连接区、前区、后区死角、三角地带或对方交换位置活动区，以破坏对方一传。

③ 发给一传差、信心不足、连续失误、情绪不稳、精力分散的队员。

（二）扣球的个人战术

根据对方情况,灵活运用个人扣球技术。如避开拦网队员的手,利用拦网队员的手,找人、找点扣球。临场时针对对方的弱点实施进攻,力求主动,达到得分和削弱对方进攻的目的。

1. 扣球时避开拦网队员的手

① 扣球时运用线路的变化,灵活采用扣直线、斜线和小斜线等;

② 运用转体、转腕的扣球技术,达到突然改变扣球线路的目的;

③ 运用扣球或吊球技术,从拦网队员手上方进行突破;

④ 运用时间差扣球使对方达不到拦网目的。

2. 扣球时利用拦网队员的手

① 利用打手出界来破坏对方严密拦网;

② 运用轻扣拦网队员的手,造成球随拦网队员一起落下。

3. 根据临场情况采用的扣球战术

① 运用二次球扣球,或佯传突转扣使对方来不及拦网;

② 找人、找点扣球,找对方技术差者或空挡进行扣球。

（三）一传的个人战术

本队集体战术成功的基础就是一传,多变的集体战术因而要求有多变的一传个人战术,具体用法有:组织快攻、两次球战术、交叉战术和短平快战术。

（四）二传的个人战术

二传队员是组织全队战术的核心,二传个人战术主要是利用时间差、位置差、空间差和动作的变化为进攻创造有利的形势。

① 二传队员可根据本队的特长组织集中与拉开、近网、中网与远网、弧度高与弧度低等传球技术,组织进攻技术。

② 可根据对方拦网部署,选择拦网薄弱环节强攻。

③ 掌握对方心理特点,利用多种战术变化,打乱对方的防守步骤。

④ 根据临场情况处理球或调整球。

（五）拦网的个人战术

拦网是被动技术,要变被动为主动,关键在于隐蔽,造成对方扣球队员判断错误而使己方拦网成功。

① 拦网队员可站直拦斜、站斜拦直、正拦侧堵、侧堵正拦,并可运用取位和空中变化的假动作迷惑对方。

② 有时可制造假象,使对方受骗。如假装露出中路空档,引诱对方队员扣中路,待对方扣中路之后突然拦关门球。

③ 如发现扣球队员要打手出界或平扣时,可在空中及时将手撤回而造成对方扣球出界。

④ 在估计到对手扣球威力不大时要防止对方吊球、轻扣等。

二、接发球及其进攻战术

接发球进攻,简称一攻。一般由一传、二传、扣球三部分组成。接发球进攻战术有如下 4 种形式:

（一）"中一二"进攻战术

这是进攻战术中最简单、最基本的战术形式。由 3 号位队员做二传把球传给 2 号位或 4 号位队员扣球。

1. "中一二"进攻战术的特点

"中一二"战术的特点是：战术容易组成，但变化少，只能有两点进攻。战术意图容易被对方识破，其突然性和攻击性弱。

2. "中一二"战术的应用

（1）集中与拉开

二传队员根据临场情况向 2 号位或 4 号位队员用忽而集中，忽而拉开的传球迷惑对方拦网。

（2）跑动掩护进攻

为了增加战术的突然性，可以通过主、副攻手的跑动、换位和相互掩护，变定点进攻为活点进攻，设法摆脱对方的集体拦网，造成一对一的局面。

（二）"边一二"进攻战术

接发球时，把球垫给前排 2 号队员，由 2 号队员传给 3、4 号队员扣球。

1. "边一二"进攻战术的特点

其特点是两个进攻队员可以互相配合，起一定掩护作用，而且可以有较多的战术配合变化，它的攻击性比"中一二"战术强。

2. "边一二"进攻战术的应用

"边一二"战术形式除去组织两人定位、定点扣以外，还可以组织"快球掩护拉开"、"前交叉"、"围绕"、"快球掩护夹塞"、"梯次"、"短平快掩护拉开"、"掩护活点进攻"等战术变化，特别是 3 号位队员的进攻面大、线路多。

①"快球掩护拉开"战术：3 号位队员上前扣快球（或作佯攻），掩护 4 号位打拉开球。

②"前交叉"战术：4 号位队员扣快球，3 号位队员从 4 号位身后交叉扣一般低球。

③"围绕"战术：4 号位队员扣拉开球，3 号位队员绕到 2 号位二传队员的身后进攻。运用"围绕"战术时，2 号位队员稍靠 3 号区站位，做背传球时不宜拉得太开。

④"掩护夹塞"战术：3 号位队员扣短平快球（或佯装进攻掩护），4 号位主攻队员向内直插起跳扣半高球（俗称"夹塞"）。

⑤"重叠"进攻战术：3 号位队员扣球或佯装进攻掩护，4 号位队员跑到 3 号位队员后扣半快球，或 4 号位队员佯扣，3 号位队员扣半快球。

⑥"短平快掩护拉开"进攻战术：4 号位队员扣短平快，3 号位队员掩护；或 4 号位队员掩护，3 号位队员扣球。

（三）"插上"进攻战术

"插上"进攻战术是指己方一个后排队员在对方发球时，迅速跑到前排担任二传，使前排成为三个人进攻的形式。

1. "插上"进攻战术特点

它的特点是可组成多种快速多变的战术配合，造成对方拦网判断困难。

2. "插上"进攻战术的应用

"插上"战术形式中的几种战术变化如下：

（1）中间快球、两边拉开

3 号位队员打快球或快球掩护,2、4 号位队员两边拉开进攻,这是"插上"进攻的最基本打法,在实战中运用较多。这种打法能充分利用球网的全长组织进攻,可以破坏对方集体拦网,但对方可以组成人盯人的一对一的单人拦网。两边拉开进攻时,4 号位可运用一般拉开或平拉开快球,2 号位可运用背快球或背平快球。

(2) 交叉进攻

这是在快球掩护的基础上形成的战术变化。① "前交叉"进攻战术:4 号位队员内切快球掩护,3 号位队员与 4 号位队员交叉跑动扣球,完成战术配合后自然换位,成死球后各返原位;② "后交叉"进攻战术:3 号位队员快球掩护,2 号位队员与 3 号位队员交叉跑动,绕至二传队员前扣半快球或半高球。

(3) 梯次进攻

这也是在快球掩护的基础上形成的一种战术。进攻时利用 3 号位队员扣快球或作掩护,另一队员在 3 号位队员的背面起跳扣球。① 由 4 号位队员跑动至二传队员面前扣快球,运用快球掩护造成对方拦网起跳,而二传队员改传为平高球,供给跟上来的 3 号位队员进攻;② 由 3 号位队员跑快球,2 号位队员在其身后扣梯次战术的半高球。

第三节　排球比赛规则

一、比赛规则

1. 场地与器材

① 场地:排球场地为长 18 m、宽 9 m 的长方形。

② 球网:球网为黑色,长 9.5 m,宽 1 m,男子网高 2.43 m,女子网高 2.24 m。

③ 标志杆:长 1.80 m,直径 10 mm,高出球网 80 cm。高出部分每 10 cm 应涂以下不同颜色,一般为红、白相间。

④ 球:正式比赛用球应为纯色浅色球或国际排联批准的花色球,圆周为 65～67 cm,重 260～280 g。

2. 比赛方法与站立

(1) 比赛

每队上场队员各 6 人,比赛由后排 1 号位队员在发球区发球开始,采用每球得分制。球在规定的网区上空飞过时触网并落在对方场区内,对方失误,则己方得分,并继续发球。如发球失误,或被对方将球击落在本方场区内,则算失分并由对方取得发球权。取得发球权一方应按顺时针方向依次轮转一个位置发球,比赛继续进行。

(2) 站立

场上队员站立是否正确,是在发球队员击球瞬间,以场内队员脚着地的部分来确定。每一名前排队员一只脚的某部位必须比同列后排队员双脚距中线更近;每一名右边或左边队员一只脚的某部位必须比同排队员的双脚离边线近。待发球结束后,队员可在本场内任何一个位置上。

3. 暂停与换人

当每局比赛到 8 分、16 分时为技术暂停,而在决胜局的比赛中没有技术暂停,但每队有两次 30 秒的暂停机会。比赛成"死球"时,教练员或队长可向裁判员请求暂停两次,并有两次技术暂停,所有的暂停时间为 60 秒。每队每局比赛只能换 6 人次,每局开赛队员只能退出比赛一次,再上场时,只准换下替换他的队员。

4. 触球和击球

每队在本场区内,最多击球三次(拦网除外),应将球击入对方场内。比赛中队员身体任何部位都可触球,但接触时要短促地将球清晰击出,不得有捞、捧、携带等较长时间停留的现象。一人不得连续两次触球,否则判连击犯规(拦网除外)。

5. "自由人"

规定最多有两名自由防守队员(12 名队员之中),比赛时场上只能有一名自由防守队员,服装必须有明显标志,可以自由上、下场,不限制次数,也无须经裁判员同意,但必须在成"死球"时才可以这样做。自由防守队员不能列为正式上场队员,如想要开始上场,应把上场位置表上交后,再请求换人,然后才能上场。规定只能在后排 1、6、5 号位接球,不能参加发球或到进攻区进行专职传球、拦网,并不得在球场任何地区将高于球网上沿的球直接击入对方场区。自由防守队员在进攻区内用上手传出高于球网上沿的球,本方任何队员不得直接将球击人对方场区。

6. 比分

正式比赛,一般采用五局三胜制,即每局比赛某队满 25 分并比对方至少多得 2 分为胜一局。当双方比分为 25 平时,应继续比赛至一队多领先 2 分为止,某队先胜三局即取得该场比赛胜利。

二、裁判手势(如下表)

名称	执法手势	说明	名称	执法手势	说明
发球		挥手指示发球方向	延误发球		五指(或三指)向上伸张
指示发球		向发球一方伸臂	拦网犯规		双臂垂直上举,手掌向前
交换场地		屈肘,环身体两则一前一后交替扭摆	位置或轮次错误		以食指在腹前画圈
暂停		一手平举在上,另一手竖放(呈丁字)	界内球		伸臂,指向界内地面

（续表）

名称	执法手势	说明	名称	执法手势	说明
换人		双手前臂平置胸腹间,相互环绕	界外球		前臂垂直,上举,双掌向后张开
不当行为警告		出示黄牌或红牌警告	持球		缓举前臂,掌向上
驱逐出场		一手出示双牌判驱逐出场(该局比赛)	连击		手指示意"二"
取消资格		双手分别出示双牌,判取消资格	四次击球		四指分开上指
一局或一场结束		伸手交叉于胸前	触网		以犯规方的手指向网,并指出犯规队员的号码
即行发球		掌心向上,手臂向前伸直提起	过网击球		一手置于网上,掌向下
后排球员过线扣球		手张开,以前臂做一下屈动作	争球		双手跷起大拇指
侵入对方场区或球由网下穿过		手指向中线	打手出界		以掌垂直划过另一手

（续表）

名称	执法手势	说明	名称	执法手势	说明
延误警告		持黄牌或红牌指向手腕			

复习思考题

1. 排球运动与其他球类项目相比有何特点？

2. 参加排球运动有什么好处？

3. 我国排球运动的发展概况。

4. 什么是排球技术？排球技术包括哪些？

第十一章　网球运动

网球是 2 人或 4 人在中间隔了一网的场地上用球拍往返拍击一个有弹性的橡胶小球的球类运动。网球运动的起源及演变可以用四句话来概括：网球孕育在法国，诞生在英国，开始普及和形成高潮在美国，现盛行全世界。

网球运动起源在法国。早在 12～13 世纪，法国传教士常常在教堂的回廊里用手掌击打一种类似小球的物体，以此来调剂刻板的教堂生活。渐渐地这种活动传入法国宫廷，并很快成为当时贵族的一种娱乐游戏。当时，他们把这种游戏叫"掌球戏"。后来移向室外，在一块开阔的空地上，将一条绳子架在中间，两边各站一人，双方用手来回击打一种裹着头发的布球。1885年前后，网球运动传入我国，中国网球界在 20 世纪初与国际网坛有了交往。目前，随着我国女子网球运动员李婷/孙甜甜在 2004 年雅典奥运会上取得第一枚网球金牌，网球运动在全国广泛开展起来，一股前所未有的"网球热"正在中国形成。

网球运动的锻炼价值很高，既是消遣和增进健康的手段，也是一种艺术享受，还是一种扣人心弦的竞赛项目。打网球可以使人的动作迅速、判断准确、加快反应速度，并能提高速度、力量、耐力、灵敏等素质，对调节肌肉用力的紧张度与肌肉感觉有良好的影响，对发展协调性有积极作用。

第一节　网球运动的基本技术

一、握拍方法

网球运动有三种基本握拍方法，即"东方式"、"西方式"和"大陆式"。

（一）东方式

1. 正手握法

先使拍面与地面垂直，然后如同与球拍握手一样握住拍柄。这时大拇指与食指间的 V 型虎口，恰好在拍柄的上平面偏右的位置。拇指第一关节扣住拍柄的右平面，食指则轻绕至拍柄右侧至下平面。中指、无名指和小指紧握，并与大拇指接触。

2. 反手握法

使 V 型虎口略偏左侧，位于左平面和上平面之间的左上斜面，食指关节在右上斜面的位置。

（二）西方式

1. 正手握法

手掌 V 型虎口位于拍柄的上平面和右上斜面的交接处，手掌中心握住拍柄的右平面，手腕稳固地贴紧拍柄后侧的右平面，大拇指关节在拍柄的右上倾斜面的位置。

2. 反手握法

手掌 V 型虎口位于拍柄的上平面和左上斜面的交接处，拇指第一指节贴紧拍柄的左平面。

（三）大陆式

1. 正手握法

手掌 V 型虎口正对拍柄的左上斜面,大拇指扣压住左平面,食指关节握住拍柄的上平面边缘和右上斜面的位置。

2. 反手握法

手掌 V 型虎口的位置与大陆式正手握拍方法相同,不同之处在于拇指略放松一些,而非紧扣压拍柄。

二、正手抽球

正手抽球是在端线附近回击来球和进攻对方的重要基础技术,正手抽球速度快、力量较大,球被击出后有一定弧线,比赛中常用来进行底线长抽攻击,在上网前的一击中也多使用。

动作要点:左手持拍队员从准备姿势开始,移动到来球位置,最后一步要保持右脚在前,身体右侧朝向来球方向。这时将球拍充分向后挥摆,拍头翘起,手臂伸展,眼睛注视来球。向前挥拍的迎球过程中,球拍由低向高挥动,拍与球碰撞的击球点在身体左前方,高度保持在腰与肩之间。拍触球时,拍面垂直或稍前倾,击球中部或中上部,手腕固定握紧球拍,大臂和腰部随身体转动向前上方协调配合用力,身体重心从左脚逐渐移到右脚。击球后拍随势挥至身体的右侧前上方(如图 11-1)。

图 11-1 正手抽球

三、反手抽球

反手抽球是球落在身体左侧采用的一种击球方法,是网球重要的基础技术之一。

动作要点:当来球飞向反手方向时,移动到位的最后一步,要保持右脚在前,身体右侧朝向来球方向,球拍向左后挥摆。这时持拍手臂的肘部保持适当弯曲,拍头稍翘起,在迎球过程中,挥拍手臂与向右转体动作相配合,使球拍由低向高挥动,拍与球碰撞的击球点在身体左前方,高度在腰间。拍触球时手腕固定握紧球拍,拍面垂直或稍后仰,击球中部附近部位。击球后球拍随势挥至身体的右侧前上方,身体重心从左脚逐渐移到右脚,然后迅速还原成准备姿势(如图 11-2)。

四、双手反手抽球

双手反手抽球是在端线附近抽击反手球时常用的方法。由于击球时双手在拍柄上有两个支撑点,当球与拍碰撞时,拍面的稳定性强,球拍不容易被来球撞动或扭转。双手挥拍多靠转体配合,击球力量相对比单手反手要大,也容易拉出强烈上旋球。只是要求双手反手抽球时,

图 11-2　单手反手抽球

击球点比单手反手抽球更近身一些,并且要多跑动一步才能
选好合适的击球位置。

　　动作要点:当判断准来球是飞向反手方向时,在移动到
位的最后一步应保持右脚在前,身体右侧朝向来球方向,双
手握球拍向左后挥摆,右臂伸展较大,左臂弯曲。在迎球过
程中,挥摆与转体动作配合,使球拍由低向高挥动,拍与球碰
撞的击球点保持在髋前。拍触球时双手握紧球拍,两肩和髋
部随着转动,拍面垂直或稍后仰,击球的中部位置。击球后
双手随势挥至右侧头部高度,身体重心从左脚移到右脚,动
作完成后迅速还原,恢复成准备姿势(如图 11-3)。

图 11-3　双手反手抽球

五、发球

　　发球是比赛开始的第一个动作,也应当把发球看作是进攻的开始。好的发球应具有攻击
性,并使发出的球在速度、力量、旋转和落点方面有变化。发球可分为大力发球、侧上旋发球和
削击球等。

　　完成正确发球动作的程序是:站在规定位置—抛球—拍触球—越网落在对方对角的发
球区。

　　动作要点:两脚自然开立,侧向球网,前脚与端线约成 45°,身体重心置于右脚。抛球时球
拍开始靠近膝关节向后下方挥动,左臂和左肩上举将球抛起,这时右肘弯曲,使球拍在背后下
垂。向上挥拍击球时,充分伸展手臂,拍头朝前,在右肩上空击中自上下落的球。发球动作结
束时,球拍向左下挥过身体,后脚摆过端线(如图 11-4)。

图 11-4　发球技术

（一）大力发球

大力发球（平击发球）的特点是出球力量大、速度快、落点深、威力强。优秀选手一般用于第一次发球，常可直接得分。但这种发球命中率较低，又因对方回击快，上网有时来不及，并且体力消耗也较大。

动作要点：发球时应使球拍从后开始挥击，在背后下垂拍头。一般有两种方式：（1）直接转体后下垂拍头；（2）从下绕环后下垂拍头。其目的是为了增大摆幅，以求获得足够的加速距离。发球时球拍触球的最佳击球位置应保持在身体垂直稍前的部位。身体适当前倾，有利于扩大命中范围。大力发球时，先将球向右侧上方抛起，然后球拍下垂从背后开始挥拍迎球，挥拍过程中力争球拍瞬时速度最快的片刻，在头上合适高度使球拍触球，击球后继续使拍向目标挥动，头部保持随球移动，球拍随势挥过身体左侧，身体重心随之向前进入球场。

（二）侧上旋发球

它是结合手腕爆发力发出来的一种带侧上旋性质的球。球向上旋转力强，在空中是高弧线飞行，准确性较高。如右手发左侧上旋球，该球落到对方发球区后，弹起较高，并向接球员的左侧拐弯。它能造成对方接发球困难，这种发球方式适于对付反拍差的对手，也易于发球后上网截击。

（三）削击发球

这种发球的击球点不很高，击球时球拍多由上向下削切，发出球后向后旋转较强，球的飞行弧线曲度较大，容易控制落点，球落地后向对方场地一侧的角上跳动，可起到拉开对方，造成对方接发球困难的作用。比赛中常作为第二次发球用。削击发球易被正拍攻击力强的对手抽杀。

上述大力发球、侧上旋发球和削击发球的抛球方向略有差异发过去的球产生的效果也不同。

六、接发球

要接好发球必须掌握比较全面的基本技术，因为接发球之前，接球员对于对手可能发过来的球的方向、旋转、力量、速度等都无法控制。一旦对方将球发出来就要迅速做出判断和反应，并且选择恰当的击球方式来完成接发球动作。

① 接发球站位：一般位于端线附近，力求在接发球时向前移动击球。

准备姿势：保持着两脚平行站位，略宽于肩，右手持拍者一般右脚稍前，两膝微屈，上体稍前倾，脚跟提起，将球拍置于体前。

② 在接发球的全过程中眼睛始终要注视来球，一直到完成回击动作。

要观察对手的抛球，这样有利于判断发球的方向和旋转。

③ 对方第一次发球时多采用大力发球，站位应偏后一些，如果是第二次发球时可略向前移，以利于采取攻击性的回击。

接大力发球时不要做大幅度的后摆动作，主要是控制好拍面角度并紧握球拍以免拍面被震而转动。

④ 回击来球后要观察对方行动，对自己的回球路线和落点要有所考虑。选择好接发球落点，对控制对手发球后抢攻有重要意义。

七、截击球

截击球是网前技术中的一种攻击性击球方法，即当球在落地之前将球击回到对方场区。

它回球速度快、力量重、威力大。目前国内外优秀网球运动员都普遍采用发球上网或接发球上网战术,因而截击球技术被提到进攻性打法不可缺少的重要地位(如图11-5)。

正手截击   反手截击

图 11-5

正手截击球动作方法:截击时站在网前 2.5~3 m 的位置,准备姿势与一般击球大体相同,但球拍要举得高一些,约与眼部同高。截击时后摆动作要小,击球点保持在身体前方,拍触球瞬间手腕固定,用力紧握球拍,略加向前推击的动作即可。截击较近的球,左脚跨出一步,截击较远的球要跨出一大步。

反手截击动作方法:准备姿势同正手截击,动作区别在于反手截击的击球点要靠前一些,因此要及早跨出右脚,重心也要置于右脚。击球时手腕固定,用力紧握球拍,拍面稍后倾,触球中上部。击球后右臂伸展,向前下方压送。

八、高压球

高压球多用在网前的击球动作,高压球分为原地高压球、跳起高压球和后退高压球。高压球要及时侧身,早举球拍,眼睛看准球,找准击球点,高压球一般以平击高压为主,也可以用切削高压打出好的角度和落点。当对方挑高球挑得很高、很深时,可打落地高压球。打这种球要快速侧身后退,后退时眼睛不能离开球,要求步子退后,然后再向前做高压击球动作(如图11-6)。

图 11-6 高压球

高压球的动作与发球动作相似,只是没有向后拉拍的挥拍动作,而是直接把球拍引向头后。在向来球方向跑动中,抬头仰视球,上体右转,同时使球拍垂向背后,完成击高压球的准备动作。当球下落到合适高度时,左脚蹬地起跳,在头部上方,跳起向前下挥击,完成高压动作。

九、网球运动易犯错误动作及纠正方法

（一）握拍

	易犯错误	纠正方法
1	虎口离球拍柄端太远。	讲解并示范正确握拍方法，使握拍手的虎口离球拍柄端近一些。用改进的握法练习击球。
2	握拍太紧像握锤子，手指并在一起。	握拍手指不要并拢太紧，手指之间应略有空隙。
3	握拍无力、太松。	适当加大握拍力量，强调在拍触球瞬间更要握紧球拍。
4	握拍站立姿势、膝关节僵直或腰部过分弯曲。	重申正确站位的基本姿势，持拍时两脚开立略宽于肩，两膝微屈，脚跟稍抬起，上体微前倾，保持随时可以起动的准备状态。

（二）击球前准备

	易犯错误	纠正方法
1	起动的一步，没有向来球方向移动。	养成注视来球和随球方向迅速移动的习惯。
2	球拍后摆的动作不及时。	球飞行期间及早判断来球，靠转动身体来配合后摆动作，不能只靠手臂后摆。
3	准备击球前，身体没有侧向来球。	强调击球前要上步，使身体侧向来球，右手持拍者正手击球，最后一步应左脚在前。反复练习上步模仿击球动作。
4	后摆动作过大、过高。	肘关节与身体应保持合适距离，上臂不要抬得太高。多做模仿动作。
5	手臂太挺直。	呈后摆动作时，前臂与上臂要保持在120°～140°角为宜。

（三）反手抽击

	易犯错误	纠正方法
1	反手抽击时左肩没有随着球拍向击球方向转动。	反手抽击应靠身体转动与挥拍共同完成动作，如果左肩没有转向击球方向，说明只靠单纯挥拍而缺乏身体转动的配合。纠正时要练习以转体带动挥拍，多打落地球体会正确动作。
2	击球不及时或离身体太近，造成拍头垂落，挥拍呈垂钓状。	用对墙练习或多球练习，掌握合适的击球点，强调拍触球时，要在前脚附近，并在体侧70～80 cm处。
3	结束动作时球拍在身体右侧挥动的幅度不够大。	多做反手抽击模仿练习，要求结束动作时上体右转，配合向右前上方挥拍，以增大随球前送力量。

（四）正手抽击

	易犯错误	纠正方法
1	错误的步法，妨碍重心移向击球的方向。	多做击球前正确上步的练习，击球动作完成后，要求重心随之移向击球方向。
2	击球不及时或离身体太近，造成拍头垂落，挥拍呈垂钓状。	用对墙练习或多球练习，掌握合适的击球点，强调拍触球时，要在前脚附近，并在体侧70～80 cm处。

（续表）

	易犯错误	纠正方法
3	腕部力量不足,过分转动手腕。	指出击球动作不只是靠手腕,主要是靠手臂与转体的配合来完成。可通过在底线打深度球纠正动作。
4	挥拍动作始终在球的上方,而没有使球拍低于来球。	由于后摆过高造成的,在击球时应练习掌握适宜的高度,保持在腰与肩之间,并使球拍略低于来球。通过模仿动作和打自抛的落地球纠正动作。
5	抽击时膝盖过于挺直,而身体又过于弯曲。	击球点太靠前造成的,从练习正确的准备姿势做起,使膝部略微弯曲,而上体稍前倾。可通过对墙练习和打落地球来掌握正确的击球点。

（五）发球

	易犯错误	纠正方法
1	向上抛球高度不够。	反复地练习向上抛球动作,使抛出的球有合适的高度,然后站在发球位置连续发球。
2	抛球偏斜,球下落时常有偏左或偏右现象。	反复地练习向上抛球动作,使抛出的球能较直的在右前上方升起和下落。然后站在发球位置用多球连续发球。
3	后摆没有下垂球拍,拍头向上直接拍击。	徒手先体会下垂球拍,使拍头在背后下垂。然后从这一姿势开始向前上方挥拍发球。待基本掌握后,再由下挥拍绕环至背后垂拍,然后伸臂挥拍将球发出。可采用多球练习连续发球。
4	发球时击球点选择不合适,有时过高,有时过低。	强调击球点的适宜高度应在身体垂直面右侧稍前的位置,高度略低于个人臂长加拍长。可徒手模仿发球动作或用多球来练习,重点注意选择合适的击球点。
5	上体过于后仰,发球经常失误。	强调大力发球时注意发球动作要领,特别是击球点高度要合适。拍触球瞬间,肘伸直,手腕附加突发用力。在挥拍速度最快时击球,然后迅速挥至身体左侧。切记大力发球要充分发挥全身的爆发力,但不能失去控制能力,采用多球进行练习。

（六）拉上旋球

	易犯错误	纠正方法
1	拉上旋球时随势挥拍动作不够大。	强调拉上旋球后有一个随势向上的挥拍动作,以向上摩擦为主,使球增大上旋力,挥拍的动作幅度比一般抽球大。多做徒手模仿动作,体会由下向上的随势动作,再打自抛的落地球,然后进行场上练习。
2	拍头拉球过程中,没有从外绕球的动作。	拉上旋时,在手臂摆动的同时前臂应附加前旋动作,先使拍头接触球的右侧部位,使拍有个从外绕球动作。多做徒手模仿动作,再由同伴送多球连续拉上旋。
3	拉上旋结束动作时,握拍手腕未保持与眼部同高。	强调拉上旋的随势挥拍动作要大,应多由下向上挥拍,握拍手腕也要随之向上,并挥至眼部高度。多做徒手模仿动作,再打落地球,重点观察拉球后手腕结束的高度,可用多球练习。

（续表）

	易犯错误	纠正方法
4	拉上旋后,肘部不能在下颚前方结束挥摆动作。	强调拉球后随势挥拍多向上送,肘部也须相应高抬一些,保持在下颚前结束挥摆动作为好。它有助于向上拉球。可通过徒手模仿动作练习和打落地球练习纠正。重点观察肘部拉球后结束时的高度。

（七）高压球

	易犯错误	纠正方法
1	击球队员没有移动到球的下落处击球。	提高视线随球移动能力,准确判断球的落点。可通过连续回击高球的多球练习,注意步法移动到球的下落处再高压球。
2	高压时身体过分地向前或后仰,完全依赖于手腕的运动。	明确高压球不只是靠手腕来压球,主要靠身体的协调配合,上体不能前倾过多或后仰过大,这样容易失去平衡造成高压失误。可通过多球练习,选好击球点,用身体协调动作高压球。
3	没有看清来球位置,击球点太低或高压时有低头现象。	提高视线随球移动能力和判断预测能力。可通过多球练习改进高压球技术,击球时不要低头。

（八）截击球

	易犯错误	纠正方法
1	后摆过大。	以转体附加后摆的动作,可防止后摆过大现象。可采用1) 人在网前截击;2) 人在底线连续抽球的方法或采用多球练习。
2	腕力不足,难以有力地截击来球。	强调在拍与球碰撞瞬间,手腕固定并增大握力,同时伴以转体压球动作。在网前可通过1对2方法练习或采用多球练习。
3	截击球没有靠身体帮助压球,而是只靠手腕。	强调截击时多靠身体转动带动球拍压球,触球瞬间要紧握球拍。可通过个人对墙连续击空中球练习或多球练习纠正动作。

第二节　网球的基本战术

一、单打战术

（一）发球

发球要考虑落点、力量和旋转等因素的变化才能有良好效果,如果发出的球有角度而使球反弹出边线,就能迫使对手离开基本位置,则发球效果好。若对手站位离中线较远,可发球至接发球人的中线附近,以牵制对方。第一次发球应尽量利用大力发球,以加强攻击性,给对手造成压力。第二次发球应具有稳健性,以保持较高的命中率。

（二）接发球

在第一回合较量中,对手发角度大而弹出边线的球时,若球速慢,可用进攻方法回击,亦可回击大角度球,以牵制对手发球后抢攻。接大角度球时,不要向后跑,而应向前迎球,用拉球回击。接发球时应选择合适位置,其标志是使正手和反手各有 1/2 的机会接球。切忌在中场等球,应将中场视为接球时不站人的区域。

（三）把球打深

把球打深是指打出的球的落点要靠近球场端线附近。在单打比赛中,把球打深能将对手压在底线附近,这样可以防止对手上网,还能使自己有更充裕的时间为下次击球做好准备。另外,还能使对手回击的角度减小。对准备随球上网的队员来说,将球打深也有重要作用。这里应当注意,在底线击球要想把球打深,就应使球在网的上空较高处通过,大约离网上空至少 1.5 m。

（四）调动对手

调动对手就是把对手调离其能较好发力击球的位置,使其在场上出现空档,这样就能争取比赛的主动权。一般通过打斜线球和打直线球达到调动对手的目的。

打斜线球可以有较高的安全系数,因为斜线球要通过球网上空的中间位置,而球网中间的网高要比两侧立柱的高度低 15 cm,故容易击球过网,它对提高命中率有较大作用,这是球网特点所形成的,应充分利用。还有打斜线球比打直线球飞行距离长,经计算一般要长 1.98 m。

打直线球对调动对手也有特殊意义,因为直线球距离比斜线球相对来说要短一些,故它能适当加快回击速度。当对手打来斜线球时,以直线球回击,可以左右调动对手。在对手出现空档时,用直线球回击,可增大击球的威胁性。

（五）网前截击

当队员处于较有利的网前位置时,可充分发挥网前快速截击的威力,截击时采用变线打法,能够向空档回击,取得良好效果。所谓变线打法就是对手打斜线球,用直线球回击,或对手打直线球,用斜线球回击。

二、双打战术

（一）基本站位

双打时除发球和接发球队员在端线附近外,一般都站在网前位置。发球的队员站在规定发球区内,接发球的队员则站在规定发球区的另一侧的端线附近准备接发球。发球队员的同伴一般站在网前,有时也可以站在端线附近,位于发球队员的另一侧。接发球队员的同伴一般站在网前,有时也可不直接站在网前,而是站在发球线附近,当对手打球后再向左前或右前扑截球。

（二）发球

双打发球落点要深,如果发球有足够深度,就能控制对手冲到网前进行截击。第一发球应采用大力发球,发球后随球上网,这时动作要迅速,先冲前三四步,然后停下来,准备进行第一次截击。

（三）接发球

对方发球时,接发球的同伴一般站在发球线附近,接发球队员回球的情况将直接影响其同伴的动作。如果接球队员能有效地接过发球,并且能够上网,这时两个人都应同时上网;如果接发球回击的球力量较弱,这时接球队员的同伴就应立即退到端线附近,不要停在原地。对发过来的球不能做有力的回击,就要想到在端线附近进行防御。如果两人同在后场站位时,应保持使球落在中间地带,以减小对手回球的角度。

（四）及时补位

双打比赛中两个人及时补位很重要，及时补位可以补救场上出现的薄弱地区。例如发球队员的同伴由于截抢冲力过大而冲过中线，这时发球队员就应及时向空档补位。如果两个对手同时上网时，同伴向中路回球较低，被对手截击，这时处在截击队员对面的网前队员应及时截抢。如果接球队员将球打给网前队员这时接球队员的同伴应迅速后退到中场。

（五）双上网和双底线

双打是两个人互相配合而进行的比赛，两个人应当发挥出一个整体水平来。优秀运动员双打时，采用的理想阵势是两人在前或是两人在后，如果两个人是处于双上网的位置，而同时对方也是双上网，这种情况下双方都会向有球的一侧移动。很多球是在中场来回击打，因此球场另一部分就会出现一个很大的空区。这一空区往往是对手进攻偷袭的地区，比赛中应当有意识地注意这一地区。如果两个人是处于双底线位置，那么回击时就应当使球多落在中间场区，以减小对方回球的角度。另外，双打比赛应随时重视防御中间地带，因这一地带是被攻击的主要目标，所以要求两人配合默契。

第三节　网球的规则、场地以及相关赛事

一、基本规则

（一）发球

1. 发球前的规定

发球员在发球前应先站在端线后、中点和边线的假定延长线之间的区域里，用手将球向空中任何方向抛起，在球接触地面以前，用球拍击球（仅能用一只手的运动员，可用球拍将球抛起），球拍与球接触时，就算完成球的发送。

2. 发球时的规定

发球员在整个发球动作中，不得通过行走或跑动改变原站的位置，两脚只准站在规定位置，不得触及其他区域。

3. 发球员的位置

① 每局开始，先从右区端线后发球，得或失一分后，应换到左区发球。

② 发出的球应从网上越过，落到对角的对方前场方块区域内，或其周围的线上。

4. 发球失误

未击中球；发出的球，在落地前触及固定物（球网、中心带和网边白布除外）；违反发球站位规定。发球员第一次发球失误后，应在原发位置上进行第二次发球。

5. 发球无效

发球触网后仍然落到对方发球区内，接球员未作好接球准备时，均应重发球。

6. 交换发球

第一局比赛终了，接球员成为发球员，发球成为接球。以后每局终了，均依次互相交换，直至比赛结束。

（二）通用规则

1. 交换场地

双方应在每盘的第1、3、5等单数局结束后，以及每盘结束双方局数之和为单数时，交换

场地。

2. 失分

发生下列任何一种情况，均判失分：

① 在球第二次着地前，未能还击过网；

② 还击的球触及对方场区界线以外的地面、固定物或其他物件；

③ 还击空中球失败；

④ 故意用球拍触球超过一次；

⑤ 运动员的身体、球拍，在发球期间触及球网；

⑥ 过网击球；

⑦ 抛拍击球。

3. 压线球

落在线上的球都算界内球。

（三）双打

1. 双打发球次序

每盘第一局开始时，由发球方决定由何人首先发球，对方则同样地在第2局开始时，决定由何人首先发球。第3局由第1局发球方的另一球员发球。第4局由第2局发球主的另一球员发球。以下各局均按此秩序发球。

2. 双打接球次序

先接球的一方，应在第1局开始时，决定何人先接发球，并在这盘单数局，继续先接发球。双方同样应在第2局开始时，决定何人接发球，并在这盘双数局继续先接发球。他们的同伴应在每局中轮流接发球。

3. 双打还击

接发球后，双方应轮流由其中任何一名队员还击。如运动员在其同队队员击球后，再以球拍触球，则判对方得分。

（四）计分方法

1. 一局

① 每胜1球得1分，先胜4分者胜1局。

② 双方各得3分时为"平分"，平分后，净胜两分为胜1局。

2. 一盘

① 一方先胜6局为胜1盘。

② 双方各胜5局时，一方净胜两局为胜1盘。

3. 决胜局计分制

在每盘的局数为6平时，有以下两种计分制。

① 长盘制：一方净胜两局为胜1盘。

② 短盘制（抢七）：决胜盘除外，除非赛前另有规定，一般应按以下办法执行。

A. 先得7分者为胜该局及该盘（若分数为6平时，一方须净两分）。

B. 首先发球员发第1分球，对方发第2、3分球，然后轮流发两分球，直到比赛结束。

C. 第1分球在右区发，第2分球在左区发，第3分球在右区发。

D. 每6分球和决胜局结束都要交换场地

4. 短盘制的计分

① 第1个球(0∶0),发球员 A 发1分球,1分球之后换发球。

② 第2、3个球(报1∶0或0∶1,不报15∶0或0∶15),由 B 发球,B 连发两分球后换发球,先从左区发球。

③ 第4、5个球(报3∶0或1∶2,2∶1,不报40∶0或15∶30,30∶15),由 A 发球,A 连发两球后换发球后换发球,先从左发球区发球。

④ 第6、7个球(报3∶3或2∶4,4∶2或1∶5,5∶1或6∶0,0∶6),由 B 发1分球之后交换场地,若比赛未结束,B 继续发第7个球。

⑤ 比分打到僵持阶段时,需连胜两分才能决定谁为胜方。但在记分表上则统一写为7∶6。

⑥ 决胜局打完之后,双方队员交换场地。

在男子比赛中,戴维斯杯、四大满贯、奥运会决赛是五盘三胜制,其余比赛均为三盘两胜制;女子比赛均为三盘两胜制。

二、场地及赛事

(一)网球的场地

1. 球场、球网

网球场是一个长 23.77 m,宽 10.97 m 的长方形构成,球网将全场隔分为二等区,边界宽度为 0.05 m,球网粗绳索或钢丝绳最大直径为 0.8 cm,网的两端应附着或挂在两个网柱顶端,网柱应为边长不超过 15 cm 的正方形方柱或直径为 15 cm 的圆柱。网柱不能超过网绳顶端 2.5 cm。每侧网柱的中点应距场地 0.914 m,网柱的高度应使网绳或钢丝绳顶端距地面的垂直距离为 1.07 m。在单双打两用场地上悬挂双打球网的进行单打比赛时,球网应该由两根高度为 1.07 m 的"单打支杆"支撑,该支杆截面应是边长小于 7.5 cm 的正方形方柱或直径小于 7.5 cm 的圆柱。每侧单打支杆的中点应距单打边线 0.914 m。球网需要充分拉开,以便能够有效填补两根支柱之间的空间,并有效打开所有网孔,网孔大小以能防止球从球网中间穿过。球网中点的高度应该是 0.914 m,并且用不超过 5 cm 宽的完全是白色的网带向下绷紧固定。

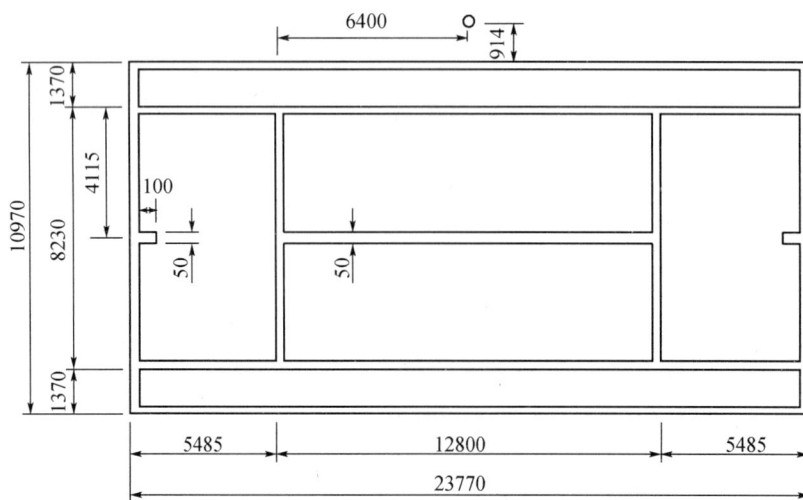

图 11-7 场地

球网上端的网绳或钢丝绳要用一条白色的网带包裹住,每一面的宽度介于 5 cm 到 6.35 cm。

2. 球场线

球场两端的界线叫底线,两边的界线叫边线。在距离球网两侧 6.4 m 的地方为发球线。球网与每一边的发球线和边线组成的场地再被发球中线分为两个相等的区域,为发球区。

(二) 相关协会、赛事

ITF——国际网球联合会

国际网球联合会(International Tennis Federation,ITF),简称国际网联,1912 年在法国巴黎成立。现有协会会员 191 个。其中 119 个为正式会员,72 个为无表决权的联系会员。

ATP——职业男子网球协会

ATP 是 Association of Tennis Professional 的缩写,可以译为职业男子网球协会。ATP系列赛又包括六大比赛:① 大师杯赛;② 世界双打锦标赛;③ 世界队际锦标赛;④ 网球大师系列赛,也就是所谓的超九赛事;⑤ 国际黄金系列赛;⑥ 国际系列赛。

WTA——职业女子网球协会

职业女子网球协会(WTA)成立于 1973 年,英文全称 Women's Tennis Association,球员总部设在佛罗里达的圣彼得斯堡,其主要办公机构目前在康涅狄格州。

网球四大满贯

一、澳大利亚网球公开赛

二、法国网球公开赛

三、温布尔顿网球公开赛

四、美国网球公开赛

WTA 四大皇冠赛

一、印第安威尔斯赛

二、迈阿密公开赛

三、马德里公开赛

四、中国网球公开赛

ATP1000 大师系列赛举办地

印第安维尔斯,迈阿密,蒙特卡洛,罗马,马德里,辛辛那提,加拿大,上海,巴黎。

复习思考题

1. 网球有哪些基本技术?
2. 网球发球易犯错误及其纠正方法有哪些?
3. 网球为什么深受人们的喜爱? 它有哪些特点?

第十二章 游　　泳

远古时代,人类为适应生存环境,逐渐学会游泳。中国春秋时代就有泅水活动,利比亚史前岩画也有游泳姿势的描绘。现代游泳始于英国,17 世纪 60 年代起流行于约克郡地区。

1828 年利物浦乔治码头修建了世界上第一个室内游泳池。1837 年,世界上第一个游泳协会成立。1908 年规定游泳必须在水池内比赛。国际标准游泳池长 50 m,宽至少 21 m,深 1.80 m 以上。设 8 条泳道,每条泳道宽 2.50 m,分道线由直径 5～10 cm 的单个浮标连接而成。运动员比赛必须站在出发台上出发(仰泳除外),出发台高出水面 50～75 cm,台面积为 50×50 cm。1896 年游泳被列为奥运会竞赛项目时,不分泳姿,是真正的"自由式",只有 100 m、500 m、1 200 m 3 个项目。1900 年第 2 届奥运会时,将仰泳分出;1904 年第 3 届奥运会时,又分出蛙泳。1912 年第 5 届奥运会时,女子游泳被列为比赛项目。1956 年,第 16 届奥运会时,又增加了蝶泳,从此定型为 4 种泳姿。此后的奥运会游泳比赛发展到共有自由泳、蛙泳、蝶泳、仰泳、混合泳和接力(自由泳与混合泳)6 大项,32 个小项,是奥运会仅次于田径运动的金牌大户。

第一节 蛙　　泳

蛙泳比其他竞技游泳姿势速度慢,但动作平稳,容易掌握,呼吸便利,适于长距离游泳,又便于观察和掌握方向,实用价值较大,是救护、潜泳和泅渡江河湖泊的常用姿势。

一、蛙泳技术

(一)身体姿势

蛙泳时,身体姿势不是固定不变的,而是随着臂、腿及呼吸动作的周期性变化而不断变化着。当蹬腿结束后,两臂并拢前伸,两脚向后蹬直并拢时,身体处于较好的流线型滑行状态,身体较平,头略抬起,水浸于前额处,胸部一部分、腹部和大小腿处在水平姿势。这时身体纵轴与水平面约成 5°～10°角。

(二)腿的技术

蛙泳的腿部动作很重要,是推动身体前进的主要动力,可分为四部分,即收腿、翻脚、蹬夹腿和滑行,它们之间是紧密相连的完整动作。

1. 收腿

开始收腿时,两腿随着吸气的动作自然向下。同时两膝开始弯曲并自然分开,小腿向前回收。回收时,两脚放松,脚踵向臀部靠拢,边收边分。收腿时力量要小,两脚和小腿回收时,要收在大腿的投影截面内。收腿结束时大腿与躯干约成 130°～140°角,两膝内侧与髋关节同宽,为翻脚和蹬夹腿做准备。

2. 翻脚

翻脚是收腿的继续,蹬水的开始。收腿将结束时,脚仍向臀部靠近。这时大腿内旋,膝关节稍内。同时两脚向外侧翻开，勾足尖，使脚和小腿内侧对准蹬水方向，使腿在蹬夹时有一个良好的对水面。

3. 蹬夹腿

翻脚结束后，立即以腰腹和大腿同时发力向后蹬水。先伸髋，再伸膝，以大腿、小腿内侧和脚掌向后做急速而有力的蹬夹动作。在蹬夹腿过程中，当两腿并拢时略向下压，以形成前后鞭打动作。该动作是推动身体前进的重要动力来源。

4. 滑行

蹬腿结束后，脚处于较低的位置，脚距离水面约为 30～40 cm。此时，两腿迅速并拢伸直，身体适度紧张，呈流线性，作短暂滑行，为下一个动作周期做好准备。滑行时间的长短与水平高低和个人技术风格有关，也与游泳距离的长短有关，初学者一般滑行时间较长，以便掌握动作节奏。

（三）手臂技术

现代蛙泳广泛采用高肘、快频率。动作可分为抓水、划水、收手和向前伸臂四个紧密相连的阶段。

1. 抓水

从两臂前伸并拢，掌心向下的滑行开始，前臂、上臂立即内旋，掌心转向外斜下方，略屈腕，两手分开向侧斜下压水至两手间距离约为两倍肩宽处，手掌和前臂感到有压力，便开始划水。此阶段动作速度较慢。

2. 划水

当两手做好抓水动作，两臂分至大约 40°～45° 夹角时，手腕开始逐渐弯曲。这时两臂、两手逐渐积极地做向侧下后方屈臂划水。划水时肘关节的最大屈角为 90°左右，划水应用力，使上体上升到较高位置，为下一阶段收手、向前伸臂做好充分准备。

3. 收手

收手是划水阶段的继续。收手过程也能产生较大的前进作用和升力。收手过程手臂向里、向上收到头前下方。这时，前臂与肘几乎同时做动作。收手时不应降低划水速度，而是以更快速度积极完成。收手结束时，肘关节低于手，大小臂成锐角。

4. 伸臂

伸臂动作是由伸直肘关节、肩关节来完成的，掌心由朝上逐渐转向下方，手指朝前。同时迅速低头，将头夹于两臂之间。动作完成时，两臂伸直并拢，充分伸肩，手掌心向下，成良好的流线型向前滑行。

（四）蛙泳的完整配合技术

现代多采用一个动作周期呼吸一次的"晚吸气"配合。在抓水过程中，随着头、肩的上升，口露出水面将气吐尽，两腿保持稍紧张的伸直姿势；当划水结束时，头、肩向前上方升至最高位置时快速吸气，同时两膝开始弯曲；当收手并开始前伸臂时迅速低头闭气，迅速收腿；滑行时向水中呼气。整个动作要协调连贯，使游速更加均匀。

现代蛙泳的技术特点是头部起伏大且位置较高，高肘划水，蹬腿技术也随之变窄、变快，划水幅度小而快，整个动作频率快。

二、蛙泳的练习方法

蛙泳简单易学，省力、耐久，能负重，游动声音小，便于观察和掌握方向。武装泅渡主要采用蛙泳。

蛙泳通常是划一次臂,蹬一次腿,呼吸一次。腿的动作是基础,可先通过陆上模仿练习体会动作要领,然后在水中反复练习。呼吸是关键,呼吸动作要与划臂动作密切配合。根据不同的情况,抓住主要矛盾进行练习。

学会蛙泳后,应进行长距离锻炼,增强体力,提高技术。

(一)腿的练习

1. 收腿

边收边分慢收腿。大腿带动小腿屈膝前收。收腿结束时,两膝接近髋下,约与肩同宽。

2. 翻脚

向外翻脚对好水。脚跟靠近臀部,脚尖向外,用脚和小腿内侧向后对好水。

3. 蹬夹腿

用力向后蹬夹腿。大腿用力向后做弧形蹬夹腿。蹬夹动作不要分开(如图12-1)。

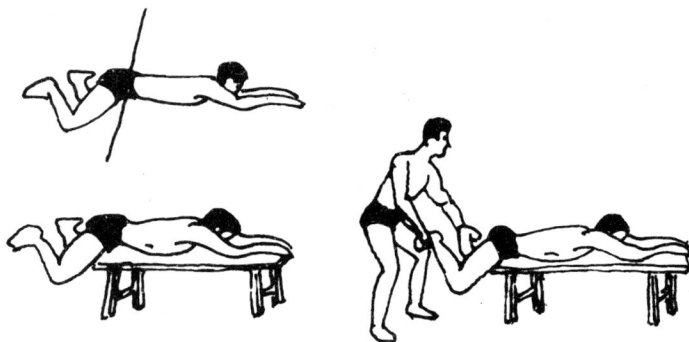

图 12-1

4. 仰坐练习

模仿腿的动作,按收腿、翻脚、蹬夹腿的要领练习。练习时上体要保持不动(如图12-2)。

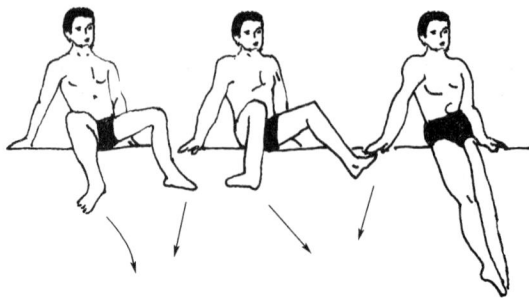

图 12-2

5. 水中腿练习

收腿要慢,蹬夹腿要快而有力,两脚并拢后向前滑行(也可扶池壁、游泳板进行练习)(如图12-3)。

6. 滑行蹬腿

低头伸臂平卧水,细心体会蹬腿要领。

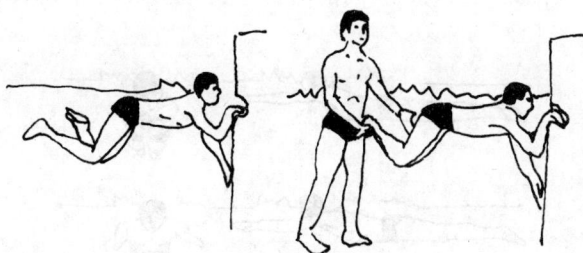

图 12 - 3

（二）臂和呼吸的练习

1. 划臂练习

两臂伸直，向斜后方边划边屈臂。当臂划至肩的侧下方时，收手夹肘伸向前（如图 12 - 4）。

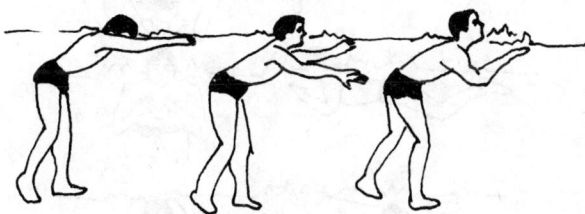

图 12 - 4

2. 臂和呼吸配合

① 抬头划臂张口吸：先抬头，两臂同时向斜后方划水时吸气。抬头不要太高太猛。

② 用力划臂吸足气：提肘屈臂向后加速划水时，迅速吸气。

③ 收手夹肘闭住气：臂划至肩的侧下方时收手夹肘将手收至颚下，脸逐渐浸入水中闭气。

④ 两臂前伸慢呼气：臂前伸时，两手自然并拢，掌心转向下方，并呼气。

3. 臂腿配合练习

为了掌握臂腿动作要领，可先做闭气划臂蹬腿的练习，熟练后逐渐过渡到划臂蹬腿数次，呼吸一次然后到完整配合。

（三）连贯动作

1. 开始划臂腿不动（准备吸气）

两手分开向斜后方划水，两腿自然伸直，准备收拢，开始抬头。

2. 用力划臂腿前收（吸气）

臂划近肩下时，两腿自然分开，屈膝前收，抬头吸气。

3. 收手夹肘收好腿（闭气）

臂划至肩的侧下方时，收手夹肘将手收至颚下，同时完成收腿动作。头逐渐浸入水中闭气。

4. 伸臂翻脚再蹬腿（呼气）

两臂前伸同时向外翻脚，立即用力向后做弧形夹水。

5. 身体向前滑一会儿（呼气）

蹬腿结束后,臂腿收拢,脸浸入水中,向前滑行,然后重复下一个连贯动作(如图 12 - 5)。

图 12 - 5　蛙泳完整配合练习

第二节　仰　泳

仰泳是身体成仰卧姿势的游泳。两臂轮流在体侧向后划水,两腿交替上下打水,呼吸较为简单。

一、动作结构与动作要点

（一）身体姿势

身体平直仰卧水中,自然伸展,头肩略高于臀,腰和腿保持水平部位,后脑浸入水中,颈部肌肉放松,脸部露出水面,眼看后上方(如图 12-6)。

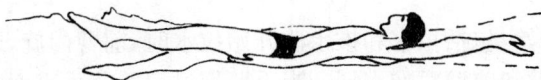

图 12-6　仰泳身体姿势

仰泳时,头就像控制前进方向的舵,另外,头部位置不宜过高或过于后仰。过高会造成背部和胸肌不必要的紧张。过于后仰会使头和肩淹没在水中,容易呛水,从而造成呼吸困难。因此,在仰泳时头的位置很重要。

(二)腿部动作

仰泳时腿部动作的作用主要是维持身体平衡,控制身体姿势,产生一定的推进力。整个动作是以髋关节为轴,由大腿发力,腿、膝关节带动小腿和脚来完成,呈现有节奏的重复上踢水和下压水过程。可用"屈腿上踢、直腿下压"来形容仰泳腿动作的过程。

下压水是由腿伸直与水面平行时开始的。当臀部肌肉收缩是直腿下压,下压到占整个移动路线的 2/3 时,大腿停止下压准备上踢。后 1/3 由小腿和脚利用继续下压的惯性屈膝来完成。

上踢水是腿下压动作结束,大腿用力向上和股四头肌用力收缩开始的。此时,由于水的阻力和股四头肌的牵制,大腿与小腿构成约 130°～140°角,小腿与水平面约 40°～45°角。大腿向上,直至超过髋关节水平线,与此同时,由大腿带动小腿向上踢水,直至腿完全伸直为止。仰泳时两腿的主要推动力是靠向上踢水产生的。向上踢水时,在任何情况下都不要使膝和脚踢出水面,否则会影响踢水效果(如图 12-7a,12-7b)。

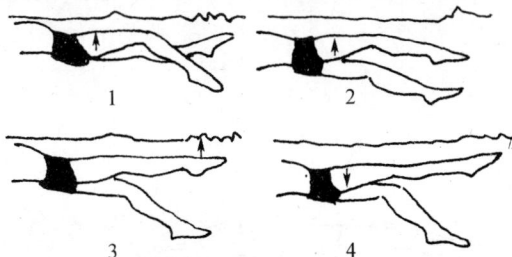

图 12-7a

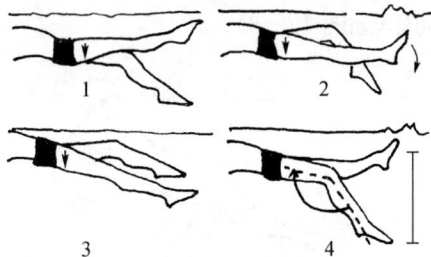

图 12-7b

(三)臂部动作

仰泳时臂的动作与爬泳一样,都是产生前进力量的主要因素。目前一般都采用两臂交替在体侧屈臂划水技术。在一个动作中臂部动作分为入水、抱水、划水、出水和空中移臂五个紧密相连的阶段。

1. 入水

入水紧接着空中移臂后开始。入水时手臂自然伸直,手掌展平,入水点在肩的延长线上。手臂入水的顺序一般先上臂入水,然后前臂和手几乎同时入水。

2. 抱水

手臂入水后,躯干向入水的一侧转动,借助前移的速度,直臂向深水处积极抓水,并做转腕和肩臂内旋的动作,同时开始屈臂,使手臂和前臂处在最有利的划水位置,形成有利的划水面,即抱水。

3. 划水

划水动作从抱水开始,包括拉水和推水。开始拉水时,前臂内旋,肘关节向下弯曲,并逐渐下沉至靠近腰部,以手臂和前臂对准水划。当手臂划过肩关节垂直面时,即开始推水。推水应充分利用拉水速度和划水面,使整个臂同时用力向后下方做推压动作。

4. 出水

手臂划水结束后,手掌自然转向下方,并靠近大腿,利用手臂内旋下压的反作用力和肩部三角肌的收缩力量,使手臂自然地提出水面。

5. 空中移臂

臂出水后,应迅速地沿着与水平面接近 90°角的垂直面上由后向前移动,移臂时手臂要自然伸直,速度要快。

(四)呼吸与臂、腿的动作配合

仰泳时身体成仰卧姿势,脸一直露出水面,因此呼吸技术简单、自然,只要张口有节奏地呼吸即可。呼吸可与移臂动作配合,当一臂空中前移时吸气,而另一臂空中前移时则呼气。为了增加臂划水力量,在吸气后应有一个短暂的闭气过程。仰泳腿、臂和呼吸的配合一般采用"6∶2∶1",即在一个循环动作内腿打水 6 次、臂划水 2 次、呼吸 1 次。

二、仰泳的练习方法

(一)腿的练习

1. 陆上练习方法

坐在地上、岸边或游泳池上,身体稍后仰,双手撑于身后,两腿举起,脚离地面,脚面绷直,两腿一上一下交替摆动打腿。腿下压时要直,腿向上踢时,要大腿带动小腿和脚面做"鞭状"上踢动作(如图 12-8)。

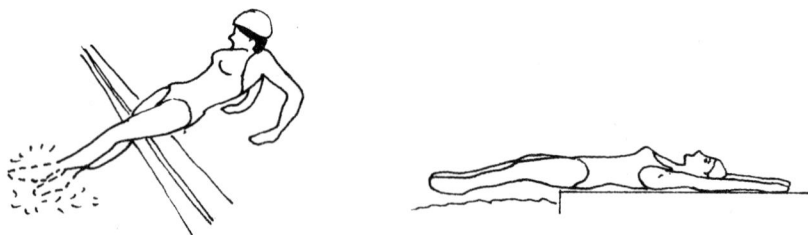

图 12-8 池边打水练习

2. 水中练习方法

① 先坐在池边,两腿放入水中,然后上体后仰平卧,两手置于体侧,两腿做交替打水(如图 12-8)。

② 站立于浅水处,背对池壁,两手绕肩反握池壁或同伴双手,两臂稍伸直之后,身体后仰卧水面,提髋,两腿浮于水面后做打腿练习。

③ 站立于浅水中面对池壁,两手扶池壁,上体下蹲,两腿弯曲,膝盖上举,两脚平行放于池壁,然后双手用力推离池壁,同时两脚用力蹬池壁而身体仰卧水中,借惯性力两腿做上下交替打水,两手放于体侧,手心朝下压水,直到两腿打不动而下沉为止,这时可低头收腹,屈双腿,两脚向下伸直踩池底站立水中。

如果是两个人或两个人以上做上面的练习,同伴可用手托其后背,同伴托住练习者的后背或头部均可帮助其更好地浮于水面,以利于做打腿练习。

3. 仰泳打腿练习的注意事项

① 稍收下颚,以防鼻孔朝上使水进入鼻中而呛水。

② 髋部上提,可以使身体成流线型仰卧水面,以防止臀部下坐,增大阻力。

③ 腿下压时要直,上踢时大腿带动小腿,稍屈腿做"鞭状"踢水,控制膝盖和脚不要踢出水面。

④ 髋关节适度放松,以免腿的动作僵硬。

（二）臂的练习

1. 陆上练习方法

身体仰卧在长条板凳上,两臂交替在体侧做仰泳的移臂和划水的模仿练习。移臂时肘关节要伸直,经身体上方移动,要尽量做到上臂贴近自己的耳朵,手在同侧肩后方"入水"、"抱水"和向后"划水"练习。练习之初先做单臂分解练习,逐渐过渡到两臂交替的练习;开始时可直臂划臂,之后再练习屈肘的划臂练习。也可以身体直立做臂的模仿划水动作的练习,一臂体侧上举,勾手提肘,然后在体侧做向下的划水模仿练习,"划水"时手心应始终朝下,直到手能触到同侧大腿为止。

2. 水中练习方法

① 单手扶池边,身体仰卧自然伸展于水面,另一臂做划水和移臂的练习。

② 在同伴协助下做分解的单臂或双臂的划水、移臂练习。此练习应在浅水处进行。

③ 一手把持胸前的扶板,身体仰卧水中,两腿交替打水,另一臂做划水和移臂的练习。

④ 在腰际系上绳子仰卧水面,同伴站在岸上拉住绳子的另一端,并缓慢连续拉绳,练习者仰卧水面两腿较用力做打腿练习,主要是练习和体会手臂的划水动作。

⑤ 利用两脚蹬离池壁后的惯性做划水练习,两腿要用力打水,以利于身体上浮和延长划水练习次数。

第三节　自由泳（爬泳）

自由泳是身体俯卧水中,依靠两臂轮换划水,因其动作很像爬行,所以称为爬泳。爬泳是速度最快的一种游泳姿势,在自由泳项目比赛中多采用它,故被称为自由泳。它在防洪抢险、横渡急流、抢救溺水者时能发挥积极作用。

一、自由泳技术

（一）身体姿势

游自由泳时身体要保持几乎水平的俯卧姿势,躯干肌适当紧张,成较好的流线型,身体纵轴与水平面约成 $3°\sim5°$ 角。头部应自然地颈后屈,两眼注视前下方,头的 1/3 露出水面,水平面接近发际。为了争取动作效果,允许双腿暂时下沉。游进中身体可以围绕身体纵轴有节奏地转动,这种转动一般在 $35°\sim45°$ 角范围内。

（二）腿部动作

自由泳打腿主要是起维持身体平衡的作用,使下肢抬高,保持身体有较好的流线型以及协调配合两臂用力的划水动作,并能提供一定的推动力。

打水动作脚掌伸直并略内转,踝关节自然放松,以髋为支点,动作从髋关节开始,大腿发力稍内旋,带动小腿,力量通过大腿、膝、小腿,最后到足部形成上下鞭打状打水动作,两腿分开的距离约为 30~40 厘米,向上打水膝关节弯曲约 140°~160°角,向下打水结束时,脚离水面约 30~35 厘米。

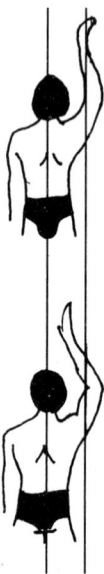

（三）臂部动作

臂划水是自由泳推动身体前进的主要动力。臂的一个划水周期可分为入水、抱水、划水、出水、空中移臂五部分。

1. 入水

臂入水时,肘关节略屈并高于手,手指并拢伸直,向斜下方切插入水,或掌心暂向外侧切入水中,使手掌与水面的角度为 30°~40°。动作要自然放松,臂入水时在身体中线与延长线中间。臂的入水顺序为手—前臂—肘—上臂（如图 12-9）。

2. 抱水

臂入水后,手腕自然伸直,掌心转向下,积极插向前下方至有利于抱水部位。此时前臂和上臂应积极外旋,当手臂接近完全伸直,手臂与水平面成 15°~20°角时,手腕向下弯曲,同时开始屈肘,使肘关节高于手。上臂划至与水平面成 30°角时,手和前臂已经接近垂直对水,肘关节屈至 150°左右,水和前臂以较大的截面积对准划水面,整个手臂像抱着一个大圆球似的为划水做准备（如图 12-10）。

图 12-9 入水

图 12-10 抱水

3. 划水

划水是指手臂在前与水平面成 40°角时起,向后划至与水平面成 150°~200°角为止的动作过程,是产生推进力的主要阶段。这个阶段又分为两个部分,从整个臂部划至肩下方与水面垂直之前称为拉水,过垂直面后称为推水。

拉水是从直臂到屈臂的过程。抱水结束时,屈肘为 150°角左右。拉水时,前臂的速度快于手臂,继续屈肘。当臂划至肩下方时,手在体下靠近身体中线,屈肘约为 90°~120°角。整个推力过程应保持高肘姿势,使手和前臂能更好地向后划水。

推水是手臂屈与伸的过程,推水中肘关节向上,向体侧靠近。手在拉水结束后即从肩下中线处向后侧划动至大腿旁。推水时,手掌应始终与水平面保持垂直。这有利于推水时产生反作用力而向前推进。

整个划水动作,手的轨迹始于肩前,继之到腋下,最后到大腿旁,呈 S 形（如图 12-11）。

图 12-11 划水

4. 出水

在划水结束后,臂由于惯性动作而很快地靠近水面。出水时,手臂放松,微屈肘,肘部向上方提起带动前臂出水面,掌心转向上方。手臂出水动作必须迅速、柔和、放松而不停顿(如图12-12)。

图 12-12 出水

5. 空中移臂

臂在空中前移的动作是手臂出水的继续。移臂开始时,手掌几乎完全向后,提肘向上,手腕放松,手落后于肘关节。当手前摆过肩时,应与肘成一直线。这时手和前臂逐渐向前伸出,掌心也从后上方转向前下方,接着做准备入水的动作(如图12-13)。

图 12-13 空中移臂

(四)两臂配合技术

划水时,依照两臂所处的位置不同,可分为三种交叉形式,即前交叉、中交叉、后交叉。

1. 前交叉配合

当一臂入水时,另一臂处于肩前方,与水平面成30°角左右。

2. 中交叉配合

当一臂入水时,另一臂处于肩下垂直部位,与水面构成约90°角。

3. 后交叉配合

当一臂入水后,另一臂划水至腹部下方,与水平面构成约150°角。

初学者应采用第一种交叉形式,它有利于掌握自由泳动作和呼吸动作(如图12-14)。

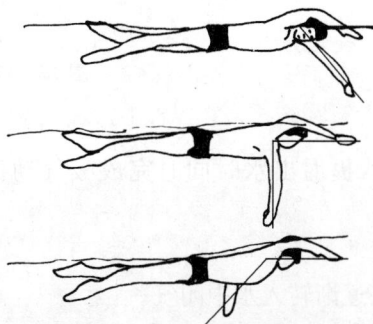

图 12-14 自由泳两臂配合的三种交叉形式

(五)臂、腿与呼吸配合的完整动作

自由泳采用转头吸气的方法。这里以向右吸气为例,右手入水后,嘴与鼻慢慢呼气。右臂划水至肩下时,头向右侧转,呼气量增大。右臂推水快结束时,用力呼气,直至嘴出水面。右臂出水时吸气,移臂至与肩平齐时吸气结束。随之臂继续向前移动,转头还原闭气。自由泳的呼吸与臂、腿的配合是呼吸1次、臂划2次、腿打6次,即1∶2∶6,但也有1∶2∶4或1∶2∶2的配合。

二、自由泳的练习方法

（一）腿的练习

1. 扶池槽打水

大腿带动小腿交替向后下方打水。向上提时放松,向下打水要用力。可结合呼吸练习(如图12－15)。

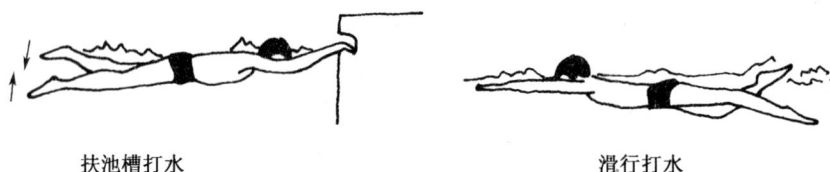

扶池槽打水　　　　　　　　　　　　滑行打水

图 12－15

2. 滑行打水

向上提腿时膝关节稍屈,向下打水时脚面绷直,脚尖稍向内转。打水幅度约30～40厘米(如图12－15)

（二）臂和呼吸的配合

1. 划臂呼气

以左臂为例,右臂在肩前插入水后,逐渐屈臂向后划水,同时呼气。划臂不要超过身体中线(如图12－16)。

图 12－16　划臂呼气　　　　　　　**图 12－17　推水吸气**

2. 推水吸气

左臂向后推水时转头吸气,提肘出水时同时完成吸气动作。抬头不要太高太猛(如图12－17)。

3. 移臂闭气

左臂从体侧向前移臂时,头逐渐转入水中闭气。

（三）单臂划水

两腿连续打水,一臂前伸一臂划。两臂交替进行,逐渐过渡到连贯动作。

（四）连贯动作

1. 右臂下滑要伸肩,左臂推至大腿边(呼气)

伸肩:右臂下滑时,尽量向前下方拉开肩带肌肉,掌心向下。

2. 右臂肩前抱好水,左臂提肘出水面(呼气)

抱水:右臂向外提肘屈臂,使手掌和小臂向后抱好水。

3. 右臂肩下屈臂划,左臂前伸插入水(呼气)

划水:右臂划至肩下时,大小臂屈成 120°角左右,加速向前划水。

4. 右臂推至大腿边,左臂下滑要伸肩(转头吸气)

推水:右上臂靠近体侧,小臂用力向后推水。吸气要深、要快。

5. 右臂提肘出水面,左臂肩前抱好水(完成吸气)

出水:右臂利用推水速度的惯性,在腿侧提肘出水向前移臂,肌肉放松。

6. 右臂为伸插入水,左臂肩下屈臂划(闭气)

入水:右臂手自然合拢,肘高于手,在肩前部插入水(如图12-18)。

第四节　各项泳式比赛规定

(一) 自由泳

① 自由泳比赛中可采用任何泳式。

② 转身和到达终点时,可用身体任何部分触池壁。

(二) 仰泳

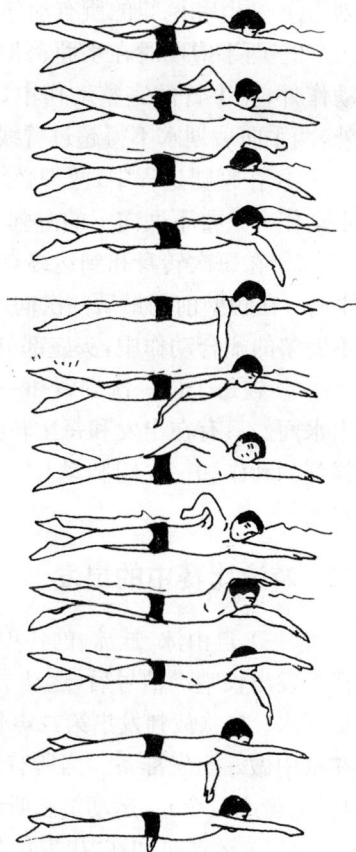

图 12-18　自由泳完整配合练习

① 运动员面对出发端,两端抓住握手器,两脚(包括脚趾)应处于水面下,禁止蹬在水槽内、水槽上或用脚趾钩住水槽边。

② 出发和转身后,运动员应蹬离池壁,并在整个游进过程中呈仰卧姿势。除在做转身动作外,运动员必须始终仰卧。仰卧姿势允许身体做转动动作,但必须保持与水平面小于 90°的仰卧姿势。头部位置不受此限。

③ 在整个游进过程中,运动员身体的某部分必须露出水面。在转身过程中,允许运动员完全潜入水中。但在出发和每次转身后,运动员潜泳距离不得超过 15 m,在 15 m 前运动员的头必须露出水面。

④ 在转身过程中,当运动员肩的转动超过垂直面后,可进行一次连续单臂划水或双臂同时划水动作,并在该动作结束前开始滚翻。一旦改变仰卧姿势,就不允许做与连续转身动作无关的打水或划水动作。运动员必须呈仰卧姿势蹬离池壁。转身时运动员身体的某部分必须触壁

⑤ 运动员在到达终点时,必须以仰姿势触壁。

注:"除在做转身动作外"应理解为"只有在完成连贯的转身动作过程中才可以改变仰卧姿势"。

(三) 蛙泳

① 出发和每次转身后,从第一次手臂动作开始,身体应保持俯卧姿势,两肩应与水面平行。

② 两臂和两腿的所有动作都应同时、在同一水面上进行,不得有交替动作。

③ 两手应同时在水面、水下或水上由胸前伸出,并在水面或水下向后划水。除最后一个动作外,在手臂的完整动作中,两肘不得露出水面。除出发和每次转身后的第一次划水动作外,两手向后划水不得超过臂线。

④ 在蹬腿过程中,两脚必须做外翻动作,不允许做剪夹、上下交替打水或向下的海豚式打水动作。只要不做向下的海豚式打腿动作,允许两脚露出水面。

⑤ 在每次转身和到达终点时,两手应在水面、水上或水下同时触壁,触壁前两肩应与水面平行。在触壁前的最后一次向后划水动作结束后,头可以潜入水中,但在触壁前的一个完整或不完整的配合动作中,头应部分地露出水面。

⑥ 在每个以一次划臂和一次蹬腿顺序完成的完整动作周期内,运动员头的某一部分应露出水面。只有在出发和每次转身后,运动员可在全身没入水中时,做一次手臂充分的向后划至腿部的动作和一次蹬腿动作。但在第二次划臂至最宽点并在两手向内划水前,头必须露出水面。

二、游泳比赛中的出发

(一)自由泳、蛙泳、的各项比赛必须从出发台起跳出发,仰泳项目在水中出发。当听到总裁判发出长哨声信号后,运动员应站到出发台上,两脚距出发台前缘相同距离;仰泳各项运动员下水。在总裁判发出第二声长哨时,仰泳运动员应迅速游回池端做好出发准备;仰泳运动员在水中做好出发准备。当所有运动员都处于静止状态时,发令员应发出“出发信号”(鸣枪、鸣哨、电笛或口令)。运动员在听到“出发信号”后才能做出发动作。

(二)运动员如在“出发信号”发出之前出发,应判出发抢码犯规。第一次出发抢码犯规,发令员就应召回运动员并组织重新出发。第一次出发抢码犯规以后,无论哪个运动员抢码犯规(不论该运动员是第几次犯规),均应取消其比赛资格或录取资格。如果在“出发信号”发出之后发现运动员抢码犯规,应继续比赛,在该组比赛结束后取消犯规运动员的录取资格。如果在“出发信号”发出前发现运动员抢码犯规,则不再发“出发信号”,取消抢码犯规运动员的比赛资格后,再次组织出发。

(三)发令员发现运动员抢码犯规或总裁判判定运动员抢码犯规鸣哨后,发令员主应连续不断地发出召回信号直至将运动员召回。

如因裁判员的失误或器材失灵而导致运动员抢码犯规,发令员应将运动员召回重新出发,不作为一次抢码犯规。

三、游泳比赛和犯规

(一)运动员必须在自己的泳道内完成比赛,否则即算犯规。

(二)游出本泳道,或用其他方式干扰、阻碍其他运动员者应取消其录取资格。

(三)由于某运动员犯规而影响了被干扰、阻碍的运动员获得优良成绩时,则应准许受干扰阻碍的运动员补测成绩,或直接参加决赛。如在决赛中发生上述情况,应令该组重新决赛(犯规运动员除外)。

(四)比赛中运动员转身时必须使身体某一部分触及池壁。转身必须从池壁完成,否则即算犯规。

(五)在比赛中除自由泳可在池底站立外,其他泳式(包括自由泳)均不得跨越或行走,否则即算犯规。

（六）在比赛中,运动员不得使用或穿戴任何有利于其速度、浮力的器具(如手、脚蹼等,但可戴护目镜),否则即算犯规。

（七）每一个接力队应有四名队员,接力比赛中任何一名队员犯规即算该队犯规。任何接力队员在一次接力比赛中只能参加一棒比赛。

（八）接力比赛时,如本队的前一名运动员尚未触及池壁,而后一名运动员即离台出发,应算犯规。如该运动员重新返回并以身体任何部分触及池壁再行游出时,不作犯规论。

（九）接力比赛前三棒运动员游完后,在不影响其他运动员比赛的情况下尽快离池,并不得触停其他泳道自动计时装置,否则即判犯规。运动员全部到达终点要尽快离池,否则即判犯规。

（十）在一项比赛进行过程中,当所有比赛的运动员还未游完全程前,未参加比赛的运动员如果下水,应取消其原定的下一次的比赛资格。在接力比赛中,当各队的所有运动员还未游完之前,除了应游该棒的运动员外,任何其他接力队员如果进入水中,该接力队员将被取消录取资格。

（十一）预赛结束后,有两名以上运动员成绩相等而超过了原定的参加决赛人数时,确定参加决赛人选的办法如下:

1. 如采用自动计时装置,预赛后,同组或不同组的运动员成绩相同者,都必须重赛,按重赛后的名次确定参加决赛的人选。

2. 如采用的是人工计时,预赛后,同组的运动员成绩相同者,不重赛,按预赛的名次确定参加决赛人选。不同组的运动员成绩相同者,按下列三例规则确定重赛的运动员,根据重赛后的名次确定参加决赛人选。

（1）在某项预赛后,两组或两组以上的运动员成绩相同,需要确定一名参加决赛,应按各组终点名次最前的一名参加重赛。重赛后名次最前的一名运动员参加决赛。

（2）在某项预赛后,A组甲、乙、丙(按终点名次排列顺序)运动员与B组甲运动员成绩相同,需要确定二名参加决赛。A组丙应淘汰,由A组乙和B组甲重赛,重赛后优胜者与A组甲参加决赛。

（3）在某项预赛后,A组甲乙运动员与B组甲、乙运动员成绩相同需要确定两名参加决赛:应由这四名运动员一起重赛,重赛后名次列前的两名运动员参加决赛。

3. 重赛应在所有有关运动员游完预赛至少一小时后(或经有关方面协商确定时间)进行。以抽签方法安排泳道。

第五节　水上救生

水上救生是指人们在水上活动时发生意外事故时所采取的救助措施,分为静水救生和海浪救生。

国外水上救的发展具有长远的历史,欧洲的许多国家在19世纪末就成立了救生协会,宣传救生知识,改进救生 技能,加强救生员的培养,开展救生理论的研究。经过了上百年的发展历程,英国、澳大利亚、美国、加拿大等国家,已逐渐形成了较为完善的救生管理体系和救生员培养模式。

一、造成溺水事故的原因

① 心理原因：指怕水，心情紧张，一旦遇到意外时，就惊慌失措、动作慌乱、四肢僵硬等导致溺水，还有寻死、自溢溺水；

② 生理原因：指体力不支、饱食、饥饿、酒后等因素导致溺水；

③ 病理原因：指患有不宜在水中活动的疾病的人（如癫痫病者）等下水后引起病发导致溺水；

④ 技术原因：指游泳技术不佳或技术失误者出现意外等导致溺水；

⑤ 其他原因：游泳者缺乏自我保护意识等导致溺水。

容易发生溺水事故的情况：

① 不小心从岸边、船缘等处落入水中；

② 身上浮具脱离，沉入水中；

③ 游泳技术不佳，在水中遇到碰撞等意外，惊慌失措、动作忙乱；

④ 突然呛水，不会调整呼吸；

⑤ 入水方法不当或对江、河、湖等水下情况不熟悉盲目跳水；

⑥ 过于逞强；

⑦ 冒险潜水；

⑧ 被溺水者紧抱不放的其他游泳者；

⑨ 嬉水时，被人按压等等。

二、提高保护意识

（一）熟悉水域、场所和环境

1. 一切进入水上活动场所的人员，必须认真了解本场所的活动环境情况（如本场所是否有人经常在此游泳，水下情况有无暗礁、树头、木桩、漩涡等）。

2. 及时呼救意识

在水中活动过程中，如遇到意外或危险时，应迅速、及时地发出求救信号，然后再进行必要的自救处理（当然是在有能力的基础上）。

3. 争取时间意识

呼救后，如有能力进行自救，可以采取适当的技术自救。如已经不可能进行自救，则应尽量放松身体，采取仰卧姿势使身体漂浮于水面（继续呼救），争取更多时间，等待获救。

4. 靠岸意识

在水中遇险后，如当时情况许可，还是应采取积极的自救方式，在有能力的情况下努力向岸边靠拢（边靠边呼救），靠岸越近获救概率越高。

总之，预防意识和预防自救能力必须在平时培养和训练，而在水中遇险之后，又必须建立在沉着、冷静、积极的基础上，运用合理、正确的自救手段和方法，达到自救或被救的目的。

特别注意：遇到有人溺水时，须运用最安全的方法，如能在岸上施救的，绝不下水去救；如能用器材去施救的，绝不要徒手去救。不论使用哪一种方法，都要先做到保证自身的安全，再去救助他人，千万不要变成"人溺已溺"。

（二）水中自救法

首先要保持镇静，看清方向，呼吸协调，保持体内最大肺活量。不可手脚乱蹬拼命挣扎，这样只能使体力过早耗尽、身体加速下沉。正确方法是：

① 立泳：踩水和韵律呼吸，最基本实用的自救方法。在水中溺水后第一反应就是踩水，从而得到休息并使自己镇静下来。

② 水母漂：有两种姿势，一种为双手下垂，另一种为双手抱膝，吸足气，全身放松，不做无谓动作，使背部露出水面如龟状，漂浮一段时间再抬头吸气，如此持续动作，可以在水面上漂浮以待救援。

③ 仰漂：屏住呼吸，头向后仰，放松肢体，双手向两边摆成大字形。因为肺脏就像一个大气囊，屏气后人的比重比水轻，所以人体在水中经过一段下落后会自然上浮。当你感觉开始上浮时，应尽可能地保持仰位，使头部后仰。只要不胡乱挣扎，人体在水中就不会失去平衡。这样你的口鼻将最先浮出水面，可进行呼吸和呼救。呼吸时尽量用嘴吸气，用鼻呼气，做到吸、摒、吐三个动作动作协调而缓慢，以防呛水。千万不要试图将整个头部伸出水面，这将是一个致命的错误。

④ 水中浮具制作：当着衣掉入水中且离岸很远，应把衣服脱掉以便游泳。顺序：先作水母状、解开鞋带脱去鞋子、再脱去长裤、最后脱上衣。并把衣服捆扎结实做成浮具：长裤在水中浸湿，扎紧裤管充气后再扎紧裤腰。

⑤ 利用漂浮物求生：水上漂浮物很多，如防水背包、密封袋、球类、防潮垫、充气枕、空水壶等都可以加以利用漂浮求生。

⑥ 抽筋时的自解：若游泳时发生抽筋一定要保持镇静，不要惊慌，在浅水区或离岸较近时应立即上岸，擦干身体及时保暖；在深水区或离岸较远时，应一面呼救，一面采取解痉措施自救。a) 脚趾抽筋：将腿屈曲，向抽筋反方向用力将足趾反复拉开，扳直。b) 脚掌抽筋：迅速用手扳起脚尖，使足背屈，另一手用力按揉脚掌抽筋部位。c) 小腿抽筋：最常见，缓解方法也较多，这里介绍其中一种手法：先吸一口气，仰浮在水面上，用抽筋腿对侧之手握住抽筋腿的脚趾，并将其向身体方向拉，同时用另一手掌压在抽筋腿的膝盖上，帮助小腿伸直，促使抽筋缓解，也可以将足跟向前用力蹬直，同时用一手握住抽筋腿的拇趾并朝足背方向扳拉，另一手轻轻按揉抽筋的小腿肌肉。d) 大腿抽筋：仰卧并立即举起抽筋之腿，使其与身体成直角，然后双手抱住小腿，用力屈膝，使抽筋大腿贴于胸部，再以手按揉大腿抽筋处肌肉，并将腿慢慢向前伸直，抽筋即可缓解。e) 手掌抽筋：用一手掌将抽筋的手掌用力向下按压，并做振颤动作，直至缓解为止。

复习思考题

1. 试述游泳运动的特点及锻炼价值。
2. 简述蛙泳技术要领。
3. 简述自由泳技术要领。
4. 简述自由泳、蛙泳和仰泳比赛规则。
5. 在水中腿部抽筋如何自救？
6. 如何避免自身溺水现象的发生？
7. 怎么样提高水中安全意识？

第十三章　武　　术

第一节　武术的基本功

武术定义:武术是以技击作为主要内容,以套路和格斗为运动形式,注重内外兼修的中国传统体育项目。

一、学习基本功

1. 基本手型

(1) 掌(图 13-1)

要点:四指并拢伸直、拇指屈紧扣于虎口处。

(2) 拳(图 13-2)

要点:四指并拢卷握,拇指紧扣食指和中指的第二指节。

(3) 勾(图 13-3)

要点:五指第一指节捏拢在一起,屈腕。

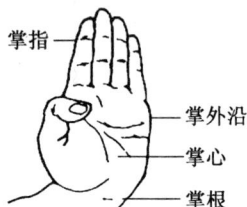 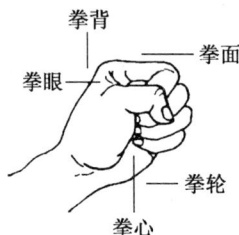 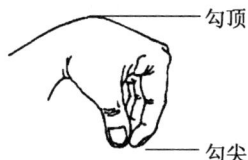

图 13-1　掌　　　　图 13-2　拳　　　　图 13-3　勾

2. 基本手法

(1) 平冲拳

分平拳与立拳两种。平拳拳心向下;立拳拳眼向上(图 13-4)。

预备姿势:两脚左右开立,与肩同宽,两拳抱与腰间,肘尖向后,拳心向上。

动作说明:挺胸、收腹、直腰,右拳从腰间向前猛力冲出,转腰、顺肩,在肘关节过腰后,右前肩臂内旋。力达拳面,臂要伸直,高与肩平。同时左肘向后牵拉。练习时,左右可交替进行。

要求与要点:出拳时要快速有力,要有寸劲,做好拧腰、顺肩、急旋前臂的动作。

练习步骤:先慢做,不要用全力,注意动作的准确性。然后再逐步过渡到快速有力。

易犯错误和纠正方法:

① 冲拳时肘外展,使拳从肩前冲出。

纠正方法:强调肘贴肋运行,使拳内旋冲出。

② 冲拳无力。

纠正方法:强调紧握拳和肩下沉。冲拳时前臂要内旋,动作要快速。

③ 冲拳过高或太低。

纠正方法:可在练习人前面设一与肩同高的目标(如手掌),让他向目标冲击。

(2) 推掌

预备姿势:与冲拳同。

动作说明:右拳变掌,前臂内旋,并以掌根为力点向前猛力推击(图13-5)。推击时要转腰、顺肩,臂要伸直,高与肩平。同时左肘向后牵拉。练习时,左右可交替进行。

要求与要点:挺胸、收腹、直腰。出掌要快速有力,有寸劲;同时还要做好拧腰、顺肩、沉腕、翘掌等动作。

练习步骤、易犯错误和纠正方法均与冲拳同。

3. 基本步型

(1) 弓步　左脚向前一大步(约为本人脚长的4~5倍),脚尖微内扣,左腿屈膝半蹲(大腿接近水平),膝与脚尖垂直。右腿挺膝伸直,脚尖内扣(斜向前方),两脚全脚着地。上体正对前方,眼向前平视,两手抱拳与腰间。弓右腿为右弓步;弓左腿为左弓步(图13-6)。

 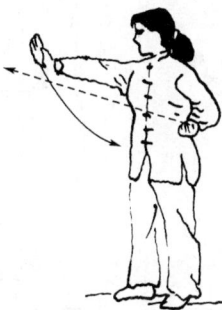 

图13-4　平冲拳　　　　图13-5　推掌　　　　图13-6　弓步

要点:前腿弓,后腿绷,挺腰、塌腰;前后腿成一条直线。

(2) 马步　两脚平行开立,(约为本人脚长的3倍),脚尖正对前方,屈膝半蹲,膝部不超过脚尖,大腿接近水平,全脚着地,身体重心落于两腿之间,两手抱拳于腰间(图13-7)。

要点:挺胸塌腰;脚跟外蹬。

(3) 仆步　两脚左右开立,右腿屈膝全蹲,大腿和小腿靠紧,臀部接近小腿,右脚全脚着地,脚尖和膝关节外展,左脚挺直平仆,脚尖里扣,全脚着地。两手抱拳于腰间。眼向左方平视。仆左腿为左仆步;仆右腿为右仆步(如图13-8)。

要点:挺腰、塌腰、沉髋。

图13-7　马步　　　　　　　图13-8　仆步

（4）歇步　两腿交叉靠拢全蹲,左脚全脚着地,脚尖外展,右脚前脚掌着地,膝部贴近左腿外侧,臀部坐于右腿接近脚跟处。两手抱拳于腰间。眼向左前方平视。左脚在前为左歇步;右脚在前为右歇步(图13-9)。

要点:挺腰、塌腰,两腿靠紧并拢。

（5）虚步　两脚前后开立。右脚外展45°,屈膝半蹲,左脚脚跟离地,脚面绷平,脚尖稍内扣,虚点地面,膝微屈,重心落于后腿上。两手叉腰。眼向前平视。左脚在前为左虚步;右脚在前为右虚步(图13-10)。

图13-9　歇步

要点:挺腰、塌腰,虚实分明。

4.基本腿法

（1）正踢腿(图13-11)

要点:挺胸、直腰,踢腿时脚尖勾起。

（2）里合腿(图13-12)

要点:挺胸、直腰、松髋、合髋。

（3）外摆腿(图13-13)

要点:挺胸、直腰、松髋、外展。

图13-10　虚步

图13-11　正踢腿

图13-12　里合腿

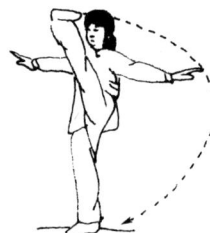

图13-13　外摆腿

第二节　初级长拳

1.起式(图13-14)

要点:头要端正,挺胸塌腰收腹。

2.马步双劈拳(图13-15)

要点:双劈拳与马步要同时完成。

3.拗弓步冲拳(图13-16)

要点:冲拳要有力,弓步要挺腰。

图13-14

图13-15

图13-16

4. 蹬腿冲拳(图13-17)

要点:弹腿要有力,与冲拳要同时。

5. 马步冲拳(图13-18)

要点:冲拳要有力,马步要挺腰。

6. 马步双劈拳(图13-19)

要点:双劈拳与马步要同时完成。

图13-17　　　　　图13-18　　　　　图13-19

7. 拗弓步冲拳(图13-20)

要点:冲拳要有力,弓步要挺腰。

8. 蹬腿冲拳(图13-21)

要点:弹腿要有力,与冲拳要同。

9. 弓步推掌(左弓步)(图13-22)

要点:上步与推掌挺腰同时。

图13-20　　　　　图13-21　　　　　图13-22

10. 拗弓步推掌(图13-23)

要点:手臂要伸平,推掌要快。

11. 弓步搂手砍掌(图13-24)

要点:砍掌要快,转身与砍掌要协调。

图13-23　　　　　　　　图13-24

12. 弓步穿手推掌(图 13－25)

要点:转身与推掌同时,上体要挺直。

13. 弓步推掌(右弓步)(图 13－26)

要点:上步与推掌挺腰同时。

14. 拗弓步推掌(图 13－27)

要点:手臂要伸平,推掌要快。

图 13－25   图 13－26   图 13－27

15. 弓步搂手砍掌(图 13－28)

要点:砍掌要快,转身与砍掌要协调。

16. 弓步穿手推掌(图 13－29)

要点:砍掌要快,转身与砍掌要协调。

17. 虚步上架(右)(图 13－30)

要点:重心落在左脚上,身体起伏不要过大。

图 13－28   图 13－29   图 13－30

18. 马步下压(图 13－31)

要点:震脚与踏步的节奏要分明,压肘要平。

19. 拗弓步冲拳(图 13－32)

要点:转身要快,冲拳时要挺腰。

20. 马步冲拳(图 13－33)

要点:转髋要快,冲拳要有力。

21. 虚步上架(左)(图 13－34)

要点:重心落在左脚上,身体起伏不要过大。

图 13－31   图 13－32   图 13－33   图 13－34

22. 马步下压(图 13－35)

要点:震脚与踏步的节奏要分明,压肘要平。

23. 拗弓步冲拳(图 13－36)

要点:转身要快,冲拳时要挺腰。

24. 马步冲拳(图 13－37)

要点:转髋要快,冲拳要有力。

图 13－35　　　　　　　图 13－36　　　　　　图 13－37

25. 弓步双摆掌(图 13－38)

要点:摆掌要快,注意重心的转换。

26. 弓步撩掌(图 13－39)

要点:撩掌要划立圆,且有力。

27. 推掌弹踢(图 13－40)

要点:弹腿要有力量,与推掌用力要协调。

28. 弓步上架推掌(图 13－41)

要点:弓步与架掌要协调。

图 13－38　　　　　　图 13－39　　　　　　图 13－40　　　　　图 13－41

29. 弓步双摆掌(图 13－42)

要点:摆掌要快,注意重心的转换。

30. 弓步撩掌(图 13－43)

要点:撩掌要划立圆,且有力。

31. 推掌弹踢(图 13－44)

要点:弹腿要有力量,与推掌用力要协调。

图 13－42　　　　　　　图 13－43　　　　　　图 13－44

32. 弓步上架推掌(图 13 - 45)

要点:弓步与架掌要协调。

33. 收势图(13 - 46)

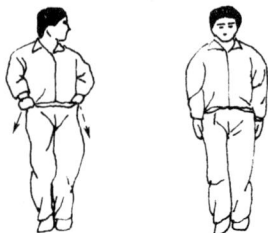

图 13 - 45   图 13 - 46

第三节　简化二十四式太极拳

太极拳是中国传统文化遗产的一项瑰宝,有着悠久的历史,经过先辈们不断的改进、充实、丰富与发展,形成了具有独特风格特点的拳种,它有着深厚的群众基础,赢得了中外人民的喜爱。

当今,随着社会的不断进步,人民生活水平不断地提高,不少人在寻求一种身心兼备的运动,太极拳就显示了它独有的魅力和价值。作为一种身心技术,它在医疗康复、强身健体、延年益寿、陶冶性情、开发智力等方面都有着不可估量的作用。

一、太极拳各流派的风格特点

太极拳在长期的演变中形成了许多流派,其中流传较广或特点较显著的有以下五大流派。

太极拳由陈式先后繁衍成杨式、吴式、武式、孙式等不同风格流派的太极拳种。各派太极拳虽然在动作套路、风格等方面各成一体,但是,它们之间仍然保持着一些基本相同的技术方法和运动特点。如:在身体姿势方面,各流派均要求悬顶、顺项、含胸拔背、沉肩垂肘、塌腕舒指、松腰实腹、敛臀落胯、两足虚实分明、全身中正安舒。在动作运动路线方面:要求弧线运转、节节贯穿、上下相随。在整体要求方面:均要求以内在的意识为主导,以意导体,以体导气,意、气、形三者协调配合。虽然,前面谈了各种流派的太极拳有着内在的和外部的共性特点,但它们本身又有着各自独特的风格特点。

1. 杨式太极拳

杨式太极拳的风格特点:舒展简洁、动作和顺、速度均匀、连绵不断、整个架势结构严谨、中正圆满、轻灵沉着,能自然地表现出气派大、形象美的独特风格。

2. 吴式太极拳

吴式太极拳的风格特点:以柔和著称,动作轻松自然,连绵不断,拳式小巧灵活,拳架由舒展而紧凑,紧凑中具舒展,不显拘谨。

3. 武式太极拳

武式太极的风格特点:姿势紧凑,动作舒展,步法严格,虚实分明,胸部、腹部在进退旋转中始终保持中正,用手不过脚尖,左右手各管半个身体。

4. 孙式太极拳

孙式太极拳的风格特点:进退相随、动作舒展圆活、敏捷自然、转变方向时多以开合相接,故又称"开合活步太极拳"。

5. 陈式太极拳

陈式太极拳的风格特点是：架势舒展大方，步法轻灵稳健，身法中正自然，内劲统领全身，以缠丝劲为核心，动作以腰为轴，节节贯串。一动则周身无有不动，一静百骸皆静。

二、演练太极拳的要点

（一）心静体松

所谓"心静"，就是在练习太极拳时，思想上应排除一切杂念，不受外界干扰；所谓"体松"，可不是全身松懈疲沓，而是指在练拳时保持身体姿势正确的基础上，有意识地让全身关节、肌肉以及内脏等达到最大限度的放松状态。

（二）圆活连贯

"心静体松"是对太极拳练习的基本要求。而是否做到"圆活连贯"才是衡量一个人功夫深浅的主要依据。太极拳练习所要求的"连"是指多方面的。其一是指肢体的连贯，即所谓的"节节贯穿"。肢体的连贯是以腰为枢纽的。在动作转换过程中，则要求下肢是以腰带跨，以跨带膝，以膝带足；对上肢，是以腰带背，以背带肩，以肩带肘，再以肘带手。其二是动作与动作之间的衔接，即"势势相连"前一动作的结束就是下一个动作的开始，势势之间没有间断和停顿。而"圆活"是在连贯基础上的进一步要求，意指活顺、自然。

（三）虚实分明

要做到"运动如抽丝，迈步似猫行"，首先要注意虚实变换要适当，是肢体各部在运动中没有丝毫不稳定的现象。若不能维持平衡稳定，就根本谈不上什么"迈步如猫行"了。一般来说，下肢以主要支撑体重的腿为实，辅助支撑或移动换步的腿为虚；上肢以体现动作主要内容的手臂为实，辅助配合的手臂为虚。总之虚实不但要互相渗透，还需在意识指导下变化灵活。

（四）呼吸自然

太极拳联系的呼吸方法有自然呼吸、腹式顺呼吸、腹式逆呼吸和拳势呼吸。以上几种呼吸方法，不论采用哪一种都应自然、匀细，徐徐吞吐，要与动作自然配合。

三、二十四式太极拳

二十四式太极拳也叫简化太极拳，是 1956 年国家体委组织太极拳专家从杨式太极拳架中择取 20 多个不同姿势动作编串而成的。虽然只有 24 个动作，但相比传统的太极拳套路来讲，其内容更精练了，动作更规范了，并且也能充分体现出太极拳动作柔和、缓慢、圆活、连贯的特点。整套动作分 8 组，包括"起势"和"收势"共 24 个动作，练习时间约 5～6 分钟，简练明确，易学易练。

（1）起势

自然直立，两臂自然下垂，两眼平视前方，精神集中，呼吸调匀；左脚向左迈出一步，成开立步，与肩同宽；两臂慢慢向前抬起与肩平，掌心向下；两腿微屈下蹲，两掌轻轻下按（图13-47）。

（2）左右野马分鬃（图 13-48）

上体微向右转，身体重心移至右腿上，同时右臂收在胸前平屈，手心向下，左手经体前向右下划弧放在右手下，手心向上，两手心相对成抱球状，左脚随即收到右脚内侧，脚尖点地；眼看右手；上体微向左转，左脚向左前方迈出，右脚跟后蹬，右腿自然伸直，成左弓步；同时上体继续向左转，左右手随转体慢慢分别向左上右下分开，左手高与眼平，肘微屈，右手落在右胯旁，肘也微屈，手心向下，指尖向前，眼看左手。上体慢慢后坐，身体重心移至右腿，左脚尖翘起，微向

一   二   三   四

图 13－47

外撇,同时上体微向左转,眼看左手;上体继续左转,重心再移至左腿,两手划弧,右手向左上划弧,放在左手下,两手相对成抱球状,右脚随即收到左脚内侧,脚尖点地,眼看左手;继续作向右转身动作,动作与上相同,只是方向相反。

一   二   三   四   五   六   七

图 13－48

(3) 白鹤亮翅(图 13－49)

身体微向左转,左手翻掌向下,右手向左下划弧至左手下,两手掌相对成抱球状;右脚前进半步,身体后坐,重心移至右腿,左脚变虚步,脚尖点地;同时身体微向右转,两手向右上和左下分开,右手上提至头部右前方,掌心向面部;左手下落至左胯旁,掌心向下,两眼平视前方。

一   二   三

图 13－49

(4) 左右搂膝拗步(图 13－50)

① 右手从体前下落,由下向后上方划弧至右肩部外侧,臂微屈,与耳同高,手心向上;左手上起由左向上,向右下方划弧至右胸前,手心向下;同时上身微向左再向右转,眼看右手。

② 上身左转,左脚向前迈出成左弓步,同时右手屈回由耳侧向前推出,高与鼻尖平;左手向下由左膝前搂过落于左胯旁;眼看右手指。

③ 上身慢慢后坐,重心移至右腿上,左脚尖翘起微向外撇;随即左腿慢慢前弓,身体左转,重心移至左腿上,右脚向左腿靠拢,脚尖点地;同时,左手向外翻掌由左后向上平举,手心向上,右手随转体向上向左下划弧落于左肩前,手心向下,眼看左手。

一　　　二　　　三　　　　四　　　五　　　六

七　　　八　　　九　　　　十　　　十一

图 13－50

（5）手挥琵琶（图 13－51）

身体重心移至左腿，右脚向前跟进半步；上体后坐，重心移至右腿，上体稍向右转，左掌由下向左，向上划弧，掌心斜向前下方，高与鼻平；右手收回放在左臂肘部里侧，掌心斜向前下方。左脚略提起稍向前移，变成左虚步，脚跟着地，脚尖翘起，眼看左手。

一　　　　　二　　　　　三

图 13－51

（6）左右倒卷肱（图 13－52）

① 右手翻掌（手心向上）经腹前由下向后上方划弧平举，臂微屈；左手随之翻掌向上，左脚尖落地，眼随着向右转体，先看右方，再转看左手。

② 右臂屈肘回收，右手由耳侧向前推出，手心向前；左手回收经左肋外侧向后上划弧平举，手心向上，右手随之再翻掌向上；同时左腿轻轻提起向左后侧方退一步，脚尖先着地，然后慢慢踏实，重心移至左腿上，成右虚步；眼随转体左看，再转看右手。③ 同②，但左右相反。④ 同② 。⑤ 同②，但左右相反。

一　　　二　　　三　　　四　　　五　　　六

图 13-52

（7）左揽雀尾（图13－53）

身体微向左转，左手随之前伸，掌心向下；右手翻掌向上，经腹前向左上前伸至左腕下方，然后两手下捋，身体以腰为轴微向右转，重心移至右腿，两手下捋经腹前向右后方划弧，直至右手掌心向上与肩平，左手掌心向后，左臂平屈于胸前。眼神顾及右手。

身体微向左回转，右臂屈时收回，右手置于左手腕里侧，双手同时向前挤出，左掌心向后，右掌心向前。重心移至左腿，右脚跟后蹬成左弓步。眼神顾及双手。

左手翻掌向下，右手向右前伸与左手平，掌心向下，两手向左右分开与肩同宽。身体后坐，重心移至右腿，左脚尖跷起。两臂屈时回收至胸前，两手掌心向前下方，然后两手向前上方按出，手腕高与肩平。同时左腿前弓成左弓步。两眼平视前方。

一　　二　　三　　四　　五　　六　　七　　八　　九　　十

图13－53

（8）右揽雀尾（图13－54）

身体后坐并向右转，重心移至右腿，左脚尖里扣；右手先向右然后向左下划弧至左腹前，掌心向上；左臂平屈于胸前，掌心向下，两手相对成抱球状。同时重心再移至左腿，右脚收至左脚内侧，脚尖点地。眼神顾及左手。其下动作与左揽雀尾相同，唯左右相反。

一　　二　　三　　四　　五　　六　　七　　八　　九　　十

图13－54

（9）单鞭（图13－55）

上体后坐，重心移至左腿，右脚尖里扣；同时身体左转，两手在体前向左划弧，左臂至身体左侧平举，手心向左，右手至左胁前，手心向后上方，眼看左手。

身体重心移至右腿，上体右转，左脚向右脚靠拢，脚尖点地；右手随转体向右上方划弧，至右侧时变钩手，臂与肩平；左手自下向右上划弧，至右肩前。视线随右手移动。

上体微左转，左脚向左前方迈出，脚跟着地；同时左手随上体左转而经面前向左划弧，右脚跟后蹬稍外展，重心逐渐移向左腿，左腿屈膝前弓，右腿自然伸直，成左弓步；左掌慢慢向前推出，手心向前，右臂成幻手在身体右后方，与肩同高。视线随左手移动，眼看左手。

一　　二　　三　　四

图13－55

一　　二　　三

图13－56

(10) 云手(图 13-56)

① 身体重心移至右腿上,身体渐向右转,左脚尖里扣;左手经腹前向右上划弧至右肩前,手心斜向里,同时右手变掌,手心向右前,眼看左手。

② 上体慢慢左转,身体重心随之逐渐左移;左手由脸前向左侧运转,手心渐渐转向左方;右手由右下经腹前向左上划弧至左肩前,手心斜向后;同时右脚靠近左脚,成小开步(两脚距离约 10~20 cm);眼看右手。

③ 上体再向右转,同时左手经腹前向右上划弧至右肩前,手心斜向后;右手向右侧运转,手心翻转向右,随之左腿向左横跨一步;眼看左手。

(11) 单鞭(图 13-57)

上体右转,右手由面部前方向右划弧,至身体右侧,翻掌变幻;左手经腹前向右上划弧至右肩前,手心向内;重心移至右腿,左脚尖点地,眼看左手。上体微左转,左脚向左前方迈出右脚跟后蹬,成左弓步,身体重心移向左腿,左手慢慢翻掌,向前推出。

图 13-57

图 13-58

(12) 高探马(图 13-58)

右脚前进半步,重心移至右腿,左脚掌着地成虚步。同时右勾手变掌,两手掌心翻转向上,两肘微屈,两眼平视前方。身体微向左转,右手经右耳侧向前推出,掌心向前与眼同高;同时左手收至左侧腰际,掌心向上,左臂微屈,眼神顾及右手。

(13) 右蹬脚(图 13-59)

左手掌心向上,前伸至右手腕之上,两手交叉,手背相对,随即向两侧分开,向下划弧;同时左脚向左前方迈出一步,身体重心渐渐移至左脚,右脚跟进至左脚内侧;两手继续划弧,合抱于胸前,手心向后;两臂左右分开划弧,平举,手心向外,同时右腿屈膝提起,向右前方慢慢蹬出,眼看右手。

(14) 双峰贯耳(图 13-60)

右腿收回,膝盖提起,左手由后向上向前下落,右手心也翻转向上,两手同时向下划弧分别落于右膝盖两侧,手心均向上;右脚向右前方落下变成右弓步,同时两手下垂,慢慢变拳,分别从两侧向上向前划弧至脸前成钳形状,拳眼都斜向后方,眼看右拳。

图 13-59

图 13-60

(15) **转身左蹬脚**(图 13－61)

左腿屈膝后坐,身体重心移至左腿,上体左转,右脚尖里扣;同时两拳变掌,由上向左右划弧分开平举,手心向前,眼看左手。

身体重心再移至右腿,左脚收到右脚内侧,脚尖点地;同时两手由外圈向里圈划弧合抱于胸前,左手在外,手心均向后;眼平看左方。

两臂左右划弧分开平举,肘部微屈,手心均向外;同时左腿屈膝提起,左脚向左前方慢慢蹬出;眼看左手。

一　　　　二　　　　三　　　　四

图 13－61

(16) **左下势独立**(图 13－62)

① 左腿收回平屈,右掌变勾手,左掌向右划弧至右肩前;眼神顾及右手。

② 右腿屈膝下蹲,左腿向左后方伸出成左仆步,左手下落,眼神顾及右手。

③ 身体左转,以左脚跟为轴,脚尖外撇,随即右脚尖里扣,右腿后绷,左腿前弓;左手从左腿内侧划弧上抬成立掌,掌心向右,同时右手旋时将勾手置于身后,眼神顾及左手。

④ 右腿提前平屈,脚尖自然下垂;右勾手下落变掌,由后下方向前摆出,屈臂立于右腿上方,肘膝相对,掌心向左;左手落于左胯旁,掌心向下,眼神顾及右手。

(17) **右下势独立**(图 13－63)

① 右脚落于左脚前,左脚以脚掌为轴向左转,身体亦随之转动,右手随身体转动向左侧划弧,至左肩前,手心斜向后方;同时左手后平举变勾手,眼看左手。

② 以下动作与"左下势独立"的②、③、④ 相同,但左右方向相反。

一　　　　二　　　　三　　　　四　　　　　　一　　　　二　　　　三　　　　四

图 13－62　　　　　　　　　　　　　　　　**图 13－63**

(18) **左右穿梭**(图 13－64)

① 身体微向左转,左脚向前落地,脚尖外撇,右脚跟离地,两腿屈膝成半盘式;同时两手在左胸前成抱球状(左上、右下),然后右脚收到左脚的内侧,脚尖点地;眼看左前臂。

② 身体右转,右脚向右前方迈出,屈膝弓腿,成右弓步;同时右手由脸前向上举并翻掌停在右额前,手心斜向上;左手先向左下再经体前向前推出,高与鼻尖平,手心向前;眼看左手。

一　二　三　四　五　六　七　八

图 13－64

③ 身体重心后移,右脚尖略向外撇,随即身体重心再移至右腿,左脚跟进停于右脚内侧,脚尖点地,同时两手在右胸前成抱球状(右上、左下),眼看右前臂。

④ 同②,只是左右相反。

(19) 海底针 (图 13－65)

右脚向前跟进半步,身体重心移至右腿,左脚稍向前移,脚尖点地,成左虚步;同时身体稍向右转,右手下落经体前向后,向上提抽至肩上耳旁,再随身体左转,由右耳旁斜向前下方插出,掌心向左,指尖斜向下;与此同时,左手向前、向下划弧落于左胯旁,手心向下,指尖向前;眼看前下方。

(20) 闪通背 (图 13－66)

上身稍向右转,左脚向前迈出成左弓步;同时右手由体前上提,掌心向上翻转,右臂平屈于头上方,拇指朝下;左手上起向前平推,高与鼻尖平,手心向前;眼看左手。

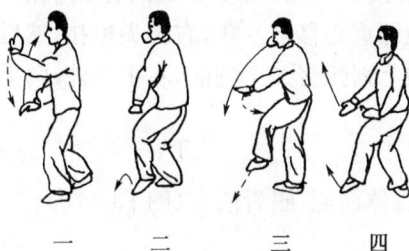

一　二　三　四

图 13－65

一　二　三

图 13－66

(21) 转身搬拦捶 (图 13－67)

身体后坐,重心移至右腿,左脚尖里扣,身体向右后转,重心再移至左腿;同时右手随转体变拳,自右向下经腹前划弧至左时旁,拳心向下;左手弧形上举至左额前,掌心向外;两眼平视前方。

一　二　三　四　五　六

图 13－67

身体右转,右脚收回后再向前迈出,右脚尖外撇,右拳经胸前向前方翻转撇出,拳心向上;左手落于左胯旁,掌心向下;眼神顾及右手。

身体重心移至右腿上,左脚向前迈一步;左手上提经左侧向前平行划弧拦出,掌心向前下方,同时右拳收到右胯旁,拳心向上,眼看左手。左腿前弓,右拳向前方打出,拳眼向上,左手附于右前臂里侧,眼神顾及右手。

(22)如封似闭(图13-68)

右手边翻掌边由左腕下向前伸出,右拳同时变掌,待左手行至右手背处时,两手分开,与肩同宽,手心向上,平举于体前;

上体后坐,重心移至右腿,左脚尖翘起,同时两臂屈时、两掌翻转向下、收至两肋前;右腿自然伸直,左腿屈膝成左弓步;同时两手向前上方推出,手心向前,与肩同宽,眼看前方。

图 13-68

(23)十字手(图13-69)

重心移至右腿,左脚尖里扣,向右转体。右手划弧至右侧,与左手成两臂侧平举,两臂微屈,同时右脚尖略外撇,成右弓步;眼神顾及右手,随即重心移至左腿,右脚尖里扣,然后右脚向左收回,两脚平行站立与肩同宽;两手向下经腹前向上划弧交叉于胸前,右手在外,两手掌心向后;两眼平视前方。

(24)收势

两手向外翻掌,手心向下,两臂慢慢下落,停于身体两侧,眼看前方(图13-70)。

图 13-69　　　　图 13-70

第四节　散打基本技术

散打运动又简称散打或散手,是武术运动对抗形式的一种,它是融踢、打、摔三种技术为一体的对抗形式的民族体育项目。

散打运动与传统意义上的散打有本质区别,传统意义上的散打是武术对抗形式的总称。它又称为相搏、手搏、技击、卞、并、角力、白打、拍张、手战等。其目的是运用技法制胜对方,使对手丧失反抗能力,其特点为注重招数的运用。而散打运动则是将传统散打纳入现代运动竞技项目的结果,其特点为在安全的基础上,以对手的动作为转移斗智斗力,较勇较技的武术竞赛项目。

由于传统的散打是在方形的台上进行,因此,民间又称之为"打擂台"。

散打基本技术的教学训练

(一)预备姿势

预备姿势又称实战姿势,是散打实战过程中,即便于进攻又便于防守的最佳准备姿势。通常人们称左脚在前的预备姿势为正架,右脚在前的预备姿势为反架,本书的预备姿势指正架姿势。

(1)预备姿势要求具备以下特征

① 便于步法移动:散打进攻方法多样,对峙距离较远,攻防转换较快,因而要求散打的步法较为灵活。预备姿势必须便于前后左右方向的自由移动。

② 便于进攻:预备姿势必须便于在实战中把握进攻的时机。便于进攻动作的启动、组合动作的连接和完成动作后的稳定。

③ 便于防守:正确的预备姿势保持将自己的身体暴露的越小越好,动作的转换以及攻防转换的稳定。

(2)动作要领(以下所有技术动作均以右势为例)

① 两脚微成八字平行开立,距离略比肩宽,两膝微屈。

② 左脚不动,右脚以脚前掌为轴向左旋转,身体随之转动25°左右,右脚跟抬起。

③ 含胸收臀、微收下颌,头上顶。前手轻握拳,屈臂抬起,拳与鼻等高,前臂与上臂夹角成90°~100°。后手轻握拳,屈臂拍起,前臂上臂夹角小于90°,后手拳自然置于下额外侧处,肘部下垂轻贴在右肋部。身体方向正对对手。(图13-71)

(3)动作的技术分析

① 两脚站立不在一条直线上,这样一是利于稳定,二是便于后退及进攻。

② 着力点在两脚的脚前掌上是使身体随时处于待发状态,便于攻防和转移。

③ 两肘自然下垂能有效地保护自己的两肋部,下颌微收、头上顶,以增强自己头部的抗击打能力和动作用力。

(4)易犯错误

① 两脚在一条直线上,不便于自己进攻的能力和对来自侧面进攻的防守能力,并且稳定性差。

② 预备姿势完成时手臂与肩部不在一个立面上,容易破坏身体平衡和运动时的整体协调。

(5)训练方法

① 反复练习转体动作,要求注意重心的分配和身体立面的统一。

② 在熟练完成转体动作基础上配合上肢的动作。

③ 动作基本定型后,配合简单步法和左右的摇晃练习,使之能够使身体协调、放松。

④ 掌握动作后,教练员可根据情况下达指令改变体位方向,使之在不断变换动作中迅速调整好自身的动作,以提高运用预备姿势能力。

图13-71

（二）基本步法

"步快则拳快"，步法是散打技术运用的基础，是构成单体技术的基本要素。

散打步法的总体要求是"轻"、"快"、"灵"、"变"。"轻"是指步法移动轻便，上下协调，富有弹性；"快"是指步法移动要迅速；"灵"是指步法移动要灵活，不僵滞；"变"是指步法在运用中能随机应变，转换自如。

（1）单滑步

单滑步为向前、后、左、右四种，主要用于直接配合拳的进攻。现以向前滑步为例，后脚随之跟进相同距离，整个动作完成后仍成原来预备姿势（图13-72）。在移动中应注意，身体重心不得过于起伏或出现前俯后仰的现象。向后、左、右的滑步，一般情况下不应由向所滑动方向的脚先行移动，另脚间的滑动距离应大致相等。

图 13-72

（2）闪步

闪步分为左、右闪步，主要用于躲闪对方的正面进攻，并有利于自己的迅速反击。左闪步：从预备姿势开始，上体保持原来姿势，前脚向左侧迅速蹬出 20～30 cm，随即后脚以前脚为轴迅速向左滑动，角度在 45°以内，动作完成后大致成预备姿势的步型（图13-73）。做闪步移动时应注意：一要保持重心平稳，二要防止动作僵硬。右闪步：从预备姿势开始，后脚向右方横向蹬出，随后以髋带动前脚向右侧滑动，身体转动角度一般在 60°～90°之间，动作完成后成预备姿势。（图13-74）

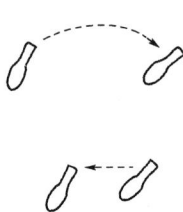

图 13-73

（3）纵步

纵步分为前、后两种，主要是用于远距离时迅速接近对方或在中近距离时迅速摆脱对方的一种步法。从预备姿势开始，两脚同时蹬地向前或后纵出 30～40 cm 左右，在动作完成的过程中始终保持预备姿势（图13-75）。

（4）垫步

垫步大体分为两种，一种是垫一步，一种是在上一步的基础上再跟垫一步。垫步一般直接用于配合腿的进攻动作。这里只介绍跟垫一步的技术。

a. 从预备姿势开始，重心前移，后脚蹬地向前脚内侧并拢，随即前腿屈膝提起，根据情况使用蹬、踹腿法。

b. 上动不停，在用腿法的同时，支撑腿随蹬腿向前再垫出一步，脚跟斜向前（图13-76）。

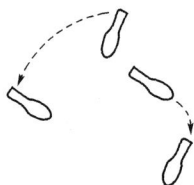

图 13-74

图 13-75

提膝示意图

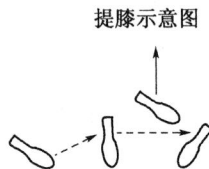

图 13-76

（5）击步

击步常用于在远距离需接近对手或在中近距离需脱离对手。击步主要分向前、向后两种。

向前击步：从预备姿势开始，重心前移，后脚蹬地向前脚内侧迅速靠拢，在后脚着地的同时前脚向前方迅速跃出，着地后两脚成预备姿势步型（图13-77）。

向后击步:从预备姿势开始,重心后移,前脚蹬地向后脚内侧迅速靠拢,着地后两脚成预备姿势步型(图 13-78)。

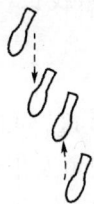 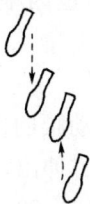 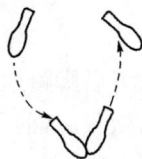

图13-77　　　　　　　图13-78　　　　　　　图13-79

(6) 交换步

交换步是左右架交换时的一种步法,多见于左右架交替打法的运动员。

从预备姿势开始,前、后脚同时蹬地微离地面,在空中左右腿前后交换转体,完成动作后成与原来相反的预备姿势(图 13-79)。

(三)步法练习方法

① 单项步法练习:每当学习一种步法后都须反复练习,认真体会动作要领。这一阶段的练习只要求动作规格,不要求速度,熟练掌握各种步法练习,并注重与身法的协调关系。

② 组合步法练习:在熟练掌握各种步法的动作技术基础上,将一两种或两三种步法编串起来反复练习并随机地组合各种步法练习。

③ 条件步法练习:

a. 根据教练的口令或手势进行前后左右的规定步法或任意步法的练习。

b. 一攻一防的步法练习。一方用步法主动接近或摆脱对方,同时要求另一步法与主动者保持一定距离,通过练习提高步法与距离判断的结合与掌握能力。

c. 互为攻防的步法练习。两人运用各种步法进行相互进逼与转换的练习。进逼为的是破坏双方原有的距离;转移则是为了保持双方距离。通过这种练习能够培养运动员运用步法来制造和捕捉战机的能力。

(四)基本拳法

散打拳法主要分为冲、掼、抄、鞭四种。

① 冲拳:冲拳直线型进攻方法,它分为前、后冲拳两种,是拳法中远距离进攻对方的主要手段。由于冲拳动作相对隐蔽,尤其后手冲拳力量较大,是给对手重击的有效方法,所以在比赛中使用率较高。

a. 前手冲拳:

从预备姿势开始,后脚蹬地,重心前移右。由肩带动前手臂的前臂快速直线出去,力达拳面,手臂自然伸直,后手保持不变。收拳的路线亦是出拳的路线,收拳后前臂放松,迅速回复到原来的预备姿势(图 13-80)。出拳时肩部放松,避免回拉现象;防止出拳时,形成横向出拳的动作;前手出拳的同时,后手避免向后反拉的动作出现。

b. 后手冲拳:

从预备姿势开始,后脚蹬地并以脚前掌为轴向内扣转。随之转腰压肩,向正前方直线出拳,力达拳面。出拳同时前手拳直线收回至下颌前方,肘部自然弯曲贴于肋部(图 13-81)。

要点:后手冲拳完成时,两腿之间应与身体中心线形成一定角度;出拳时要避免耸肩、转体不到位等,以致出现抖肘关节的现象。

② 掼拳:掼拳是弧线型进攻方法,分为前、后掼拳两种,在相互的连续击打中使用较高。掼拳由于摆动幅度大,所以击打力量很大,但也因幅度大和运行路线长,使得动作的隐蔽性较差。

a. 前手掼拳:

从预备姿势开始,后脚蹬地,身体由髋带动腰向内旋转 20—30 度,同时重心前移;同时前手臂抬肘略与肩高,微张肩,前手拳向外侧前方伸出,上臂和前臂的角度相对固定,力达拳面或偏于拳眼;右拳护于右腮[图 13-82(侧面)、13-83(正面)];动作完成后迅速放松,基本是按原来出拳路线恢复到预备姿势。

要点:力从腰发,腰绕纵轴向右转动;臂微屈,肘尖与肩平。

图 13-80   图 13-81   图 13-82   图 13-83

b. 后手掼拳:

从预备姿势开始,后脚以脚前掌为轴内旋,带动转战,重心前移;后臂抬起略与肩平,拳向前外侧伸展,上臂和前臂形成一定夹角并相对固定。同时前手臂自然弯曲收于肋间,拳置于下颌处;上动不停,继续向内转髋,出拳微微张肩。由惯性带动拳向前水平横摆,力达拳面。(图 13-84、13-85)

图 13-84   图 13-85

要点:掼拳上臂与前臂的夹角应根据打击距离来调整确定;掼拳不能用上臂带动前臂;当掼拳角度小于 90 度时,拳心向内向下;当角度大于 90 度,拳心向外向下,这样不至于使腕部受伤。

③ 抄拳:抄拳是近距离攻击的拳法,它分为前、后抄拳两种,主要是在相互间近距离对抗时使用。

a. 后手抄拳:

从预备姿势开始,上体微向后向下转动,重心略降低并合髋,后脚蹬地,微向前向上转体,随之后手臂根据所击打距离加大角度向前、向上出拳,拳心向内,重心随之前移,力达拳面(图

13－86、13－87)。

图 13－86　　　　　　图 13－87　　　　　　图 13－88

要点:出拳时不可向后引拳,防止暴露意图;注意出拳后肩部的迅速放松,恢复预备姿势。

b. 前手抄拳:

从预备姿势开始,上体微向外、向下转动,前腿微屈,扣膝合髋,前手臂收回轻放于左肋部,前手拳自然置于左面颊外侧,重心偏于前腿,上动不停,后腿蹬地,前手拳向前上方出击,前臂屈,拳心向内,力达拳面(图 13－88)。

图 13－89

要点:发力时,关节上翻;完成动作后迅速放松,恢复预备姿势。

④ 鞭拳:鞭拳是一种出奇制胜的方法,但由于动作幅度大,因而使用有一定难度。鞭拳分为两种,原地转身鞭拳和移动转身鞭拳。

a. 原地转身鞭拳:

从预备姿势开始,脚掌用力,身体右转,上动不停,身体继续旋转,当转动110—120 度时右臂抬肘略与肩平,向后侧横向甩打(图 13－89)。

要点:转体时,以头领先,以腰带动整个身体;出拳时要以腰带肩,手臂不宜过直。

图 13－90

b. 上步左转身左手鞭拳:

从预备姿势开始,重心前移,后脚上步,内扣在前脚前方 20—30 厘米左右,身体由腰带动向左后转身,前臂收回轻贴肋部;左脚蹬地,重心继续前移,以右脚前掌为轴继续转动,左脚离地随体转动;转体至 270 度左右时,收回的前臂使肘与肩略平,同时左脚在轴心脚前方着地;上动不停,在上臂带动下左臂伸展,并向侧后方横向甩出(图 13－90)。

要点:整个动作要一气呵成,并要把持好平衡。

(五) 基本腿法

腿法在散打技术中占有很大比重,它主要包括蹬、踢、扫、摆、弹等技术,腿法的特点在于它是远距离进攻主要手段,力度大、攻击力强。

① 侧踹腿:侧踹腿分前、后侧踹两种,是散打中运用率较高的腿法,而前侧踹又多于后侧踹它主要用于进攻与阻击。

a. 前腿侧踹:

从预备姿势开始,重心稍后移,上体保持原来姿势,前腿屈膝提起与髋同高,小腿外摆,脚尖勾起微向外翻(图 13－91);身体继续向侧后仰,同时脚尖横向,力达脚掌的后三分之二处,此时支撑腿的脚后跟斜向前方;此时前手置于端出腿上方,后手置于下颌前方。(图

13-92)

图 13-91　　　　图 13-92　　　　图 13-93　　　　图 13-94

要点:前腿侧踹时要避免形成以膝关节为轴心发力的勾脚弹踢;完成动作的瞬间,从平面看,上体与腿基本保持在一条直线上,而不能低头收肋;翻转要充分。

b. 后腿侧踹:

从预备姿势开始,前脚尖外摆,后脚蹬地,重心前移,上体向左外侧转动,后腿在腰带动下屈膝提腿向前上方迅速提起,小腿向前方外翻,脚尖勾起,脚尖斜向上方;上动不停,支撑腿以脚前掌为轴随之摆动,使脚跟朝前方,上体向侧后仰,前手收回置于下颌前方,后手自然前伸置于准备端出的腿的上方;上体继续向后侧仰,展髋,挺胯,带动大小腿伸展端出,力达脚掌后三分之二处。

要点:由于后腿侧踹的路线较长,稳定性较差,加之易受对方阻击,所以要求速度快,整体动作一气呵成。

② 正蹬腿:正蹬腿主要分为前、后正蹬两种。

a. 前腿正蹬:

从预备姿势开始,重心微后移,后腿膝关节微屈,上体微后坐,前腿屈膝正面提起,脚尖勾翘(图 13-93)上动不停。两臂自然下垂护住两肋,同时送肋,带动大小腿向正前方水平蹬出,脚前掌下压,力达脚前掌(图 13-94)。

要点:屈膝时提膝关节要超过自己腰部;出腿不能往下踏,同时避免弹踢现象;送出腿时上体不可后仰太多,以免减少打击力度。

b. 后腿正蹬:

从预备姿势开始,后脚蹬地,重心前移,后腿迅速向正前方屈膝提起,两臂微下落回收,支撑腿微屈;上动不停,提膝腿到位后送髋,带动大小腿向正前方蹬出,脚前掌下压,力达脚全掌。

要点:与前腿正蹬相同。

③ 摆踢:摆踢的腿法按运动形式可分为侧踢和转身摆踢,其中侧摆踢又可分为前、后腿侧摆踢,转身摆踢又可分为前、后转身摆踢。

a. 前腿侧摆踢:

从预备姿势开始,重心后移,上体微向右转动并向后侧仰,两手臂下落,同时屈膝提腿,并向内扣膝翻筋,大小腿夹角大约保持在90°左右(图 13-95);上动不停,由转传翻髋带动大小腿向外侧前上方摆踢,在击打到物体的瞬间,小腿由于加速甩出与大腿基本成直线(图 13-96)。在翻髋出腿的同时,支撑腿以脚前掌为轴跟着转体,脚跟斜向前。

  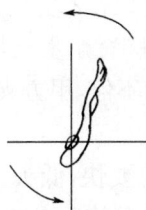 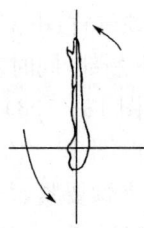

图 13-95　　　　　图 13-96　　　　　图 13-97　　　　　图 13-98

b. 后腿侧摆踢：

从预备姿势开始，后脚蹬地，重心前移，上体左移，后腿膝关节微外展，收髋带动大小腿向前上方提起；上动不停，支撑腿以脚前掌为轴随身体转动，上体继续向左侧后仰，大小腿夹角150度左右，随转体向右前方摆踢；上动不停，摆踢腿踝关节绷紧，力达踝关节部位及脚背处，当接触到被击打物体的瞬间，由于大腿的摆动使小腿加速与大腿成直线（图13-97、13-98）。

要点：在完成摆踢动作前，膝关节不要超过身体中心线。当大腿与身体中心线成20°~30°腿加速甩出，此时大腿随转体继续向中心线摆动以加大小腿的摆踢速度。

c. 后转身摆踢：

从预备姿势开始，重心前移，上体微向右下侧转体，以前腿脚前掌为轴，后腿蹬地向后转身（图13-99）；随转体后腿展筋，大小腿伸直，由下往上，由后向前横摆，脚背绷紧，力达脚掌和脚跟（图13-100）；摆踢腿至中心线后开始降弧，身体继续旋转至原来启动前的身体位置，摆踢的腿也落回原来启动前的位置。

④ 后扫腿：从预备姿势开始，上体拧腰，前腿屈膝全蹲，以前脚掌为轴，同时两手在两腿之间扶地，后腿大致伸直（图13-101）；上动不停，后腿伸直向侧后方弧形擦地后扫（图13-102），扫腿超过正前方，在回到原来启动位置后两手推地起立。

要点：下蹲地与转体展髋要快速连贯，以身体转动带动扫腿；扫腿时脚尖内扣勾紧，力达腿跟处；养成扫腿后迅速站立的习惯。

图 13-99　　　　　图 13-100　　　　　图 13-101　　　　　图 13-102

（六）基本摔法

散打中的摔法有别于其他项目的摔法，其特点一是"快"摔，二是几乎无"可抓"，三是摔法可与拳法、腿法并用。由于摔法不仅是得分的有效手段，而且是制约对方腿法发挥的重要技术，因此摔法必须认真掌握。散打摔法大致分为两类。

（1）主动摔

指在散打对抗中主动运用摔法的技术。主动摔根据"把位"大致分为夹颈、腰和抱腿，这三个部分又可分为若干个具体的摔法。

① 夹颈过背:甲方用前臂架在乙方的两臂内侧时,用(左)右臂由乙方右(左)肩上穿过,屈臂夹住乙方颈部,同时左(右)脚背贴步至与右(左)脚平行,两腿屈膝,塌腰,右(左)臂部紧贴乙方小腹部(图13-103)。上动不停,甲方夹住乙方颈部,低头用力将乙方背上摔过。同时两膝猛向后蹬伸(图13-104)。

要点:夹颈要紧,背步转身要快,低头、蹬腿要协调、快速。

② 插肩过背:甲方用前手臂从乙方腋下穿过,背向右(左)步贴至与左(右)脚平行,两膝屈膝,同时后手固定住乙方另一手臂(图13-105);随之两腿蹬直,向下低头、弓腰,前手臂由侧后向前发力,将乙方摔倒(图13-106)。

要点:插肩要快,插步转身要协调快速动,弓腰、蹬腿要连贯有力,动作一气呵成。

图13-103　　　　图13-104　　　　图13-105　　　　图13-106

③ 抱腿前顶:甲方上步下潜,两手搂抱住乙方双膝关节处,用力向后上提拉,同时用左(右)肩前顶对方大腿或小腹部将乙方推倒(图13-107)。

要点:下潜要快,抱腿要紧,两臂后上拉与肩顶要协调一致。

(2)接腿摔

指在散打对抗中接住对方进攻的腿后使用的摔法。

① 摔腿摔:甲方接住乙方的左(右)腿,用双手将其固定住(图13-108)。上动不停。甲方左(右)腿住侧后撤一步,并固定住乙方的腿往怀里带(图13-109);上动不停,甲方双手固定住乙方的腿向下,向左(右),向上做弧形的牵引,将对方摔倒(图13-110)。

图13-107　　　　图13-108　　　　图13-109　　　　图13-110

要点:接腿摔使用的前提是接腿"把"位要准确、固牢;划弧牵引的动作幅度要大,要连贯有力,要牵动对方的重心。

② 接腿别腿:甲方接住乙方的左(右)腿,用一手揽住乙方的脚踝关节,用另一手搂抱住乙方的膝关节部位;用左(右)腿伸至对方撑腿侧后别对方,同时用胸部向外、向下压对方被搂抱的腿,把对方摔倒。

要点:接腿要快捷、准确,要迅速把对方被固定的腿牵引至自己的右(左)肋部,以便于使用别腿方法。别腿压腿要协调一致。

（七）防守技术

防守技术分为接触式防守和不接触式防守两大类。接触式防守主要是指阻挡、推挡、格架、截击和抄抱等技术。

① 阻挡防守：这是一种被动式防守技术，作为初学者学习阻挡防守尤为重要，它能提高在抗击打的条件下有效保护自己的能力，阻挡防守大致可分肩臂阻挡和提膝阻挡两种。提膝阻挡主要用于对各种腿法的防守。

a. 肩臂阻挡：

肩臂阻挡主要用于对各种拳法和腿法的防守从预备姿势开始，前手臂收回与后手臂一起举到左右两肋，两拳护在头部两侧，含胸收腹，低头收下颌。

要点：在遭到连续打击情况下，可以用单臂阻挡防守；在承受打击的瞬间，肩臂甚至包括上体各部分肌肉都要迅速紧张，承受完打击随即放松。

b. 提膝阻挡：

从预备姿势开始，突然迅速屈膝提腿，膝关节高度与髋齐。同时前手臂收回与后手臂紧贴，上体微沉。

② 推拍防守：推拍防守是散订运动员训练时应掌握基本技术。推拍按方向可分为向外、向下的方法，又可分为单手、双手两种。主要用于防守对方的拳法和腿法。

a. 向外推拍：从预备姿势开始，前（后）手向左（右）做出横向推拍动作。

b. 向下推拍：从预备姿势开始，前后两手突然同时向下推拍。在推拍时不能仅仅使用手的力量，而是要求全身参与；推拍动作幅度不宜过大，一般在 20 cm 左右，动作要短促有力；准确把握推拍的时机。

③ 格架防守：格架防守是散打中最常见的防守技术，具有破坏对方的进攻动作的作用。格架可分为向斜上、向斜下和向下的防守动作。用于防守来自正侧面的各种拳法和腿法。

a. 斜上格架：从预备姿势开始，前手臂稍过肘向斜上举起，前臂微内旋，同时低头收下颌。

b. 下格架：从预备姿势开始，前手臂收回横于胸前，随之向腹部下方移动，上体微向下沉。

④ 截击防守：截击防守是一种积极性的防守技术，它是在判断的基础上，提前阻截对方进攻路线甚至使对方失衡，以利于反击。截击防守分为拳截击和腿截击两大种，其中又可分为若干个具体的运用方法。

a. 腿截击：当判断对方准备用侧端或正蹬动作时，先于对方用侧端或正蹬阻截住对方的动作路线，或直接攻击对方的得分部分，使之不能有效地完成进攻动作。

b. 拳截击：当判断出对方准备出前手冲拳的同时出后手冲拳，出拳路线则是沿着对方出拳上缘向对方延伸，直至击中对方身体的得分部分。

要点：截击防守建立在准确判断的基础上；截击动作要隐蔽、及时和突然。

⑤ 抱抄防守：

a. 搂抱防守：当对方用拳攻击时，迅速靠近用于搂抱对方的防守方法。

要点：要接抱防守，首先要避开对方的进攻动作；摇臂动作结束后多应伴有拳的反击动作，要注意培养拳的反击意识。

b. 组合技术的训练

组合技术是指把不同的攻防技术合理编串起来综合运用地攻击对方，所以进行技术的组合时，必须考虑它的合理性。

由于组合技术是为了有效连续，组合技术可分为进攻技术组合、防守技术组合、攻中有防组合和防守反击组合四类。组合技术编串一般以二至三击为宜,现举例提示如下:教练员亦可根据实际情况自行组合各种技术并指导练习。

1. 进攻技术组合

(1) 拳的组合

① 前冲拳—后冲拳

② 前冲拳—后掼拳

③ 后冲拳—前掼拳

④ 前冲拳—后抄拳

(2) 腿的组合

① 前腿低弹(摆)踢—后腿侧端腿

② 前腿弹(摆)踢—后腿弹(摆)腿

③ 前腿正路—后腿正蹬—前腿侧摆踢

④ 后腿侧摆踢—前转身摆踢

(3) 拳腿组合

① 前腿低弹(摆)踢—后冲拳

② 前冲拳—后冲拳—后腿正蹬

③ 后冲拳—前腿摆踢—后掼拳

④ 后腿摆踢—后掼拳

(4) 拳腿摔组合

① 前腿侧端—后冲拳—下潜抱腿

② 前腿低弹(摆)踢—后冲拳—抱腿前顶

2. 进攻技术组合训练

① 徒手进攻技术组合练习首先必须掌握好单个技术,在此基础上,反复练习组合动作。流畅、节奏明快、动作幅度小;动作构成要简洁实用。

② 器械辅助组合练习用脚靶作为目标,达到在运动中准确把握动作的距离、结构组合技术。

3. 防守技术组合

(1) 手的防守

① 左上格架—右上格架—左下格架

② 后手推拍—前臂肩肘阻挡

(2) 手与腿的防守

① 前腿提膝—后手推拍

② 双手向下推拍—前腿提膝

(3) 接触式加不接触式防守

① 左右推拍—摇避

② 后闪—左右格架

③ 左(右)格架—下潜

4. 攻中有防组合

(1) 拳法与防守

① 前冲拳—后闪

② 后冲拳—下潜

③ 前、后冲拳—摇避

④ 前掼拳—后手推拍

（2）腿法与防守

① 前腿侧端—后闪

② 前腿摆踢—后手推拍

③ 前腿正蹬—后闪—双手下推拍

5. 防守反击组合

（1）手的防守反击

① 后手推拍—前冲拳

② 前下格架—后冲拳

③ 双手下推拍—后掼拳

（2）腿的防守反击

① 前腿提膝—前侧端

② 前腿提膝—后腿正蹬

（3）手加腿的防反

① 双后下推拍—后腿摆踢

② 前腑提膝—前侧端

③ 前手下格架—前侧端

（4）加摔的防反：

① 左、右格架—下潜—抱腿（单、双）摔

② 后闪—下潜—抱腿摔

② 接侧摆踢—抱腿别腿

④ 接正蹬—挑勾子

复习思考题

1. 武术的锻炼价值及其特点是什么？

2. 武术有哪些基本的步型，各自的要点是什么？

3. 散打的健身功效及其特点是什么？

第十四章 健 美 操

第一节 健美操的概念与特点

（一）健美操的概念

健美操是在音乐伴奏下,以身体练习为基本手段、以有氧运动为基础,达到增进健康、塑造形体和娱乐目的的一项体育运动。

健美操起源于传统的有氧健身运动,是有氧运动的一种。它通常采用徒手或轻器械进行练习,是在氧供应充足的情况下,以人体有氧系统提供能量的一种运动形式,其运动特征是持续一定时间的,中低强度的全身性运动,主要锻炼练习者的心肺功能,是有氧耐力素质的基础。

近年来,随着健身运动的不断发展,人们对健身运动的理解进一步加深,知识水平和健身的科学化程度不断提高,对健身的需求也更加多样化和个性化,因此出现了多种新的健身形式,如近年来兴起的水中健美操和利用移动器械的集体力量练习以及在特殊场地进行的固定轻器械的有氧练习等,这些新的健身形式使健美操运动的内容更加丰富,适合的人群更加广泛,健身的效果更好,同时降低了损伤的可能性。健美操运动正是在此大环境下得到迅速的发展,呈现出更加多样化和科学化的发展趋势。

虽然健美操运动发展历史不长,但已深受广大群众的喜爱。健美操不仅突出动作"健"和"力"的特点,而且更强调"美"。将人体语言艺术和体育美学融为一体,使健美操成为一个极具观赏性的体育运动项目。随着现代物质文明的提高,人们花钱买健康的观念不断增强,健美操运动在我国越来越受到欢迎,已成为人们现代文明生活不可缺少的组成部分。

（二）健美操的特点

1. 高度的艺术性

健美操是一项追求人体健与美的运动项目,因此健美操属健美体育的范畴,具有高度的艺术性。

健美操是艺术性主要体现在其"健、力、美"的项目特征上。"健康、力量、美丽"是人类所追求的身体状况的最高境界,而健美操运动无不处处表现出"健、力、美"的特征,包含着高度的艺术性因素,使健美操不同于其他运动项目,这也正是人们热爱健美操运动的原因之一。

健美操动作协调、流畅、有弹性,使练习者不仅锻炼了身体、增强了体质,而且从中得到了"美"的享受,提高了审美意识和艺术修养。而健美操运动员在比赛中所表现出的健美的体魄、高超的技术、流畅的编排和充沛的体力等,也无不给观众留下深刻的印象,充分体现出健美操运动的"健、力、美"特征和高度的艺术性。

2. 强烈的节奏性

健美操动作具有强烈的节奏性特点,并通过音乐充分地表现出来,因此音乐是健美操运动不可缺少的组成部分。健美操音乐的特点是节奏强劲有力、旋律优美,具有烘托气氛、激发人们热情的效应。

健美操运动之所以深受喜爱,除练习本身的功效性、动作的时代感外,很重要的因素之一是现代音乐给健美操带来了活力。健美操动作与音乐的强烈的节奏性使健美操练习更具有感染力,使健美操比赛和表演更具有观赏性。

3. 广泛的适应性

健美操练习形式多样,运动量可大可小、容易控制,对场地器材的要求也不高,因此对各个年龄层次、不同性别、不同身体素质、不同技术水平的人都适宜,各种人群都能从健美操练习中找到适合自己的方式,都能从健美操练习中得到乐趣。

4. 健身的安全性

健美操所设计的运动负荷及运动节奏,都充分考虑了运动而产生一系列刺激结果的可行性,使之适合一般人的体质,甚至弱体质的人都能承受的有氧范围。人们在平坦的地面上,在欢快的音乐声中,跟随快慢有序的节奏进行运动,十分安全,而且有效。

第二节　健美操的基本动作

健美操是一项具有锻炼实效,深受群众欢迎的运动项目。它是在音乐的伴奏下运用各种不同类型的动作,融体操、舞蹈、音乐为一体的身体练习,既是健身美体、陶冶情操的大众健身方式,又是竞技运动的一个项目。

健身健美操基本动作正确与否,不仅影响人的健康姿态,还会影响动作的难易程度和锻炼效果,正确的姿势,对人体的骨骼和肌肉的生长发育、内脏器官的正常活动十分重要,了解和掌握健身健美操基本动作,建立健美操的基本概念,培养动作的协调性和健美操专项意识,并为健美操动作设计和教学训练奠定基础。健身健美操基本动作包括头颈动作、肩部动作、上肢动作、胸部动作、腰部动作、髋部动作、下肢动作。

一、健身健美操基本动作及练习方法

(一) 手型

健美操手型主要掌和拳两种。

1. 掌

包括分掌、合掌。

① 分掌。五指用力伸直张开,手腕保持一定的紧张程度。

② 合掌。五指伸直并拢。

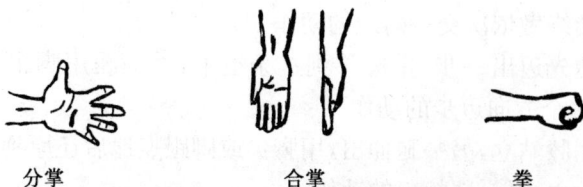

分掌　　　　　　合掌　　　　拳

2. 拳

五指弯曲握紧,大拇指压在食指弯曲部位。

(二) 上肢动作

1. 举

一般描述:臂伸直向某方向抬起。

2. 屈臂

一般描述:前臂与上臂角度不断减小。

3. 伸臂

一般描述:前臂与上臂角度不断增大。

4. 屈臂摆动

一般描述:屈肘在体侧自然地摆动。可依次和同时进行。

5. 上提

一般描述:直臂或屈臂由下至上提抬起。如:屈臂前提、直臂前提。

6. 下拉

一般描述:臂由上举或侧上举拉至身体两侧。

7. 胸前推

一般描述:立掌,臂由肩部向前推。

8. 冲拳

一般描述:屈臂握拳,由腰间猛力向前冲拳。

9. 肩上推

一般描述:立掌,屈臂由肩部向前推。

10. 摆动

一般描述:以肩关节为轴,手臂在180°以内的运动称之为摆动。

11. 绕和绕环

一般描述:以肩关节为轴,手臂在180°至360°之间的运动为绕;大于360°以上的圆周运动为绕环。

12. 交叉

一般描述:两臂重叠成 X 形。

在进行上述上肢动作联系时,应注意肌肉的用力阶段,使动作富有弹性,避免上肢动作过分僵硬。

(三)基本步法

1. 基本步法体系

当我们认真分析基本动作时,不难发现所有步法可按冲击力分为三种:无冲击力动作、低冲击力动作和高冲击力动作,许多低冲击力动作同时也可做成高冲击力动作。而根据动作完成形式的不同,我们又可将基本步法分为五大类:

● 交替类:两脚始终做依次交替落地的动作。

● 迈步类:一条腿先迈出一步,重心移到这条退上,另一腿用脚跟、脚尖点地或吸腿、屈腿、踢腿等,然后向另一个方向迈步的动作。

● 点地类:一腿屈膝站立,另一腿伸出,用脚尖或脚跟点地后还原到并腿位置的动作。

● 抬腿类:一腿站立,另一腿抬起的动作。

● 双腿类:双腿站立、身体重心在两腿之间的动作。

以下所介绍的动作均为最常用的基本动作,你可以在此基础上发展,创造具有自己风格的独特动作。

有氧操常用基本动作体系

类别	原始动作形式	低冲抵动作	高冲击动作	无冲击动作
交替类	踏步	踏步 走步 一字步 V字步 漫步	跑步	
迈步类	侧并步	并部 迈步点地 迈步吸腿 迈步后屈腿 侧交叉步	并步挑 小马跳 迈步吸腿跳 迈步后屈腿跳 侧交叉步	
点地类	点地	脚尖点地 脚跟点地		
抬起类	抬腿	吸腿 摆腿 踢腿	吸腿跳 摆腿跳 踢腿跳 弹踢腿跳 后屈腿跳	
双腿跳			并腿跳 分腿跳 开合跳	半蹲 弓步 提踵

2. 基本动作说明

(1) 两脚交替类

① 踏步(原始动作)见图:

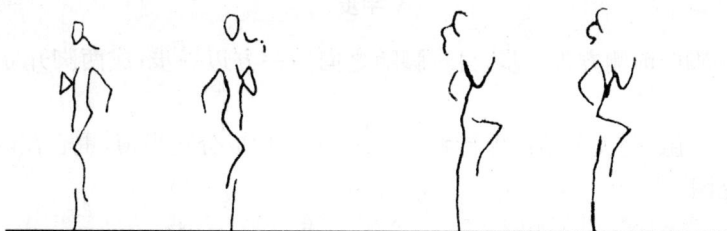

踏步

一般描述:两腿原地依次抬起,依次落地。

技术要点:在下落时,踝、膝、髋关节依次有弹性地缓冲。

② 走步 见图

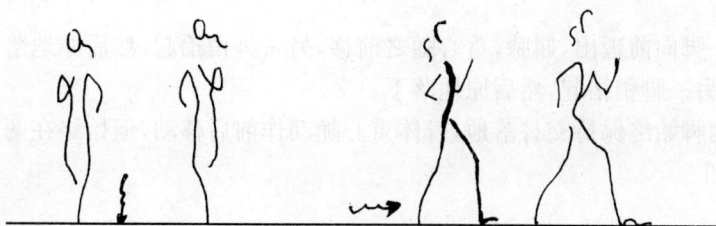

走步

一般描述:迈步向前走四步或向后退四步,然后反之。向前走时,脚跟先落地,过渡到全脚掌;向后走时则相反。

技术要点:在落地时,膝、踝关节有弹性地缓冲。

③ 一字步　见图

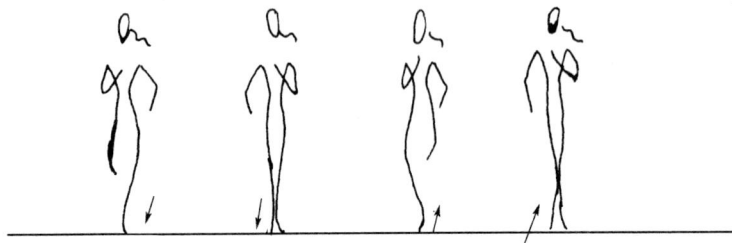

一字步

一般描述:一脚向前一步,另一脚并于前脚,然后再依次还原。

技术要点:向前迈步时,先脚跟着地,过渡到全脚掌;前后均要有并腿过程;每一拍动作膝关节始终有弹性地缓冲。

④ V字步　见图

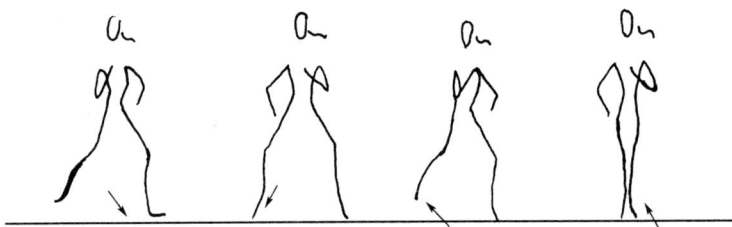

V字步

一般描述:一脚向前侧方迈一步,另一脚随之向另一方迈一步,成两脚开立,屈膝,然后再依次退回原位。

技术要点:两腿膝、踝关节始终保持弹动状态,分开后成分腿半蹲,重心在两腿之间。

⑤ 漫步　见图

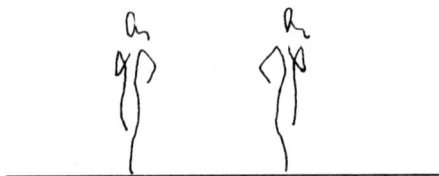

漫步

一般描述:一脚向前迈出,屈膝,重心随之前移,另一脚稍抬起,然后原地落下;或者向后撤一步,重心后移,另一脚稍抬起,然后原地落下。

技术要点:两脚始终保持交替落地,身体重心随动作前后移动,但始终在两脚之间。

⑥ 跑步 见图

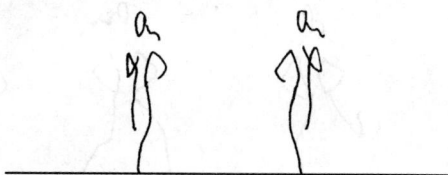

跑步

一般描述:两腿经过腾空,依次落地缓冲,两臂屈肘摆臂。

技术要点:落地屈膝缓冲,脚跟尽量落地。

(2) 迈步类

① 并步 见图

并步

一般描述:一脚迈出,另一脚随之并拢屈膝点地;再反方向迈步。

技术要点:两膝始终保持弹动,动作幅度和力度可随风格而定。

② 迈步点地 见图

迈步点地

一般描述:一脚向侧迈一步,两腿经屈膝移重心,另一腿再前、后用脚尖或脚跟点地。

技术要点:两膝同时有弹性地屈伸,重心移到轨迹呈弧形;上体不要扭转。

③ 迈步吸腿 见图

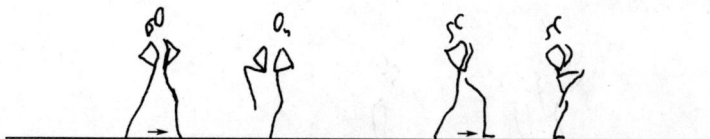

迈步吸腿

一般描述:一脚迈出一步,另一腿屈膝抬起,然后向反方向迈步。

技术要点:经过屈膝半蹲,抬膝时支撑腿稍屈膝。

④ 迈步后屈腿 见图

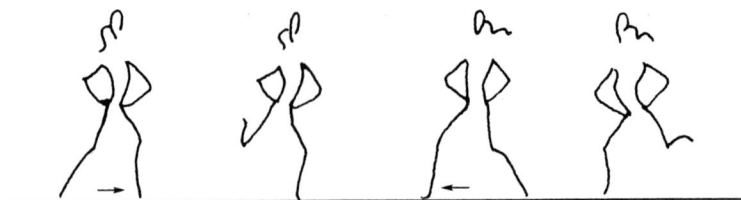

迈步后屈腿

一般描述：一脚迈出一步，另一腿后屈，然后向反方向迈步。

技术要点：经过屈膝半蹲，支撑腿稍屈膝，后屈腿的脚跟靠近臀部。

⑤ 侧交叉步　见图

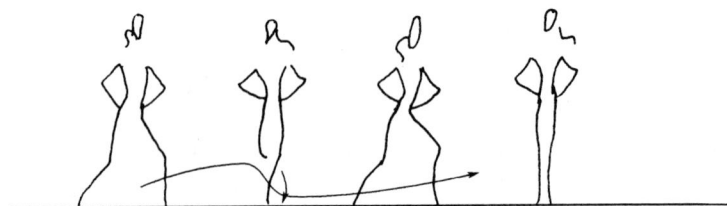

侧交叉步

一般描述：一脚向侧迈一步，另一脚在其后交叉，随之再向侧迈一步，另一脚并拢，屈膝点地。

技术要点：第一步脚跟先落地，身体重心快速随着脚步而移动，保持膝、踝关节的弹动。

（3）点地类

① 脚尖点地　见图

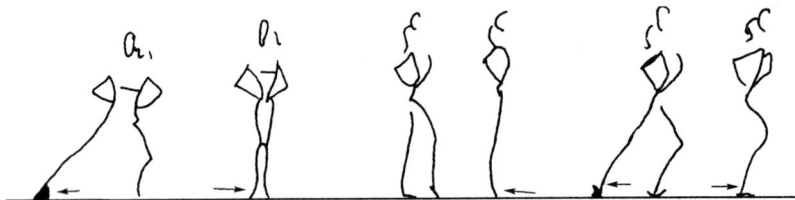

脚尖点地

一般描述：一腿稍屈膝站立，另一腿伸出，脚尖点地，然后还原到并腿姿势。

技术要点：支撑腿始终保持屈膝站立，并且随动作由弹性的屈伸。

② 脚跟点地　见图

脚跟点地

一般描述：一腿稍屈膝站立，另一腿伸出，脚跟点地，然后还原到并腿姿势。只可做向前和向侧的脚跟点地。

技术要点：支撑腿始终保持屈膝站立，并且随动作有弹性的屈伸。

（4）抬腿类

① 吸腿

一般描述：一腿屈膝抬起，落下还原。

技术要点：支撑腿保持屈膝弹动，大腿上抬超过水平；上体保持正、直。

② 踢腿 见图

一般描述：一腿稍屈膝站立，另一腿抬起，然后还原。

技术要点：抬起腿不需很高，但要有控制；保持上体正直。

③ 弹踢腿（跳） 见图

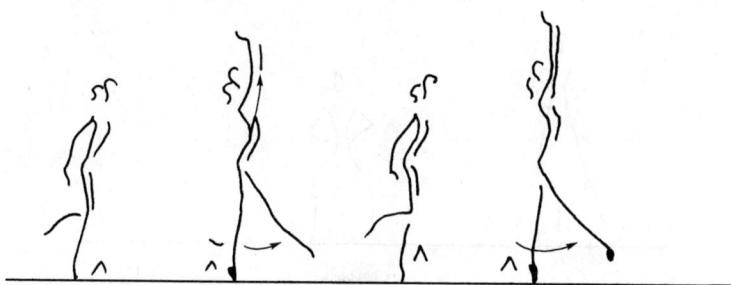

弹踢腿

一般描述：一腿站立（跳起），另一腿先向后屈，然后向前下方弹踢，还原。通常以高冲击力的形式出现。

技术要点：腿弹出时要有控制，保持上体正、直。

④ 后屈腿（跳） 见图

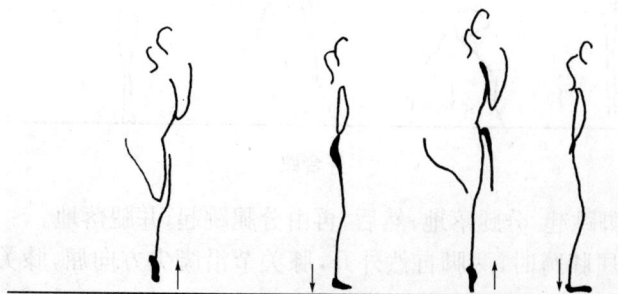

后屈腿

一般描述：一腿站立（跳起），另一腿向后屈膝，放下腿还原。通常以高冲击力的表现形式出现。

技术要点:支撑腿保持弹性,两膝并拢,脚跟靠近臀部。

(5)双腿类

① 并脚跳　见图

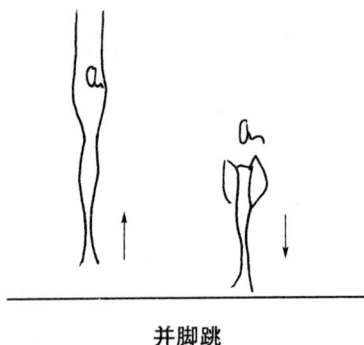

并脚跳

一般描述:两腿并拢跳起。

技术要点:落地缓冲有控制。

② 分腿跳　见图

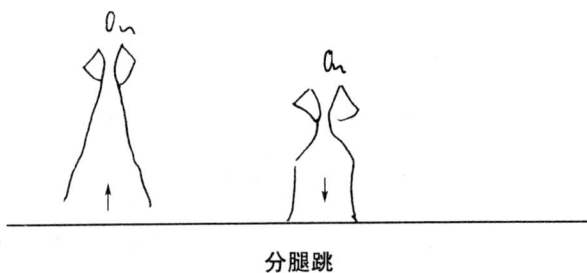

分腿跳

一般描述:分腿站立屈膝半蹲,向上跳起,分腿落地屈膝缓冲。

技术要点:屈膝半蹲时,大、小腿夹角不要小于90°,空中注意身体的控制。

③ 开合跳　见图

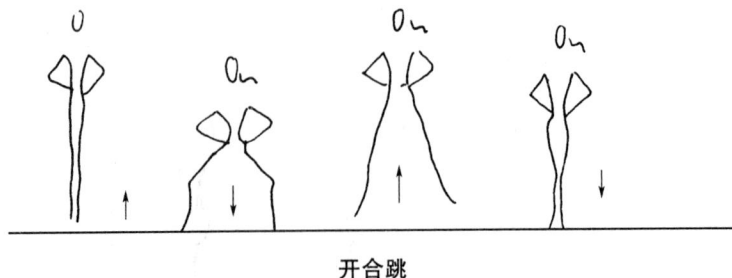

开合跳

一般描述:由并脚跳起,分腿落地;然后,再由分腿跳起,并腿落地。

技术要点:分腿屈膝蹲时,两脚自然外开,膝关节沿脚尖方向屈,膝关节夹角不小于90°,脚跟落地。

④ 半蹲

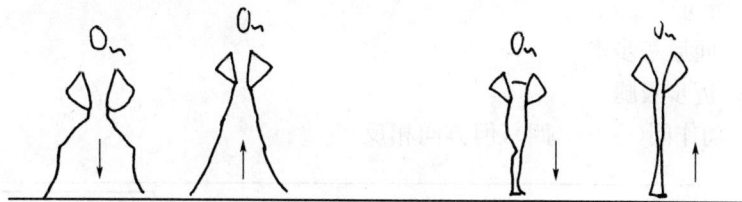

半蹲

一般描述:两腿有控制的屈和伸可分为并腿半蹲和分腿半蹲。

技术要点:分腿半蹲时,两腿左右分开稍大于肩(或与肩同宽),脚尖稍外开,屈膝时关节角度不得小于 90°,膝关节对准脚尖方向,臀部向后 45°方向下蹲,上体保持直立。

⑤弓步 见图

一般描述:两腿前后分开,两脚平行站立;蹲下、起来。

技术要点:半蹲时后退,膝关节向下,大腿垂直于地面;重心始终在两脚之间。

⑥提踵 见图

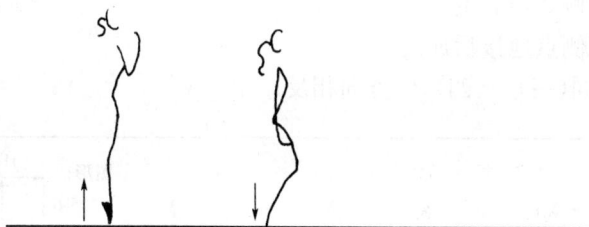

提踵

一般描述:两腿脚跟抬起,落下脚跟稍屈膝。

技术要点:两腿夹紧,重心上提时,收紧腹部;落下时屈膝缓冲。

第三节 健美操三级测试套路

说明:三级为健美操大众锻炼标准的初级套路,练习目的是进行中等强度的有氧练习和低难度的腰腹及上肢力量练习。每一个组合均由 4～5 个基本步法组成,所有的动作和变化都是有氧操练习中的常见动作和典型动作,配合以对称性为主的上肢动作,并增加了 90°～180°方向变化和简单的图形变化。

组合一 4×8×2

(一)4 次并步 L 形

(二)向前/向后走三步吸腿

（三）2 次一字步

（四）1—4　向后一步走

　　　　5—8　迈步吸腿

（五）—（八）动作同（一）—（四），但方向相反

组合二　4×8×2

（一）、（二）4 次侧交叉步 □ 形

（三）2 次迈步连续两次吸腿

（四）1—6　三次侧并步后退

　　　　7—8　左腿侧点地接后屈腿

（五）—（八）动作同（一）—（四），但方向相反

组合三　4×8×2

（一）两次漫步

（二）1—4　两次迈步吸腿跳

5—8　4 次走步

（三）1—4　V 字步右转 90°

　　　　5—8　V 字步

（四）4 次迈步后屈腿，单单双第 7 拍左腿后交叉

（五）—（八）动作同（一）—（四），但方向相反

组合四　4×8×2

（一）4 次小马跳

（二）2 次侧并步跳　向前/后漫步

（三）2 次连续弹踢腿跳前交叉

（四）1—4　侧步摆腿跳 1/2 漫步

　　　　5—8　2 次侧并步

（五）—（八）动作同（一）—（四），但方向相反

第四节　健美操四级测试套路

说明:四级为健美操大众锻炼标准的中级套路,采用中高强度的有氧练习。在三级的基础上复合动作更多,一个32拍的组合由5—7个动作组成。音乐速度更快、高冲击力动作增多,使运动强度增加,但仍是高低冲击力动作相间。手臂动作变化增多,增加了180°转体动作以及图形变化,提高了动作的流动性和成套的难度。设计有胸部、三头肌和腹部的力量练习。

组合一　4×8×2

(一) 1—4　上步连续吸腿两次

5—8　左脚 V 字步接后屈腿,同时左转 180°

(二) 1—4　上前走三步接吸腿跳,同时右转 180°

5—8　后退三步接吸腿跳

(三) 1—4　侧交叉步

5—8　左脚一次后点地,依次侧点地

(四) 1—6　左脚三次并步跳

7—8　右脚向侧半蹲,左脚并于右腿

(五)—(八)动作同(一)—(四),但方向相反

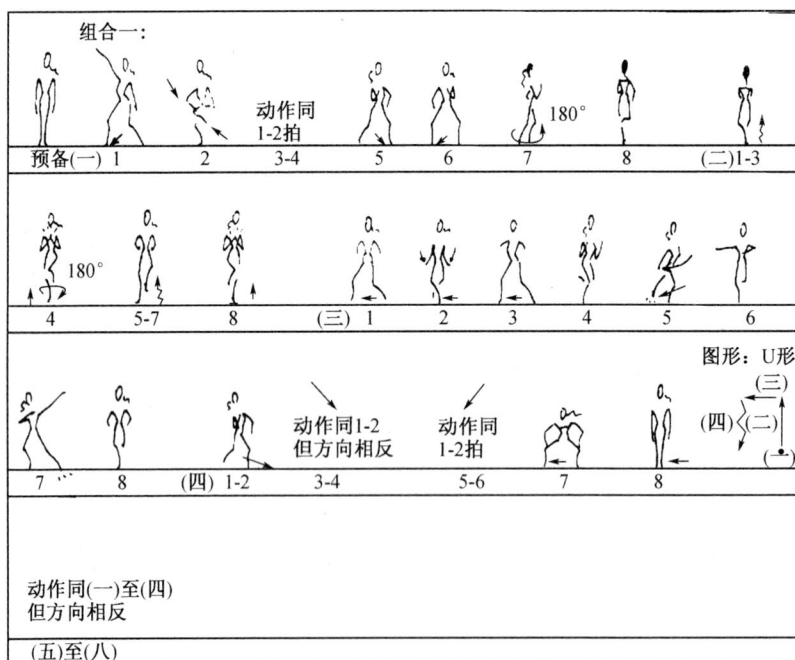

组合二　4×8×2

(一) 1—4　右脚侧步举腿跳接左脚向 1/2 漫步

5—8　向左后方做 2 次后屈腿,同时左转 180°/180°

(二) 1—4　左脚向前走三步接吸腿跳

5—8　右脚向前走三步接吸腿跳

(三) 1—2　左脚向左前方做 1/2 漫步

3—4　左脚向左侧做迈步后屈腿

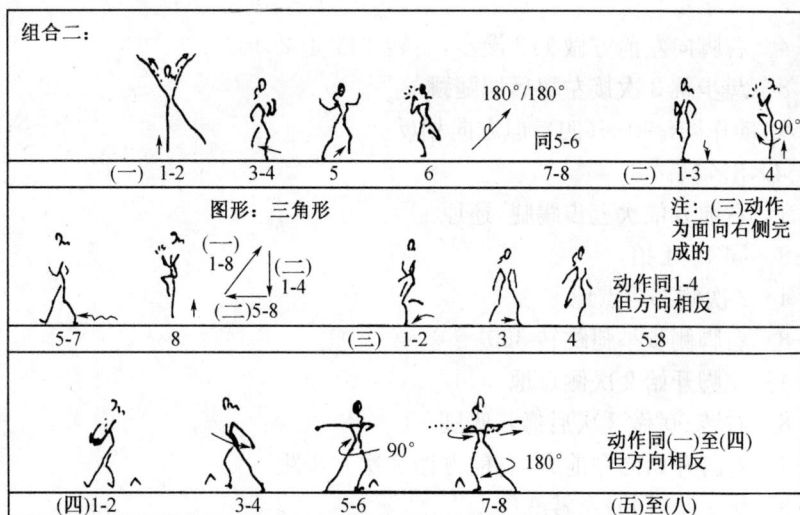

组合二：

| (一) 1-2 | 3-4 | 5 | 6 | 7-8 | (二) 1-3 | 4 |

180°/180°　同5-6　90°

图形：三角形　(一)1-8　(二)1-4　(二)5-8

注：(三)动作为面向右侧完成的

| 5-7 | 8 | (三) 1-2 | 3 | 4 | 5-8 |

动作同1-4但方向相反

| (四)1-2 | 3-4 | 5-6 | 7-8 | (五)至(八) |

90°　180°

动作同(一)至(四)但方向相反

5—8　动作同1—4,方向相反

(四) 1—4　左脚分别向前、后点地跳

　　　5—8　左脚连续2次点地跳,同时右转270°

(五)—(八)动作同(一)—(四),但方向相反

组合三　4×8×2

(一) 1—4　右前方交叉步接后屈腿

　　　5—8　左前方交叉步接后屈腿

(二) 1—4　向右后小蹉步跳接后屈腿

　　　5—8　向左后小蹉步跳接后屈腿

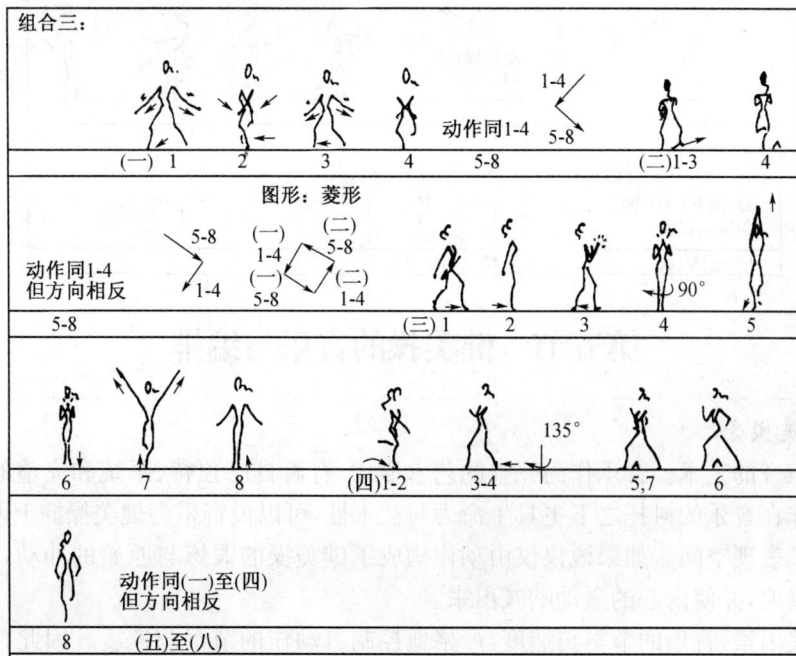

组合三：

| (一) 1 | 2 | 3 | 4 | 5-8 | (二)1-3 | 4 |

动作同1-4　1-4 5-8

图形：菱形　动作同1-4但方向相反　5-8 1-4　(一)1-4 5-8　(二)5-8 1-4

| 5-8 | (三) 1 | 2 | 3 | 4 | 5 |

90°

| 6 | 7 | 8 | (四)1-2 | 3-4 | 5,7 | 6 |

135°

动作同(一)至(四)但方向相反

| 8 | (五)至(八) |

（三）1—4　一字步，并转体 90°

5—8　一字步

（四）1—4　右脚向左前方做 1/2 漫步，右转 135°走 2 步

5—8　蹉步跳 3 次接左腿后屈腿跳

（五）—（八）动作同（一）—（四），但方向相反

组合四　4×8×2

（一）1—4　右前方依次上步踢腿，还原

5—8　同 1—4 拍

（二）1—4　2 次侧部后点地

5—8　右脚侧步举腿跳转 360°

（三）1—4　左脚开始 2 次侧点地

5—8　右转 90°做 2 次后撤步吸腿

（四）1—4　左脚开始向左前方、右前方做 2 次并步跳

5—8　V 字步，同时左转 90°

（五）—（八）动作同（一）—（四），但方向相反

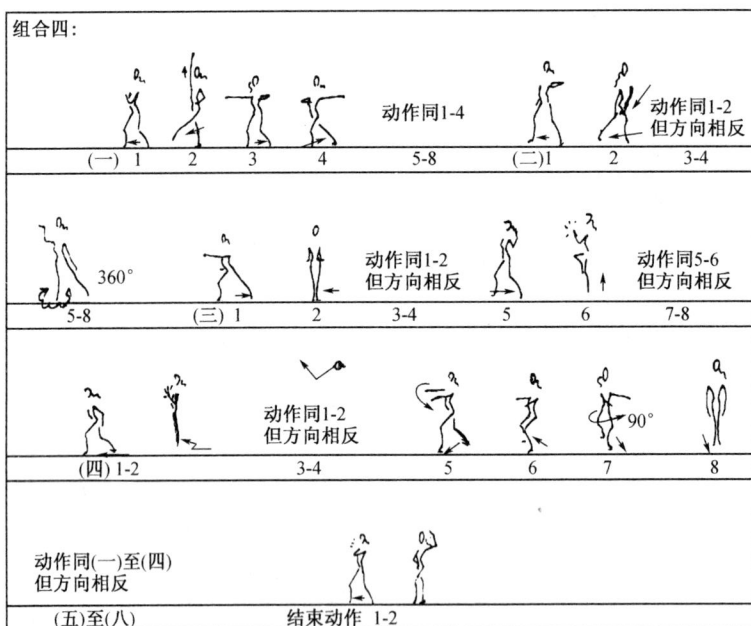

第五节　健美操的音乐与编排

（一）健美操音乐

音乐是声音的艺术。音乐作为完整的艺术形式，有着自己独特、系统和完整的表达方式。健美操的动作在音乐的衬托之下更具生命力与艺术性，可以说音乐为健美操插上两只翅膀，使健美操扩大了表现空间。如果说仅仅由动作构成了健美操的锻炼与原始的冲动，音乐则为健美操注入了灵魂，并使内心的激动呐喊出来。

究其相关因素，音乐的节奏与速度，严格地控制着动作的节奏与速度。因此，在很大程度

上控制着运动的强度。仅就节奏与速度而言,时间相同,节奏与速度越复杂、越快,强度就越大,反之越小。

音乐的风格决定动作的风格。音乐风格受时代变化、民族地域、环境、作者等因素影响,因此我们应当尊重音乐的风格,因为唯有这样,动作与音乐才能协调,音乐才能有力地支撑起动作。

音乐的强弱变化为动作的力度与起伏创造了内在的条件,使动作与音乐在结构上产生联系,曲调与节奏的变化加之动作起伏从而产生韵律感,增加了健美操的韵律美,使健美操美学价值更高。

音乐的情绪有控制健美操动作与脑细胞兴奋的作用,因此在音乐伴奏下进行锻炼可以延缓疲劳的出现。同时音乐的情绪可以影响人的情绪,这也是健美操多选择曲调欢快、节奏强劲的音乐作为伴奏音乐的重要原因之一。欢愉明快的音乐可以更快地调动起人的兴奋性。

1. 健美操常见的音乐种类

(1)爵士乐

爵士乐起源于 19 世纪末 20 世纪初的美国,爵士乐是欧洲文化与非洲文化的混合体。

爵士乐主要来源于黑人社会的劳动歌曲、婚丧仪式、社交场合上所演唱、演奏的散拍乐,他们所采用的和声手法是从音乐吸收而来,最初以即兴演奏为主,以独特的切分节奏贯穿全曲。

爵士乐的主要特点:一是旋律由连续不断的切分节奏组成,这种特别的方式对全世界上流行音乐影响很大;二是即兴演奏;三是强有力的打击乐器,这一点在当今流行音乐中表现突出;四是变化多端的节奏;五是音乐鲜明而强烈;六是和声丰富。爵士乐常常是表现一种欢乐喜悦的气氛,just fun(只是为了欢乐)是他们的格言。

(2)迪斯科

迪斯科音乐是由爵士乐不断演变而成,多带唱,但音乐的目的是追求快的节奏,重音重复不断地出现,而歌曲的内容往往不是主要表现的主题。它源于美国流行于 20 世纪六七十年代的欧美。

迪斯科的主要特点旋律继承了爵士乐的切分节奏,更强调打击乐,多采用单拍子,重复不断地出现,表现出一种旺盛的精力。

(3)摇滚乐

摇滚乐又称滚石乐,也是一种从爵士乐当中派生出来的音乐,它时快时慢,往往以一种节奏型反复出现,带有摇滚的感觉,它继承了爵士乐演奏的即兴性,打击乐的多样化和在乐队中的重要位置。

(4)轻音乐

轻音乐包括很多种类,可以说我们上面提到的音乐都属轻音乐范畴,轻音乐至今没有一个固定下来的定义,我们现在所指的轻音乐是指那些轻松愉快、生动活泼而又浅显易懂的音乐,一般不表现重大的主题思想和复杂的戏剧性内容,轻音乐大致分为五类:

第一类　轻松活泼的舞曲

第二类　电影音乐和戏剧配乐

第三类　通俗歌曲及流行歌曲

第四类　日常生活中的舞蹈音乐和民间曲调

第五类　轻歌剧

2. 音乐的选择与剪接

音乐作为健美操的另一组成部分,在创编中不容忽视。健美操音乐首先应符合健美操的特点,应当是节奏鲜明、热烈并具有蓬勃的精神。其实要根据创编的目的,选择音乐的风格,音乐可以突出个性并对锻炼者起到带头作用。接下来可以根据成套的结构或具体要求确定音乐的长短起伏,或反之根据音乐的长短、起伏来确定成套的结构与动作。

在使用已出版的音乐作品时,往往要根据我们的需要进行剪辑。在进行音乐剪辑时我们应尊重原有的音乐完整性,也就是说当我们决定取舍音乐的某一部分时,不能破坏音乐的基本结构形式,而是利用这些目的为我们服务。如歌曲往往有这样的结构 A+B、A+B+A、(A+B)×3、A+A+B,在剪辑时,可剪去某一整段或保留某一段。如果确定需要破坏乐段,应当注意音乐前后的连接要自然完整。

(二)健美操编排

1. 编排基本方法

有氧操课的编排被认为是按照音乐来计划、组织动作的艺术。健美操动作的编排应是有规律的,表现为以 32 拍为单位,即 4 个八拍动作为一组,这与音乐的结构完全相同。

(1)基本动作的拍节

举例:

1 个踏步=1 拍=1×8 拍可做 8 次

1 个侧并步=2 拍=1×8 拍可做 4 次

1 个侧交叉步=4 拍=1×8 拍可做 2 次

1 个一字步=4 拍=1×8 拍可做 2 次

1 个吸腿=2 拍=1×8 拍可做 4 次

1 个开合跳=2 拍=1×8 拍可做 4 次

要求无论动作如何组合都要保持 32 拍动作的完整性。

(2)组合动作(32 拍)的组合方式

在一个 32 拍的组合中可以包含不同数量的基本步法,步伐越多,可能的组合方式也就越多。一般来说 2—4 种步伐的组合动作适合于初学者,而 5～6 种步伐一组为中等难度,还可以加一些变化。

无论动作如何组合都要保证每一 8 拍动作的完整性。绝大多数有氧操课的动作编排都采取"8 拍完整"的组合方式。下面只是一些举例,实际上还有更多的组合方式。

2 个动作:如 A=踏步、B=V 字步

AABB	ABAB	ABABABAB
8 踏步	8 踏步	4 踏步+1V 字步
8 踏步	2V 字步	4 踏步+1V 字步
2V 字步	8 踏步	4 踏步+1V 字步
2V 字步	2V 字步	4 踏步+1V 字步

3 个动作:如 A=踏步、B=V 字步、C=侧交叉步

ABC ABC	A BCA BC	ACB ACB
4 踏步+1V 字步	8 踏步	4 踏步+1 侧交叉步
2 侧交叉步	1V 字步+1 侧交叉步	2V 字步

（续表）

4 踏步＋1V 字步	8 踏步	4 踏步＋1 侧交叉步
2 侧交叉步	1V 字步＋1 侧交叉步	2V 字步

4 个动作：如 A＝踏步、B＝V 字步、C＝侧交叉步、D＝吸腿

ABCD	AB CD AB CD	AD CB AD CB
8 踏步	4 踏步＋1V 字步	4 踏步＋2 吸腿
2V 字步	1 侧交叉步＋2 吸腿	1 侧交叉步＋1V 字步
2 侧交叉步	4 踏步＋1V 字步	4 踏步＋2 吸腿
4 吸腿	1 侧交叉步＋2 吸腿	1 侧交叉步＋1V 字步

5 个动作：如 A＝踏步、B＝V 字步、C＝侧交叉步、D＝吸腿、E＝侧点地

ABCDE	A BCDE	ABC DE
4 踏步＋1V 字步	8 踏步	8 踏步
2 侧交叉步	1V 字步＋1 侧交叉步	2V 字步
4 吸腿	4 吸腿	2 侧交叉步
4 侧点地	4 吸腿	2 吸腿＋2 侧点地

6 个动作：AB CDEF、ABCDEF、ABC DEF ABC DEF

7 个动作：AB CD EFG、ABCDEFG

8 个动作：AB CD EF GH、ABCDEFGH、ABCDEFGH

2. 图形规律系统

（1）简单图形

可供选择的简单图形有"∟"（有大小之分）正方形、圆形（或半圆形）三角形（包括直角类、等边类，还有正、倒之分）、"十"字形、梯形（有上行、下行之分）、对角线、菱形（也叫钻石行）。

（2）字母形

除了以上提到的图形外还有字母为标志的，如字母 V、M、X、U、S、T 等所有这些图形由基本线条组合，然后加入方向变化和移动变化。这些变化模式构成了你所选择的图形系列。

3. 正、反组合对称法

根据健美操应全面、协调发展身体素质的要求，在编排中所有的动作组合都应正反对此才能更好发展左右侧身体的协调平衡能力。正、反组合要对称就必须有一种自然流畅、连贯的正反组合转换法。

复习思考题

1. 健美操锻炼的价值及其特点是什么？

2. 为什么说大众健美操可以起到健身和健美的作用？

3. 结合自己的实际情况浅谈一下如何能较快地学好健美操？

第十五章　现代健身运动

随着健美操运动的逐步完善与发展,为了进一步提高人们参加锻炼的热情和兴趣,适应其不断增长的健身需求,以传统健美操为基础的特殊课种应运而生了。希望大家通过学习,对其特点与功能、主要内容、教学要求等问题有进一初步的认识和了解

第一节　瑜　　伽

(一)简介

源于印度已被运用了五千多年的古代技艺——瑜伽,近年来在西方迅速成为一种热门的健身锻炼方法。

那什么是瑜伽呢?"yoga"这个词在印度当地语言中意味着"联合"。

许多世纪之前,在现代被称为"印度"的那个世界里,圣贤们直接领悟出地球上是"支离破碎"的,换句话说,人的身体、感情、头脑及精神都是自管自地各奔东西,并最终要求实现各自的要求和愿望。为了使身体、头脑及精神合为一体,并使人的技能的各个方面统一起来,结束"分裂",古代的这些伟人(宗教大师)便在几个世纪的时间里,逐渐发明并完善了一种被称为"瑜伽"的自我发展体系,梵文的意思为"结合"或"合在一起"。

(二)瑜伽的功能和特点

1. 瑜伽健身的功能有两个方面:

(1)培养身体的自然美,并获得高水平的健康状况。

(2)环形休眠在人体内的巨大动力,并用其来开发一个人自身的独特潜力,也就是说,以获得自我实现。

2. 瑜伽健身的五个特点:

(1)恰当的呼吸法

呼吸连接你的躯体到精神,是潜在的能量储存处。呼吸法是为身体和精神返老还童而释放能量。

(2)适当的松弛

放松扮演着身体的冷却装置。当你的身体和精神超负荷运转时,工作的效率就会降低。适当的松弛是对身心的再充电。缓解身体的紧张度和精神的压力,并为将来创造更多的能量。

(3)严格的饮食习惯

哲学意义上的瑜伽饮食法建议由简单、自然易消化的食物来助长身体和精神上的健康。完美的素食主义包括水果、蔬菜、谷物、奶制品、果仁和种子。

(4)正确的练习

在瑜伽中采用 Asanas 的形式。这些练习"润滑了"你的身体,加快血液循环并发展了柔韧性。Asanas 不是激烈动作,在大多数练习类型中这些激烈运动实际上会使你更疲劳。

(5)思考与冥想

积极的思考与冥想让你成为一名好的"司机",积极的思考可以提炼你的才智及给你有意识地控制自己的本能直觉,冥想让你感触到你自己的灵魂深处。

(三)瑜伽的基本技术

1. 呼吸技术

有呼吸才有生命,人体内的细胞离开了氧气就不能活过几分钟。大多数人只用呼吸总量的一小部分。正确的呼吸可以加强全身系统功能、增进健康、增强生命力。正确的呼吸可以清洁肺部及加速消除体内毒素。

2. 体会瑜伽呼吸法

(1)呼吸原理

在做瑜伽基本动作时,是通过鼻孔呼吸的。当吸气时横膈膜下移,空气进入肺部、喉管及支气管。在呼气时,横膈膜上推把空气排出肺部。

(2)仰卧的方法

接下来的练习是如何有效地呼吸。平躺,一手放在腹部,慢慢地轻轻地呼吸,当你吸气时腹部鼓起来,呼吸时下沉。继续慢慢地、深深地呼吸,然后放松。这个动作很重要,因为要把空气带入肺部最宽最底部。注意用横膈膜来做深层腹式呼吸,这块肌肉运用正确才会逐渐增加通气量。

(3)打坐方法

坐着一手放在腹部,另一个放在胸腔下半部,想象你能看见肺部。首先,让肺部的下半部充满空气,接下来,伸展平滑肌让肺部中充满空气,最后感觉到肺的上半部膨胀起来,大多数人呼吸很浅,只用肺的上半部,"生命在于呼吸,故一个只是半呼吸的人只是半活着"。瑜伽的这一格言是要我们牢记呼吸方法直接影响到肉体和精神的健康,并在很大程度上决定着我们生命的长短和质量。

3. 瑜伽呼吸法

(1)单鼻孔呼吸法

用右手大拇指按住右侧鼻孔,左鼻孔完全呼气,用4拍吸气,然后用8拍呼气;用无名指和小指按住左鼻孔,采用以上方法用右鼻孔呼吸,重复5次。

(2)左右鼻孔交替呼吸法

当你掌握了单鼻孔呼吸法后,可以试一下做几遍左右鼻孔交替呼吸法。也就是吸气用一鼻孔,但呼气用另一鼻孔。一开始左左鼻孔吸气,用手按住,然后右鼻孔呼气;右鼻孔吸气,关闭它再用左鼻孔呼气,每天做10组。

(3)完全左右鼻孔交替呼吸法

当你掌握初步技巧后,就可开始"完全左右鼻孔交替呼吸法"。用大拇指按住右鼻孔,通过左鼻孔完全呼吸,然后花4拍时间用左鼻孔吸气,同时按住双鼻孔并保留16拍,花8拍时间用右鼻孔呼气,花4拍时间用右鼻孔吸气,花16拍时间在关闭双鼻孔,8拍时间做鼻孔呼气。想要得到好的效果,应尝试每天至少完成10组。

(四)瑜伽基本动作技术

1. 瑜伽动作要求身体素质

健康的身体同时兼有力量和柔韧性。瑜伽锻炼目的是使力量与柔韧性达到一种平衡,经常锻炼可以保持良好的身体状态。当我们变老时,尽管无人能逃避这一规律,但不良身体姿态和缺乏锻炼会加快这一过程。

在做瑜伽基本动作之前,先熟悉你的身体构造是明智的。身体是一辆机器,由强壮的骨骼和富有弹性的肌肉韧带组成。肌肉扮演着双重角色,当保持某一特定姿态时它起稳固作用,肌肉的屈伸使你可以移动身体,为了锻炼更有效,肌肉必须被伸展得足够长以便关节自由移动,又要足够短和强壮来保持身体姿态的稳定性。

瑜伽基本动作的锻炼使你身体慢慢地更自然,每块肌肉被伸展,给你的身体带来无限的能量,经常性锻炼瑜伽,使你的关节更灵活,增加肢体和脊柱的柔韧性,并帮助你有一副良好的状态。

2. 瑜伽动作的基本技术

瑜伽基本动作的循环顺序是根据身体的屈肌伸肌,按一定的顺序设计的,为了收紧肌肉,使屈肌完全收缩同时让相反的伸肌尽可能延伸。基本技术为伸展拉长和收缩缩短,伸展拉长指肌肉被拉长以便自由活动身体,例如完全体前屈,股二头肌和背部肌肉被拉伸。收缩缩短指向前躯体收缩的肌肉群起收缩作用,相反的肌肉群是伸展,所有这些动作顺序和技术是为了达到身体平衡,增长肌力收紧全身的肌肉。

第二节　形体训练

（一）简介

社会在发展,人们的生活质量在不断提高,人们追求美,热爱美,希望自己的生活中无时不渗透着美。人们在追求美好生活的同时,更加希望拥有健康,拥有美,特别是女性朋友,她们不希望自己拥有娇美的容颜,还要有优美的体型和高雅的气质。为了满足人们的需求,形体训练这一训练模式应运而生。形体训练是吸收了健美操的一些教学方法和特点,以舞蹈和体操动作为素材,为达到健身修行的目的而进行的成套动作为主的练习形式。这种课简单易学,没有枯燥的把杆和手位组合练习,而是在音乐的伴奏下,以舞蹈的形式完成整段动作的教学。教学过程中以身体局部练习为主,以局部带动全身,能达到局部练习的目的,成套动作练习中体会身体各部位的配合,达到动作协调一致。动作熟练时,可达到以优美的身体动作感受音乐来展示美、表达美的境界。

（二）功能和特点

形体训练作为一个健身项目,训练过程中既要达到强身健体的功效,又要达到塑造身体形态和改善身体姿态的目的,培养良好的站姿、走姿。所以它既有有氧健美操的锻炼价值,又不失舞蹈的柔美特色,使锻炼者在优美的音乐伴奏下,能够充分感受美,表现自我,以达到愉悦身心的目的。

1. 功能

（1）达到修饰和锻炼身体局部的作用

单动作的练习,使大家充分体会参与这个动作的身体局部的感觉,从而既学会了动作,有体会到了这一身体部位的动作感觉,达到局部锻炼的目的。

（2）培养良好的气质风度,提高生活和工作质量

形体练习中包括了许多种不同的走、跑、跳等动作,以及呼吸和身体的紧张与松弛的练习,身体局部的伸展练习等练习内容和方法,都是为了使更多体会身体感觉。例如,你在进行各种走的练习时,首先要体会站立时的身体布置,再通过不同走的练习,就会使学员的站姿和走姿更加的优雅,生活和工作中,也就增添了一份美丽和自信。又如练习中注意动作的松弛,工作

疲劳时,就可以利用一些放松动作来快速调整体力,提高工作效率。

（3）使人充分抒发美的感受

形体练习中每个人都有获得美和表现美的机会。学习单个动作过程,也就是指导员带动大家来体会动作体会美。每个人通过自己的感受来获得美,这个美是身心两方面同时获得的。当熟练掌握整段动作后,每个人通过自己的肢体语言来表达内心的感受,因为这个时候人们对动作已经掌握,可以把更多的精力转移到对音乐的理解上并展示自己的体会。

2. 特点

（1）运动强度适中

形体训练时,无论节奏欢快的动作还是舒缓流畅的动作,都要把节奏放慢,让自己更好地体会动作及身体感觉,这个过程的强度自然是逐渐上升,当进行整段动作的练习时,运动强度就会有所提高。虽然整个练习过程的强度不会很高,但已达到有氧训练的水平和锻炼身体的目的。

（2）注意身体动作感觉的培养

形体训练中,不仅要达到锻炼身体的目的,更主要的是塑造美好形体。所以在动作的练习中要养成收腹、挺胸的站立姿态及对肢体动作尽可能用长线条的动作来完成,以更好地塑造肢体形态。身体动作与肢体动作的协调一致使动作更加优美。

（3）强调动作和音乐的和协统一

音乐和动作的和协统一,使我们更加专注的投入练习中,完成动作的同时体会音乐的内涵,更好地完成动作,真正地达到愉悦身心的目的。

（三）基本技术特点

1. 身体的挺拔感

基本的站立、行走练习中,重点强调收腹、立腰、挺胸、沉肩,在其他的一些动作中一样可以贯彻这一点。也就是说,通过形体练习,大胆地把胸挺起来,让自己树立自信心,让自己的举止更加优雅。

2. 身体动作的紧张与松弛

许多人学会收腹、立腰的站立后,会有身体非常进展的感觉,在练习中应配合动作调整好呼吸,提高对肢体的支配能力,使身体动作紧张有度,不会过度僵直。

3. 动作的伸展性

为了更好地塑造形体,每一次抬手臂都要有手臂向远延伸的感觉,这个感觉并不是完全的伸直手臂,而是手臂和身体的形态一致的向一个方向延伸腿的动作同样每一次抬腿都应感觉腿在向远伸展,这一动作感觉要保证身体动作不变形。

复习思考题

1. 瑜伽的主要有哪些功能和特点?

2. 街舞主要有哪些基本技术?

3. 形体训练基本技术特点有哪些?

第十六章　定向运动

定向运动就是利用地图和指北针到访地图上所指示的各个点标,以最短时间到达所有点标者为胜。定向运动通常设在森林,郊外和城市公园里进行,也可在大学校园里进行。

定向运动起源于瑞典。最初只是一项军事体育活动。"定向"这两个字在 1886 年首次使用,意思是:在地图和指北针的帮助下,越过不被人所知的地带。真正的定向比赛于 1895 年在瑞典斯德哥尔摩和挪威奥斯陆的军营区举行,标志着定向运动作为一种体育比赛项目的诞生。距今已有百年历史。

定向运动本身作为一种体育项目开展是从 20 世纪初在北欧开始的。到 20 世纪 30 年代已在芬兰、挪威、瑞典、丹麦立足。1932 年举行了第一次世界定向运动比赛。1961 年国际定向联合会(IOF)在丹麦哥本哈根成立,现有成员国 50 个。国际定联是世界定向运动的行政实体,是国际体育联合会总会之一。定向运动也是国际承认的奥林匹克体育项目。

第一节　概　　述

一、定向运动的分类:

自从 1919 年第一次正式的定向运动比赛在斯堪的纳维亚举行之后,这个项目在北欧得到了迅速的发展,并很快地普及到世界各地。定向运动也由初期单一的一种比赛形式逐步演变为包括各种各样的比赛或娱乐项目在内的综合性群众体育活动。常见的定向运动形式有下列几种:

1. 徒步定向(俗称定向越野)(Cross—Country Orienteering)

这是各种定向运动比赛中组织方法比较简便,开展最为广泛的一种。由于其比赛的成败全在于个人的识图用图、野外定向和奔跑能力的强弱,因此适于各种年龄、性别的人参加。据国外有关资料记载,运动员最小的只有 8 岁,而最长者有 80 岁,真可谓老少皆宜。为增加比赛的乐趣,也可以在判定比赛成绩的方法上有所区别,如:可以个人跑计个人成绩;个人跑计团体成绩或个人跑计个人与团体成绩等。定向越野比赛是国际定向运动联合会(IOF),以下简称国际定联,正式承认的比赛项目之一。

2. 接力定向(Relay Orienteering)

接力定向是团体之间的定向越野比赛项目之一,其成绩好坏有赖于每个队员个人能力的发挥。在接力比赛中,比赛的路线分成若干段(国际比赛通常为四段),每名选手完成其中的一段,各段参赛选手的成绩相加为该队团体总成绩。为便于观众欣赏各选手之间的激烈竞争,接力定向的场地必须设置一个"中心"站,各段选手的交接(即"换段")均在这里以触手方式进行(不使用接力棒),因此,接力定向的观赏性较好,被国际定联纳入了正式比赛项目。

3. 百米定向(100 metres of Orienteering)

百米定向是定向运动的一个新兴项目,经全国定向冠军赛的检验证明百米定向具有观赏性强、技术性高、易参与、易组织等特点,能够锻炼运动员的反应敏捷能力和奔跑速度。健身的同时充满了乐趣,还能够学会识图用图。因此百米定向受到定向届的广泛推崇。

4. 滑雪定向(Ski Orienteering)

滑雪定向也可以按个人、团体或接力比赛等形式进行。它与个人徒步定向越野赛的区别是选手需要使用滑雪装具(非机动的)。供比赛用的滑道,则需要使用摩托雪橇来开辟。同一比赛路线上的滑道通常不止一条,以便于选手自行选择。

滑雪定向也是国际定联的正式比赛项目之一。滑雪定向在东欧国家十分流行,许多世界高山、越野和速度滑雪选手同时又是滑雪定向的高手。

5. 夜间定向(Night Orienteering)

这是定向运动的一种高难度的比赛形式。由于是在视度不良的夜间进行的,不仅增加了比赛的难度,同时对观众和选手自己增加了吸引力和刺激性。夜间定向已被列入国际定联的正式比赛项目之中。第一届世界夜间定向锦标赛于1986年10月27~28日在匈牙利举行。

6. 记分定向(Score Orienteering)

记分定向通常以个人方式进行。它是在比赛区域内预先设置好许多检查点,并根据地形的难易程度、距离远近、点的位置的相互关系不同而赋予每个检查点以不同分值。选手必须在规定时间内自行寻找若干或全部检查点,以积分最高者为优胜。

7. 专线定向(Line Orienteering)

这种比赛与其他比赛的最大区别是在地图上明确地标出了比赛的路线,运动员必须按这些规定的路线行进,并将途中遇到的检查点位置标绘到图上去。成绩以检查点位置标绘的准确程度和所用时间的长短确定。

8. 五日定向(O—Ringen 5—days)

这是瑞典独有的一项特别吸引人的比赛项目。比赛共进行五日,比赛路线由若干段组成,每次都单独记录下个人的成绩,最后再算出总成绩。在几十公里或者一百余公里的多条比赛路线中,除设置了许多检查点之外,还设有若干营地,供运动员与观众休息或参加丰富多彩的文化娱乐活动。近年来,瑞典的五日定向比赛组织得十分频繁,每次参加比赛的来自世界各地的选手都超过15 000人,大大超过了任何一届奥林匹克运动会的选手人数!

9. 校园定向(School Orienteering)

在学校的操场上或教室、体育馆内为孩子们设计的一种游戏。

此外,国际上还流行着一些其他的定向运动形式,有国际定向运动联合会的正式比赛项目:山地车定向,轮椅定向等,也有一些以家庭为单位进行的、并尝试使用不同交通工具的定向运动比赛,例如乘坐摩托车、自行车、独水舟或骑马等。

二、定向运动的锻炼价值

定向运动是一项非常健康的智慧型体育项目,是智力与体力并重的运动。它不仅能强健体魄,而且还能培养人独立思考,独立解决所遇到困难的能力及在体力和智力受到压力下做出迅速反应,果断决定的能力。定向运动是一项学生体育项目,因为它培养学生独立分析解决问题的能力和良好的逻辑思维能力。

定向运动是一项家庭体育项目。周末一家人回归自然,放松身心,自我娱乐,融洽关系,增加乐趣。

定向运动是一项精英人才体育项目。因为它基于挑战,勇于尝试从未被尝试过的方案,并要求全身心的从双腿到大脑以最高时效达到世界顶级目标。

定向运动是一项非常重要的世界军事体育项目。拥有自己的世界锦标赛。

定向运动是一项自然环境体育项目。因为它教会你如何在大自然中把握自己的行为,爱护自然,遵守郊野公园守则。

定向运动是一项不需任何花费的群众性体育项目。所需的只是一张好的定向地图和一个指北针。服装可穿着定向专业套装,也可只是普通运动服装。

定向运动是一项探险寻宝体育项目。给你惊险刺激的人生经历。

定向运动是一项广交朋友的社交性体育项目。在这里,不论男女老少,种族背景,文化阶层,社会地位,相互交流,共享人生。

因此,定向运动吸引了全世界男女老少,各个阶层,各个年龄段人们的广泛参与。

第二节　定向运动地图的识别

在定向运动中,地图和指北针起着确定运动点、运动方向和运动路线的重要作用。在进行地图与实地对照时,指北针起着桥梁的作用。指北针能简便地标定地图和确定实地方位,确保地图上的地物符号、地貌符号与实地地物、地貌之间的对应关系。所以,在定向运动中,读识地图,掌握指北针性能是基础,使用地图和指北针是关键。在定向运动中,确定运动点、运动方向、运动路线时,把地图、指北针、实地三者有机地结合起来。将会达到简便、快捷、精确的判定效果。

在定向运动中,地图和指北针的使用包括:标定地图、对照地形、判定地形、确定运动点、确定运动方向、确定运动路线等。

一、定向运动地图概述

定向运动地图是地形图的一种,是根据国际定向联合会制定的《国际定向运动图制图规范》绘制成的地图。定向运动地图与其他地图相比,是一种更为清晰易读,更适合在野外行进中使用的专用地图。

定向运动地图具有下列特点:

1. 内容与定向运动相关

标有一条连接起点、终点和各检查点的路线;根据需要确定地图范围;图的大小适合运动员携带等。

2. 地图符号国际通用

采用国际定联制定的《国际定向运动图制图规范》规定的地图符号;正规的比赛用图有检查点说明表。

3. 多种地图颜色

根据通行状况区分不同地图颜色,可多达6～7种颜色,而普通地图仅为4色。

4. 较大比例尺和特定磁北线

标准定向运动地图采用1∶15 000和1∶10 000地图比例尺。一些公园图采用1∶5 000甚至更大比例尺,地图上标有由南向北的磁北线,磁北线间隔通常为250 m或500 m。

5. 有一定特色轮廓注记

包括图名、比例尺、等高距、赛会名称、会标等及修测时间、公益性广告、赞助商要求的广告等。

6. 其他如印刷质量和纸质较好等特点

二、定向运动地图符号

定向运动地图符号，即图例符号，是一种定向专用地图的语言，这种语言全球通用。识别和理解定向运动地图符号，对于正确地使用定向运动地图是十分必要的。

定向运动地图的符号与普通地形图符号的要求一样，也需完整而详细地表示地貌、水系、建筑物、道路、植被和境界，即地图的六大要素。根据定向比赛用图的特殊需要，国际定联将定向运动地图的符号分成六类。

① 地貌符号（图 16-1），用棕色表示。这类符号还包括小丘、小洼地、土崖、冲沟、陡坡、土垣等表示地面详细形态的专门符号。

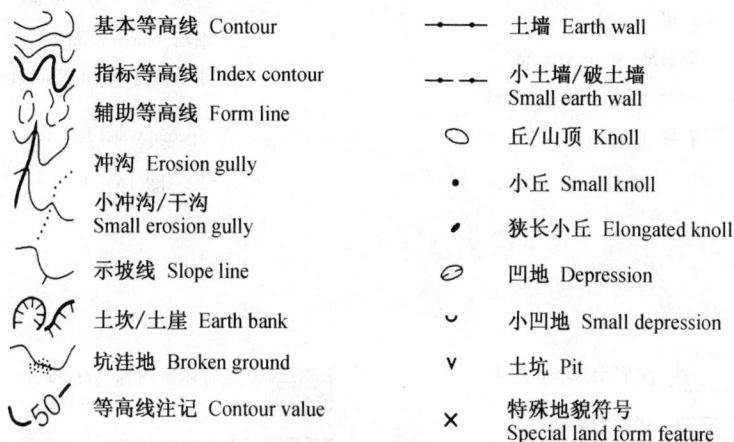

基本等高线 Contour　　　　土墙 Earth wall

指标等高线 Index contour　　小土墙/破土墙 Small earth wall

辅助等高线 Form line　　　　丘/山顶 Knoll

冲沟 Erosion gully　　　　　小丘 Small knoll

小冲沟/干沟 Small erosion gully　狭长小丘 Elongated knoll

示坡线 Slope line　　　　　凹地 Depression

土坎/土崖 Earth bank　　　小凹地 Small depression

坑洼地 Broken ground　　　土坑 Pit

等高线注记 Contour value　　特殊地貌符号 Special land form feature

图 16-1

② 岩石与石块符号（图 16-2），用黑色表示。岩石与石块是地貌或天然地物的特殊形式，它们既可以为读图与确定点位提供有用的参照物，又可以向运动员表明是危险还是可以通行的地域。

③ 水系与湿地（图 16-3），用蓝色表示。这类符号包括所有露天的明水系。当伴有水生或沼泽的植物时，可用相应的植物符号配合表示。

④ 植被符号（图 16-4），用空白、黄色和绿色表示。植被表示的基本原则是：白色（空白）指可奔跑的树林；黄色为空旷地域；绿色为树林中密度较大的地域。

⑤ 人工地物符号（图 16-5），用黑色表示。这类符号包括各种道路、房屋、栅栏、境界等地图符号。

⑥ 路线、与路线相关符号（图 16-6），用紫红色或大红色表示。

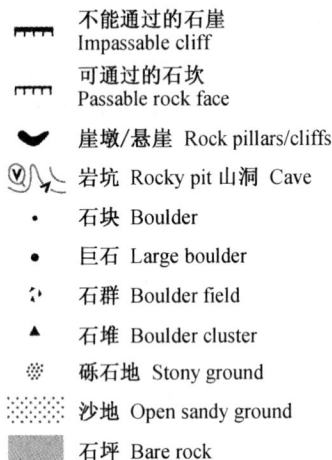

图 16-2　　　　　　　　　图 16-3

图 16-4

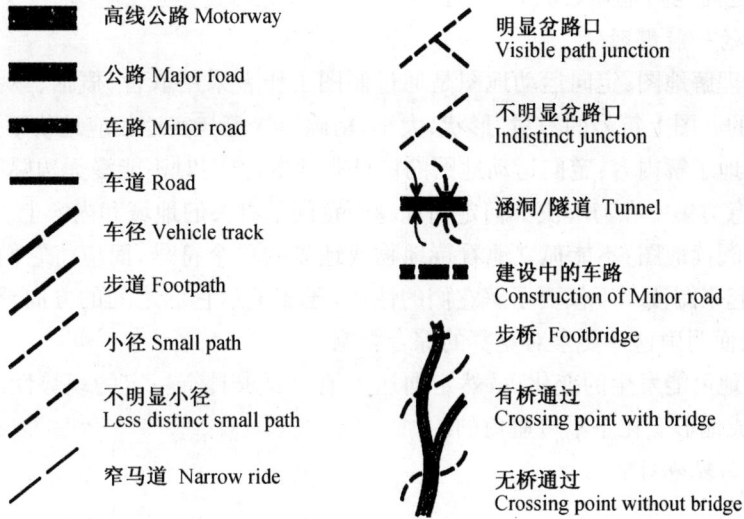

图 16－5

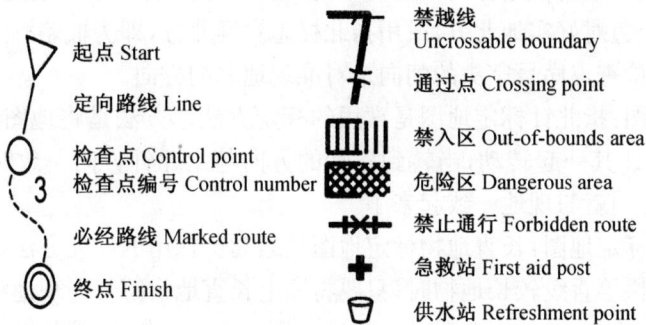

图 16－6

第三节　定向运动的基本技能

一、判断方位

在自然界,有某些动物是具有辨别方向的本能的。而人类要在野外确定方向,主要还是依靠经验和工具。在定向运动中,主要是采用指北针判定方位。

当指北针的磁针静止后,其 N 端(通常都有红色标志)所指的方向即为北方。利用指北针判定方位需要注意的事项有:

① 了解和检查指北针的灵敏程度,尽量保持指北针水平,并让磁针停稳;

② 不要距离铁、磁性物质太近,不要在高压线下使用;

③ 要细心,不要错将磁针的 S 端当作北方,造成 180°的方向误判。

二、现地使用地图

现地使用定向运动地图,也叫现地读图,是定向运动最基本的要求。现地读图通常在运动员掌握一定的定向地图基础知识上进行。

（一）读图的一般规则

① 完整地理解地图:定向运动地图是通过制图工作者采用取舍、概括、夸大、移位等制图综合方法完成的。图上符号的数量、形状、大小、精确位置等与实地相应地物不是完全一致的。

② 有选择地了解内容:定向运动地图的信息非常多,读图时不能漫无边际什么都看,而应有选择地把注意力集中在与解决如何定向和越野跑问题有关的地域和内容上。

③ 综合地阅读地图:不能孤立地看待地物或地貌的单个符号,而应将它们与地貌和其他地形要素联系起来阅读。不仅要了解它们的性质,还要了解它们之间的方向、距离、高差等空间位置关系,从而明确这些要素对竞赛的综合影响。

④ 考虑现地可能发生的变化:虽然定向运动地图要求具有一定的现势性,但由于人工或自然的原因造成地形变化是不可避免的。

（二）地图与现地对照

1. 标定地图

标定地图是现地对照地图的首要步骤,就是将地图的方向与现地和方位一致起来。

概略标定地图:地图的概略方向是上北下南,精确方向一般为指北标志。运动员在运动过程中,只要将地图上边对好实地北方,或用指北标志对准北方,即为概略标定地图,还可以通过磁北线方向和定向检查点序号字头的朝向来对准现地北的方向。

指北针标定地图:指北针标定地图是常用的标定方法。方法是将地图磁北方向线与指北针方向一致,持平,让其一起转动,当转到磁针的方向与指北针方向一致时,该地图就标定好了,即现在地图的方向就与现地一致起来了。

利用长直地物标定地图:长直地物标定地图是运动员常用的简便方法,当运动员行进到如长直道路、沟渠、围栏等直线较长地物时,只要将图上长直地物符号与现地相对应(注意不能反向180°)即将地图标定好。

2. 确定站立点

确定站立点是现地用图的关键,许多初学者就是因为无法确定站立点位置,而导致在野外迷路。确定站立点的主要方法有目估法和后方交会法,确定站立点时要注意以下几点:

① 不论采用哪种方法确定站立点,均应对站立点周围地形进行仔细研究,防止位置不准、点位判错、目标用错。

② 标定地图后,若在使用中移动了地图,须重新标定。

③ 采用交会法时,交会角不小于30°或不大于150°。条件允许时最好用第三条方向线进行检查。

3. 地图与现地对照

对照地形通常在标定地图和确定站立点的基础上进行,而确定站立点又必须先对照地形,所以,地图与现地对照和确定站立点两者交叉进行。

地图与现地对照的要求有:使地图的地物符号、地貌符号与现地的地物地貌一一对应找到;包括现地有,图上有,对照找到;现地有,图上无,能确定图上位置;现地无,图上有,能确定现地原来的位置。

对照的一般顺序:先主要方向,后次要方向;先大和明显地形,后一般地形;由近到远,由左到右(也可以反之);由图上—现地—图上;由大带小、由点到面,逐步分段分片进行对照。

三、选定定向路线

选定定向路线是定向运动的基本技能之一。运动员如果选择了一条好的定向路线,不但很快就能找到检查点,而且不会迷失方向,能节省体力消耗。

1. 选择定向运动路线的一般原则

选择定向运动路线的原则实际上对于不同的人是不一样的,不同的地形和不同的地图(地图的精度和现势性不同)也存在差异。什么是最佳行进线路? 简单地说应该符合:省体力、省时间、最安全、便于发挥自己的技能或体能优势。而对于初学者则可以参考以下原则:

① 有路不越野。在我国大部分地区适用,尤其是南方的地区,由于密灌丛生,越野与在路上跑相比,在路上更好一些。在道路上容易确定站立点,使运动员更具信心;道路地面相对光滑、平坦,有利于提高奔跑速度。

② 走高不走低。如果不得不越野,应尽量在高处(如山脊、山背)行进,避免在低处(如山谷、凹地)行进。这是因为:山势高,展望好,便于确定站立点和保持行进方向;高处通风、干燥,荆棘、杂草、虫害及其他危险少;人们都习惯在高处行走,在山脊这样的地方,常常会有放牧、砍柴的人踏出的小路,便于提高运动速度。

2. 寻找目标点选择最佳运动路线

依靠上述一般原则决定路线的选择是很不够的。即使水平很高的运动员,在同一地形上选择路线也可能是不一样的。分析与解决选择路线基本问题的方法有多种,下面几种是较安全的方法,对初学者有一定的指导作用。

① 借点法:当检查点旁边有高大或明显的地物点时,可以采用借点法找点。先找到高大明显地物点,再根据明显点与检查点的相对位置找到目标点。注意所依据的明显点有多个时,一定要认清认准,然后快速前进。

② 借线法:当检查点位于线状地物或在线状地物附近时,可以采用借线法。借线法要注意的是检查点与所利用线状地物的相对位置关系,当检查点不在线状地物旁时一定要注意何时离开线状地物,不要跑过头。

③ 偏向瞄准法:偏向瞄准法是按方位行进的特殊形式。当检查点位置处在线状地物附近而且该地物的走向与站立点到检查点走向几乎为垂直时,如果按方位角行进,由于地形影响有可能出现偏向(这种偏向是不确定的,或是偏左,或是偏右),而偏向瞄准法是有意偏向一侧行进,遇到线状地物时再向另一侧运动,则很快找到检查点。

④ 导线法:导线法又称分段运动法,是将站立点与目标点之间的地形进行分析,找出可利用参照的地物或地貌,而后根据可参照地形点将线路分成若干段,分别引导,直至找到检查点。

⑤ 水平位移法:水平位移法通常适用在地形起伏较大、地貌判定较容易且可以穿越的地形。当站立点与目标点从地图上判定处在同一高度时,利用地图等高线在现地沿同一高度上行进,则很快就会找到目标点。

运用上述选择路线方法,要注意两点:一是地图上的选定的参照物一定要与现地参照点是同一地物或地貌,由于地图是经过取舍而成的,现地的地物或地貌一般要比图上多,不要错判;二是由于行进的方向是受到地形条件影响的,当选定某一方向前进时,要注意穿越或绕行给原定方向带来的变化。

3. 路走错了怎么办

发现自己在野外走错了或者是判定按正常速度应该找到检查点而没有找到,这是初学者经常遇到的。出现这种情况时,首先要保持镇静,千万不要慌乱;其次调整自己越野的步骤,寻找解决的办法。解决的办法有两种:一是重新判定站立点位置。如果能确定站立点在地图上的位置,则重新选择运动路线寻找下一个检查点;二是按原路返回。在无法确定站立点位置时,只好按原路返回刚才的检查点位置再选择路线行进。初学者往往会跑出路线范围之外,或跑出地图,如果是此类情况,只好请求别人帮助或进行野外自救,以确保安全回到终点。

复习思考题

1. 定向运动的锻炼价值有哪些?
2. 现地读图的一般原则是什么?
3. 发现自己路走错了怎么办?

第十七章　野外体育活动

第一节　野外体育活动概述

一、野外体育活动的概念和特点

（一）野外体育活的的概念

野外体育活是与赛场体育相对应的体育活动，它是指人们向往大自然，在纯大自然的环境中进行的一种挑战自我、征服自然的身体活动，如登山、野外攀岩、漂流、野外生存挑战等。这种活动中，参与者既可以强身健体、磨炼意志、培养能力，又可以回归自然、陶冶情操，使身心得到和谐发展。

野外活动不是简单的体育活动，也不等同于传统的旅游，它是一种把旅游、运动、文化、人际关系紧密结合起来的一种活动方式，它能让人们从烦闷的社会生活中解脱出来，让人们以最放松的心态和最真实的感受去体会大自然的魅力，并以更加积极的心态、更加放松的心情，回归到社会中去。

（二）野外体育的特点

1. 挑战性

野外体育主要是在自然中开展活动的，因此活动者面对的不仅是参与竞争，更主要的则是同大自然挑战。同时，与自然作斗争也是自我意志、自我生存能力的一种挑战。

2. 回归自然性

由于活动是在野外的山脉、河流、荒漠等自然环境中进行，因此参与者要有回归自然、与自然融为一体的感觉。

3. 危险性和刺激性

由于该项体育活动是一种野外项目，活动场所是天然场地，又加上天气等许多不可控制因素的影响，因此野外体育活动比一般体育项目具有更大的危险性。但是因为该活动的危险性，才使它更具有吸引力，它激发了人们战胜自然、挑战自我的欲望。

4. 场地的非人工性

野外体育活动主要是在野外的天然的环境中开展活动，不需要或很少人为地修建人工场地。

二、野外体育活动的功能

（一）促进学生个性全面、健康发展

当代青少年大多数是独生子女，从小生活在舒适的环境中，条件优越，娇生惯养，既对学校传统体育活动中死板、枯燥、封闭的锻炼形式不感兴趣，又缺乏吃苦耐劳的品质。他们生活在高楼大厦的"丛林"之中，缺少与大自然的接触，缺乏和社会之间及他人之间的交流与沟通，对如何与大自然和谐相处,如何在激烈竞争的社会中与他人友善共事,缺少必要的学习体验。

野外体育活动可使人在实际活动中积累丰富的经验,能够提高人的意志力、自制力、果断性、顽强性、坚强性、纪律性以及让人变得更加勇敢。长期积累这些经验可使人的性格产生质的变化,经常有计划地从事野外体育活动,对良好性格和形成,能起到较大的影响。

野外体育活动让人充分展现自我,能自由宣泄因封闭而带来的精神压抑,能缩短人与人之间的距离,让队员们在活动中协作并扩大交往,因而能消除心理冲突、发展个性,使个性向着健康积极的方向发展。

野外体育活动中各种方法被综合利用起来,它将观察、演绎和方法相结合,也就是做各种事的能力。野外活动包括学习大自然、露营术、船艺、森林知识、骑士精神和其他各个方面的知识,包括对急救、救生、跟踪、发信号、骑自行车等技术的掌握。这些内容的学习都是在大自然中进行,在游戏和小组活动中完成的。对孩子们来说,它不是工作倒更像是休闲。需要的条件就是在户外,有一群孩子和一个有能力的领导者。

(二)培养学生的生存能力

野外体育活动通过在大自然中进行的各种项目来培养青少年的生存能力,既可以增加他们的生活经验,又可以陶冶情操。比如通过游泳、划船、爬山、滑雪等体育活动以达到强身健体、挑战自我的目的,通过野外生火、炊事、斧头刀具的用法、绳索套结等野外生活技能的学习来提高生活能力。野外体育活动可用于补充现有的教育机构,提高孩子们替自己和他人做事情的能力。野外体育活动以它独有的活动特征引起了孩子们的普遍的兴趣。

野外体育活动是以大自然为舞台来进行教育,让青少年们在有趣的活动中学习自然知识、学习保护和改造自然环境的方法。野外活动可以让同学们在大自然中学会"自理、自强、自律、自学、自护"。

"自理"是通过各种野外生存活动的训练,在任何事情都要靠自己去解决、任何困难都要靠自己去克服的情况下,让学员们学习基本生活和劳动技能。

"自强"是通过各种野外活动,有目的、有计划、多层次地设置一些困难,让队员们在活动中吃一点苦,克服一些困难,磨炼一下意志,以培养战胜困难与挫折的勇气和能力。

"自律"是要求队员们在野外活动中严格遵守团队纪律,通过野外活动懂得团队需要纪律、社会需要法制、人人都要遵纪守法,否则的话会让自己陷入困境。

"自学"是队员在以大自然和社会为课堂的野外体育活动中,培养自觉克服困难的精神,提高自学能力,独立思考能力、发现问题及分析问题和解决问题的能力。

"自护"就是用自己的能力保护好自己的健康和安全,通过野外体育活动让学生了解一些自我保健常识,懂得一些紧急情况下基本的处置方法和自救及救护常识。

(三)培养学生的团队精神与协作意识

集体活动有益于增强伙伴间的感情和学习如何妥善处理人际关系,冒险活动能锻炼人的意志,增加不断克服困难的信心。在大自然中孩子们能看到动物、鸟类、昆虫、鱼虾等生物以及奇奇怪怪的植物和许多自然现象,这些自然体验会在他们的记忆中留下深刻的印象并唤起他们的环保意识,让孩子们深刻理解到大自然需要大家去呵护,需要每个人以实际行动去关爱。

通过各种野外体育活动,可以使队员们变得更加懂事,明晓更多事理,增强独立意识。学会关心人、体谅人、善解人意,让他们重新认识自己,对自己充满信心,懂得尊重他人和珍惜他人的劳动,进一步理解父母的辛勤,对生活的含义有一个新的认识和理解。

野外体育活动在山、川、湖、海等自然地域,充分利用奇、秀、峻、险的自然环境,通过探险等各种活动进行情景式训练,通过各种野外生存活动,从情感上、体能上、智慧上和社交上对队员们提出挑战,在参与解决问题和应对挑战的活动过程中,达到"磨炼意志,陶冶情操,完善自我"的目的。在解决问题、应对挑战的过程中,让受教育者体会到"荡胸生层云,一览众山小"的心情,体会到什么样的生活及人生观才能保持一个真正的自我。在大自然面前,什么人世间的世事纷争、一切功名利禄、荣辱得失等都会变得淡薄,当达到这种境界时才是本质上的真正身心放松,结束野外活动再回到都市时,你将会更多一些微笑、少一些烦恼。

(四)增强体质,发展智力

通过参加野外活动,队员们能够懂得必须保持健康强壮和体魄,能够学会如何在丛林中生存、如何应付前方的危险以及同伴之间应该如何帮助等生存常识。能够逐渐学会在任何地方,在没有地图、指南针、太阳和行量等物作参照的情况下来辨识方向。还能学会辨别森林中微弱的信号、人与动物的足迹等。队员们能够懂得一个道理,那就是——做任何大事都是以参加训练和做好每件小事为前提的。

野外活动是一种富有乐趣的社会文化活动,经常参加体育活动,不仅能全面提高身体素质,增加体力,同时也可以提高大脑皮层神经细胞的工作能力,使人精神振奋,增加乐趣,促进人和智力发展,此外,它还有积极休息的作用。

第二节 野外体育活动项目介绍

野外体育活动内容丰富,包含的项目很多,有登山、徒步旅行、攀岩、溪降、溯溪、露营、漂流、钓鱼、滑雪、滑草、定向运动、蹦极、潜水、热气球、自行车等。运动项目按季节可分为夏季和冬季两大类运动,夏季野外运动项目主要有:难度攀岩、速度攀岩、空中滑板、高山滑翔、滑水、激流皮划艇、摩托滑板、冲浪、水上摩托、蹦极跳、滑板、轮滑、街区障碍赛等,冬季则有高山滑雪、雪地滑板等。这里仅介绍:野营和攀岩。

一、野营

(一)野营的装备

1. 衣着

野外活动的着装要以实用性为主,以宽松、舒适、耐磨、随意为基本原则,选择通风性好、保温性强、适用性广的服装。

① 即使是夏天,也尽量避免短打扮,女生不要穿裙子,男生不要穿短裤,因为野外有被虫咬或被树枝、岩石刮伤的可能。

② 贴身衣服,应选择柔软、吸汗的纯棉制品,春秋两季外罩一件纯棉或纯毛宽松外套或防风衣即可。

③ 防风衣最好选择防水透气的 GORE－TEX 面料制成。它有很好的抗风及保暖性能,最主要的是这种高科技产品有防雨而能散发汗液的神奇功效。

④ 到高寒地区活动,需预备一件质地优良的羽绒服。

⑤ 裤子要耐磨、宽松,以牛仔裤最为适宜。

2. 鞋、袜

鞋和袜的基本功能就是保护双脚,因此选择鞋、袜要注意以下几点:

① 选择的鞋要比平时大一号,以防长时间步行使脚肿胀而挤脚。

② 以鞋底较厚、柔软、舒适，便于行走的旅游鞋为宜，冬季出游，选择皮面、防寒、防水功能较好的旅游鞋。

③ 山地旅行，地形复杂，碎石坡路多，应选择皮质硬底登山鞋。

④ 如果是新鞋，应在出发前试穿一段时间，以防磨脚。

⑤ 袜子以通气性较好的棉毛类袜子为最佳，如有爬山活动应准备较厚的袜子，这些袜子柔软、吸汗，使你的脚部时时保持干爽。

⑥ 应多带几双备用袜。

3. 帽子和眼镜、化妆品

① 戴一顶带帽檐的遮阳帽，夏天爱梳马尾辫的女生可选择无顶帽檐；以既能防雨，又防晒，具有通气功能的帽子为宜。

② 去寒冷地区，务必带上一顶毛线帽或其他保暖性好的帽子，帽子以能护住耳朵为最佳。

③ 夏天，为防紫外线的强烈照射，要佩戴太阳镜、墨镜；去有雪覆盖的高山，为防止雪盲，要戴上专用高山眼镜；去滑雪时，为避免吹雪迷眼，则要戴防风护目镜。

④ 夏天，或去水边或高原，阳光极易灼伤皮肤，一定要使用防晒霜；去寒冷的地方，要使用防冻霜。

4. 手套

① 通常手套应备两副，防止丢失。冬季出行应有一双棉或毛手套用于防寒，还应备一副薄手套以免操作器具不灵活。有冰雪作业的活动，则必须有一双防水（风）手套。

② 即使是不必戴手套季节，也应准备几副线手套或帆布手套，在搬运物资、取用烫的器具等情况下使用。

5. 雨具

野外活动的，背着背包撑把伞在林中或山地行走极为不便，因此雨衣便成了野外雨具的首选。雨衣有分身式和斗篷式两种。

① 分身式雨衣由雨衣、雨裤两部分组成。除挡雨外，还可以御寒，水中充气救生，应急容水器等。

② 斗篷式雨衣最大优点是通风、通气，能将背包一起遮住，还能作为野餐时的餐布，支起来还可以作凉棚。

③ 用一块大塑料袋，底部剪一个头可以钻过的洞，也可以作为临时雨衣。

6. 背囊

为了能腾出双手，背囊一定是双肩背带，如果负重大且行走距离较长，则最好选用有护腰的背囊，这样能有效地分散重量。

背带的长短要调节好，以感觉重心落在腰背部为最佳。

背囊最好多一些口袋，以利于将零碎物品分类装入，易于取用。

装背囊的时候，应将轻的东西放在下面，重的东西放在上面，走路时身体自然向前弯，重物在上时脚步容易踏稳，并且不会有背囊向下拉的感觉。

易碎的物件（如相机、手电等）应放在上部，最好用衣物包裹或用自制的柔软的袋子装好。餐具、食品等依次放在中间，与易碎物之间用布或卫生纸隔开。

背囊容积较大，取用物品不易分辨时，最好多准备几个塑料袋，将餐具、食物、药品、怕湿的衣物分别装好。

经常取用的东西，如罗盘、地图、笔记本、小刀等，最好单独放在背囊的外侧袋里或放在腰包里。防风衣上的多用途大口袋也可充分利用。

装好背囊后背上试试,看左右是否平衡,有没有硬物顶在背部,里面的东西是否装的稳固。靠近身体背部的地方,应装入柔软平坦的东西,如衣物;也可插入一块三合板,野炊时可做菜板用。

用一个如背囊大小的塑料袋,套在背囊内,可防止背囊内物品受潮。也可买一个专用背囊套,即使下大雨也不必担心了。

7. 寝具

① 最好是睡袋,也可用毯子、毛巾被代替,但要求既不占地方,也很方便、实用。

② 碗筷、日用品、洗漱用具、卫生用品、水壶等。

8. 帐篷

帐篷种类很多,如"人"字形帐篷、蒙古包形帐篷、六角形帐篷、拱形帐篷、屋形帐篷等。出发前要注意检查帐篷的绳、杆等,并能熟练地搭建与使用。

9. 设营工具

根据需要可携带斧头、锤子、钉子、绳子、铁锹、钳子等。

10. 野炊用具

11. 照明用具

蜡烛、手电、头灯、汽灯、油灯等。

12. 药箱

主要包括:

① 外伤药:云南白药、创可贴、红药水、酒精、碘酒、棉签、绷带、纱布、胶布、消炎油膏等。

② 止泻药:诺氟沙星、吗叮宁等。

③ 感冒类药。

④ 抗生素。

⑤ 防暑降温类药。

⑥ 防蚊虫药

(二) 宿营与露营

1. 宿营地的选择

宿营地的选择应遵循五个原则,即安全、避风、近水、平坦、靠近燃料。

① 安全。营地选择必须避开各种危险,即营地应远离雪崩、冰崩、裂缝、滚石、山洪等危险的威胁。

② 避风。野外的强风可将帐篷吹跑、扯破,最好选在自然屏障的避风处,如山丘或巨石背后。山谷里的风一般与山谷的方向一致,所以帐篷应垂直于风向开门,避免风直接灌入帐内,帐篷四周应以石块或冰雪块压住边裙。

③ 近水。生存不可一日无水,营地安排在水源附近,就保证了每日的饮用水,且不必为取水而跑远路消耗体力。在河流两岸设营必须充分考虑水流的涨落,以免水淹没帐篷。

④ 平坦。营地要建在平坦的地方,不要建在凹凸不平的碎石上,软土是理想的建营场所,地面若有碎石和荆棘应予清除。

⑤ 靠近燃料地。一日三餐要用火,倘若周围没有合适的可用作燃料的木柴,就会给每日生活增添许多麻烦。

选择营地除遵守上述五个原则外,在不同的季节也有不同的要求。例如夏天要防蚊虫叮咬,就要把营地选择在地势较缓、通风良好的干燥地点;冬天设营时要考虑防止雪崩,同时避免营地被大雪掩埋,同时要考虑避风。在夏季设营一定要找湖泊,最好把落脚点设置在湖边附近通风的山脊或山顶上;冬天,森林和灌木丛是最理想的设营地,同时要注意搭建帐篷时避开崖壁背风处,因为在这种地方风很快吹起大量的雪将帐篷掩埋。

2. 帐篷的种类与选择

选择帐篷应考虑其用途、季节、环境等因素,根据自己的实际需要来选择合适的帐篷。

(1) 人字形帐篷

春、秋季野营选择"人"字形帐篷为佳,其最大优点是易架设。架设"人"字形帐篷,首先在地面上打地钉以固定主绳,也可将主绳系在附近的树干上或用大石头固定。此帐篷可供1~2人使用。

(2) 蒙古包型帐篷

此帐篷底部为正六边形,帐内空间大,可供2~3人使用。蒙古包帐篷可随意搬迁,它就如同一个大纱罩,提起后可随时摆放。一般说,只要有一块4~5平方米的平地就可搭建了。

(3) 吊床

吊床因其轻便、易携带、制作方便等特点,极受野外活动爱好者的青睐,尤其是在炎热的夏天和热带丛林中宿营,更显其无可比拟的优越性。

吊床以材料不同,可分为布吊床和网吊床。

前者用薄帆布或尼龙绸布缝制,后者用棉绳或尼龙绳编织而成。使用吊床要注意防雨和防蚊虫叮咬问题。防雨:准备一块比吊床略长,宽约两米的塑料布,下雨时在吊床上方0.8米处拉一根绳,将塑料布呈A字形装置于吊床上方,覆盖吊床。防蚊虫叮咬:准备一块大小合适的纱布,用和放置防雨布相同的方法,将纱布覆盖在吊床上,并用夹子将纱布与吊床夹在一起。

吊床应绑在距地面高1 m的地方,便于上下。

(4) 窝棚与树屋

在林地野营需要临时宿营时,可就地取材,用树枝和大树搭建窝棚与树屋。

3. 露营

野外活动中遇到天气骤变、迷路,或同伴中有人患病、发生意外事故等,不能在预定时间内到达目的地,而不得不临时紧急宿营,但又没有带宿营用具,这时就只能露营。

(1) 露营的方法

紧急露营要在天黑之前,先选好宿营地,首先把火生起来,这样就多了一份生存的希望;宿营地要因地制宜,在山地和海岸边露营,应尽量利用自然洞穴,如果找不到合适的洞穴,可选一个背风的岩壁露营;在丛林中露营可利用树木、藤、茅草等结合雨衣、塑料布等,搭建各种形式的遮棚;冬季露营要避开易被积雪掩埋的地点,如没有任何搭架遮棚条件,可在积雪深又安全的地方挖雪洞露营。

(2) 露营要点

保温、防风、防湿、情绪稳定、相互鼓励、控制食品和燃料的用量;尽可能燃火取暖;休息好,尽快恢复体力;运用身边一切物品确保安全;保证饮水。

(三) 野炊与野餐

1. 野炊炉灶

野外活动中利用地形地物建野炊灶是野外生活很重要一种技能,是野炊的基础和必备条件。各种炉灶还要根据能寻找到的燃料修建。

现在,野外生活可以携带汽油炉、煤气炉等现代化设备,但在不具备这些条件时,需要修简易、实用的炉灶,用以烧水、煮饭等。

（1）三石炉灶

三石炉灶是最简单且历史最久远的一种炉灶。取三块高度相同的石块呈三角形摆放,锅或壶架放在当中,一般情况下锅底或壶底需距地面 20 cm 左右。

（2）吊灶

找两根上方有权的树枝平行插在地上,中间横架一木棍或树枝、帐篷杆等,将锅或壶吊挂在横木上,下方生火。

也可用石块垒一道 U 形墙,在其上架一木棍或树枝、锅壶吊挂在木棍上,下方生火,U 形的口应向吹风方向,以利于燃烧。

以上两种炉灶是使用最普遍的,至今,边远地区的少数民族仍沿用此种炉灶。

（3）木架灶

在森林地区找不到合适的石块建灶,可找 4～6 根长约 30～40 cm 的粗树枝(最好是新的或湿树枝),末端用刀削尖,按所用的锅或壶的底面积,成方形或六角形钉在地上,将锅或壶架在木桩上,下方生火。

（4）坑灶

在既无合适的石块又无树枝的情况下,也可在地上挖一坑灶。在地面上挖一深约 20～30 cm、长约 120 cm、宽约 30～40 cm 的斜形穴坑、坑口向风吹方向、用木棍或帐篷杆架在坑的两边用土堆起的土包上,将锅或壶吊挂在木棍或帐篷杆上(一般掌握在锅底、壶底和坑底之间的距离需在 20 cm 以上)。

（5）火塘灶

火塘是篝火的一种,应选择坡下避风处,挖一方形或圆形深约 20 cm 左右的塘坑,上支三脚架以供烘烤食物、烧水、做饭。火塘坑可以较好地保存火种,还可以将食物埋在火塘中烘烤。

野炊灶还有很多种,如垒灶、散烟灶、蔽烟灶等等,可根据人数多少,就地取材修造。

野炊灶在野外使用时,应特别注意避免发生火灾,建灶时应将灶边杂草等易燃物清理干净,并需要有防火措施。使用后要将余火熄灭或用土掩埋,以免留下火灾隐患。

2. 野外食物的调理

野营生活中的野炊野餐,不仅直接影响到野营期间的营养和健康,而且还能使野营者在操作中学到许多在野外合理摄取营养的知识和野炊本领。

在去野外活动前,首先要准备食品。令人可喜的是,近几年国内的方便食品业发展很快,目前市场上有许多方便食品可供选择,如方便面、火腿肠、罐头、饼干、面包、真空包装的肉制品和蔬菜等;在野外还有许多可食的野生植物、菌类,活的鱼虾,甚至新鲜的山珍野味;另外,还要准备一些调味品、榨菜等。在野炊时可根据自己携带的各类食品及野外能就地采集的野菜等,参照以下原则设计野外菜单:

① 好吃。疲劳、食欲不振时,好吃的食品可增进食欲。

② 营养。由于野外时活动量比较大,每日的营养摄取应不少于 300Ca,并保证一定的蛋白质类(如鱼类、瘦肉类、豆制品等)、碳水化合物的补充,这是野外补充体力的重要食品。

③ 简单方便。每个人均能轻易烹调的食品,烹调前处理简单、不费时、调理方便迅速。

④ 不浪费水,不污染环境。

⑤ 在安全、卫生的前提下可采摘食用野菜、山菇等,配合处理过的生食品来加工,如咸肉、酱腌菜、火腿、灌肠、干菜等。

⑥ 配合所携带的炊具来调理。

⑦ 尽量不要剩余,以免造成浪费。

(四)野外生存知识

1. 野外辨别方向

(1)利用星星判定方向

利用北斗星判定。勺子开口方向首颗星延长,约在两星间距 5 倍距离处,有一颗大而明亮的星星——北极星,正对北极星的方向即北方。

仙后座排列形状像英文 w,w 开口中点正对出去约两倍开口距离处,有一颗大而明亮的星星——北极星。

(2)利用月亮判定方向

每月阴历初一,月亮正午 12 点通过正南方,而阴历十五则是午夜 12 点通过正南方,以后一天比一天晚,中间正好隔 12 个小时。把整个月亮分为 12 等份,月亮阴影部分占几份,则是几点通过正南方。

(3)利用太阳判定方向

早晨 6 时,太阳从东方升起,一切物体的阴影都倒向西方;到中午 12 时,太阳位于正南,影子便指向北方;到下午 6 时,太阳到正西,影子则指向东方。因此,可利用太阳和物体的阴影概略地测定方向。

(4)利用日冕原理判定方向

直立一长杆与地面垂直,阳光下射成杆影。在杆影的顶点处作标记 E,一段时间后,杆影移动到 W,将 E、W 两点连成一条直线,这条直线的指向为东西方向,与 EW 线段垂直的方向则是南北方向,向太阳的一端是南方,相反方向是北方。

(5)利用植物特征判定

独立大树,朝南方向通常枝叶茂盛,树皮比较光滑,北面则相反。独立大树砍伐后,面北的年轮间隔小,面南的间隔大。白桦树南面的树皮较北面的颜色淡,且富有弹性。靠近树墩、树干及大石块南面的草生长得高而茂盛,冬天南面的草也枯萎干黄的较快,积雪融化较快。夏天松柏、杉树等树干上流出的树脂,南面的比北面多,结块也大。松树干上覆盖着次生树皮,北面的较南面形成早,向上发展较高。雨后树皮膨胀发黑时,这种现象比较明显。在秋季,果树如苹果、红枣、柿子等朝南的一面枝叶茂密结果多。

2. 野外行走

(1)山地行进

山地行进的基本原则是走大路不走小路,走高不走低,不轻易穿越丛林,明确方向,保存体力。山地行进应注意安全,随时注意观察路面状况,避免发生危险,尽量不靠近滑坡、滚石、悬崖、松散碎石地带,必须通过时应迅速,陡坡悬崖边防止路滑坠崖。

(2)丛林行进

应尽量沿着道路走,不随意穿插,注意观察,保护好头和面部。为避免遭受各类野生动物的攻击,不要招惹任何野生动物,遇到时主动避开,一般不会有问题;行进前涂驱虫剂,扎紧裤腿袖口,用棍子“打草惊蛇”。丛林茂密地带,采用分、压、拨、钻等方法通过。尽量不要破坏丛林生态。

(3)沼泽地行进

遇到沼泽地时应尽量绕行。草原沼泽地易陷落处常有茂盛的杂草,而森林沼泽易陷落处常常树木稀疏,枯树较多。通过时,不要老是重复别人的脚印;陷入泥潭时,不要惊慌挣扎,应尽量保持平静,张开双臂加大身支撑面积,并呼叫求救,或采用翻滚动作自救。救助者应用树木等救助,或用树枝、木块木棒等铺于身下,匍匐前行救助。

(4) 涉渡河流

涉渡时,首先要对河流特征进行观察,掌握水温,了解河流深浅,探明河底性质,是否有暗流、乱石、淤泥,再确定渡河方案。河道较窄的上游可以考虑蹚水,但要注意湍急水流和河底硌脚的石子;下游水面较宽的地方可以制作渡河工具,或运用绳索的帮助渡河。

(5) 沙漠戈壁行进

沙漠戈壁行进时,注意判定方向,环境气温、运动量和存水量。沙漠炎热的夏季,无水的情况下,在有遮阳的地方休息,可生存 3 天;太阳下行走,可生存 1～2 天。所以,应尽量减少水和能量的消耗,具体方法是晓宿夜行,避免暴晒,用帽子、头巾、衣服等遮头;穿浅色衣物,尽量利用阴影遮蔽。

3. 野外饮用水的寻找

主要是利用自然生态现象寻找水源。在沙漠、戈壁地区,胡杨林生长的地方,地表下 5～10 m 即有水源,柽柳、铃铛刺等灌木下 6～7 m 就有水源,芨芨草下面 2 米有水源,茂盛的芦苇下面 1 米存在水源,金戴戴、马兰花等植物下不足 1 m 就有水源。有地下水的地方,泥土潮湿,很多动物在这里做窝或冬眠,夏季夜晚,蚊虫常在这里做柱状飞行。另外,有竹子的地方常有水源。

通常情况下,雨水、井水、泉水以及有鱼类等动物生存的水源都可以食用,然而,许多看起来清澈透明的水源却经常会含有一些致病物或有毒矿物质。所以当你在极度干渴之际找到水源时,最好不要急于饮用,最好对水源进行必要的净化消毒处理,避免直接饮用后染上疾病或中毒。

(1) 饮用水的净化方法

a) 渗透法

水源里水质混浊不清或有漂浮的异物时,可在离水源 2～3 m 处挖一个坑,让水从砂、石的缝隙中自然渗出,轻轻地将渗出的水取出,贮存备用。注意不要搅起坑底的泥沙。

b) 过滤法

水源周围不宜挖坑时,找一个塑料袋或可乐瓶,底部穿刺一些小眼,制成简易过滤器,自下向上交替铺上 2～4 cm 厚的干净细砂、木炭粉、压实后将水慢慢倒入进行过滤。若不满意,可进行再过滤,满意为止。

c) 沉淀法

将收集到的水置于容器中,加放少量捣碎的仙人掌、榆树皮、霸王鞭等,搅匀静置一段时间,舀上层的清水使用。

d) 运用野外饮水净化吸管与便携式野外净水器对水进行净化

这种体积小、易携带、净水效果好的器具很适合野外使用。

(2) 饮用水的消毒方法与合理饮用水

a) 运用加热沸腾的方法对饮用水进行消毒

一般情况下,把水煮沸 4 分钟左右,即可对水杀菌消毒。这是一种简便有效的可靠方法。

b) 用净水药片消毒

运用饮用水消毒片、漂白粉精片、明矾等药剂加入容器中,加入一定量的水,搅拌均匀,静置一段时间后使用。一般情况下,一片净水药片可对 1 升水进行消毒。如果水质混浊可用 2 片。

c) 用医用碘酒对水进行消毒

无净水药片时,可用碘酒代替。每一升水需要滴入 3～4 滴碘酒,搅拌均匀,一段时间后使用。

d) 利用食醋对水进行消毒。方法同 c)。

e) 要讲究科学饮水、合理饮用水,尤其在饮水紧缺的情况下,不要图一时痛快而狂饮。正确的饮水方法是:一次喝一两口,含在口中慢慢咽下。这样重复饮水,既可解渴,喝下的水又能充分吸收。

在极其艰难的情况下,可用其他方式补充水分:污水煮沸饮用;动物的肉和血;人和其他动物的尿液;植物的根、皮、叶等。

4. 野外动植物食用

(1) 动物的食用

a) 捕蛇

惊蛰后一直到晚秋,蛇开始从冬眠中醒来四处活动,采用木叉、绳套、泥压等办法可以捕蛇。

木叉法:用木叉叉住蛇颈,然后一手抓蛇头,一手抓蛇尾。

绳套法:竹竿一端打一个洞,穿过一有弹性的活动绳圈,用活动绳圈套住蛇头,拉紧缚住。

泥压法:用一大块黏性大的泥,用力摔向蛇头蛇身,把它黏压在地上,然后捉之。

直接用手捕捉:迅速敏捷。直接用手捉住蛇尾,提离地面,另一手迅速准确捉住蛇颈。

捕蛇要防止被伤害。穿高筒靴、长裤、厚袜,戴致密手套,戴宽沿斗笠,可防止被蛇伤。

b) 捕鱼

首先自制渔具。用细铁丝、大头针、鱼骨、弯刺做鱼钩;取长纤维植物,用石头捶制,抽出纤维丝做渔线;羽毛管或其他质轻之物制浮子,小石子等做坠子;树枝做渔竿;蚯蚓和其他昆虫作饵料,渔具就制成了。

食鱼时,掏去内脏,可以大大减少中毒的概率。多数鱼无毒,一旦中毒,用高锰酸钾液洗胃,服用吐药泻药,尽量排除毒素。虾也是很好的食物。

c) 捕拾贝类

池塘里的田螺、香螺、红螺等皆可食用;海边更有五色的贝类如蛤贝、扇贝、牡蛎等海鲜可食用。

d) 昆虫食用

自然界有许多昆虫可以食用,而且富含丰富的营养成分,如蝗虫、蜗牛、蚯蚓、蝉、蜻蜓、蚂蚁、蜘蛛等等。一般采用煎、炒、炸、烤等方法食用,有的生吃也可,如蝉、蜗牛等。

(2) 植物的食用

自然界可食用的野生植物很多,如各种野果、野菜、蘑菇、藻类等。著于我国 15 世纪初的《救荒本草》图文并茂,较详尽地描述了 414 种可食野生植物。一年四季中,各个季节都有野生植物可食。

常见的可食野生植物有很多,如猕猴桃、野杏、算盘果、刺梨、野石榴、小杨梅、野荔枝、长蛇果等等。鉴别野果野菜是否可食用,可取少许用前齿嚼碎,用舌尖轻尝是否有辛辣、苦涩及其他异味,若味道甜淡或没有怪味,一般可食用;如怪味浓烈刺激,应马上吐掉并用水漱口。牲畜食用的植物,人一般可食。蘑菇是味美的食物,但采集时要注意区分有无毒性。一般来说,毒蘑菇常生长在有机质丰富、肮脏潮湿的地方,有多种美丽的色彩,且菌杆上更有菌环和菌托,菌盖上有瘤,采集后易变色,使银器变黑,牛奶凝固,葱变蓝色或褐色等。而无毒菇常生长在干净的地方,致密脆弱,采集后不易变色,无菌托菌环等。蘑菇的采集,经验很重要。

煮植物的水振荡后有大量泡沫,或加入浓茶产生大量沉淀,或少量试尝某种植物后有头晕、恶心、腹泻等不良症状,则这些植物不能食用。

野生植物的食用方法有生吃、水煮、蒸炒、做汤等。

常见食用野菜有荠菜、苦菜、蒲公英、鱼腥草、刺儿菜、灰菜等等。水生植物也有许多可食用,如菱角、鸡头、莲浮等等。

5. 野外取火

(1) 凸镜引火

用凸透镜(放大镜)在明亮的阳光下聚集太阳光线,使之照射在准备好的引火物上,点燃引火物取火。用放大镜照射汽油、酒精和枪弹的发射药或导火索,可在 1～2 秒内点燃引火物。或用放大镜照射受潮或浸湿后的火柴可以引火。

(2) 火药引火

如果有猎枪,倒一定量的火药,散在干燥易燃的枯草或纸上,用枪口贴近撒了火药的引火物射击,即可引燃引火物取火。用凸透镜也能引燃火药。

(3) 藤条取火和击石取火

a) 藤条取火

找一根干的树干,一头劈开,并用东西将裂缝撑开,塞上引火物,用一根长约两尺的藤条穿在引火物后面,双脚踩紧树干,两手迅速地上下抽动藤条,使之摩擦发热而将引火物点燃。

b) 击石取火

找坚硬的石头作"火石",用铁器敲击打火,火花落到引火物上并开始冒烟时,缓缓地吹或扇,使其燃起明火。据考查,用黄铁矿打击火燧石产生的火花可以取火。

二、攀岩

攀岩是从登山活动中派生出来的一项运动。登山者即使选择最容易的路线攀登几千米的高峰,在途中也免不了要遇到一些悬崖峭壁,所以说攀岩也是登山运动的一项基本技能。由于登高山对普通人来讲机会很少,而攀爬悬崖峭壁相对机会较多,且更富有刺激和挑战,所以攀岩作为一项独立的、被广大青少年所喜爱的运动迅速在全世界普及开来。这项运动是利用人类原始的攀爬本能,借以各种装备作安全保护,攀登一些岩石所构成的峭壁、裂缝、海触崖、大圆石以及人工制作的岩壁的运动。

人工岩壁的出现使攀岩已发展到既是一项运动又是一项娱乐。目前在国外,各种攀岩俱乐部到处都有。每年都有大型、小型、室内、室外、成年、青年、男子、女子等各种不同形式的攀岩比赛和娱乐活动。另外在一些体育中心、军警训练基地以及一些特种部队中也开展这种训练。在欧美、俄罗斯及亚洲的日本、韩国攀岩运动已相当流行,世界上的攀岩水平数欧美,特别是法国和美国最高,相对来说法国在人工岩壁上占优,美国在自然岩壁称强;在亚洲,日本、韩国水平较高,他们有些选手已达到世界水平;中国大陆、香港及台北的水平大体相当,同属亚洲中流水平。

攀岩运动在我国已经开展 10 多年,特别是近两年来的发展已初具规模,并吸引了越来越多的青年人参加,发展前景十分可喜。从 1997 年开始,国内每年要举行两次以上的全国或国际性比赛,1998 年 8 月在西岳华山举行了国内迄今为止总体水平最高的一次国际攀岩邀请赛,1999 年 9 月我国第二次承办了第八届亚洲锦标赛。在我国的北方地区,特别的北京,了解攀岩的人已相当多,而参与攀岩已成为那里许多青少年的时尚。尽管目前攀岩还没有在全国范围内得到很好的普及推广,值得欣喜的是,通过近几年新闻媒体的大力宣传,东南沿海、西南及西北等地区的许多人士正纷纷开展这项运动。全国已经建好或正开始修建各种各样的天然及人工攀岩场地供人们训练和娱乐。

（一）攀岩的特点

惊险刺激是攀岩运动最根本的特点,而其能充分满足人们回归自然、寻求刺激,并从中挑战自然、挑战自我的欲望,又是它深受人们喜爱的根源。它正以自己特有的魅力、突出的个性感染着人们。参与攀岩,会让您在与悬崖峭壁的抗衡中学会坚强,在与大山的拥抱中感受宽容,在征服攀登路线后享受成功与胜利的喜悦。对于攀岩运动员,不仅需要良好的身体素质、心理素质、娴熟的技巧,更要有良好的应变能力、坚强的毅力和丰富的参赛经验。由于攀岩者在岩壁上稳如壁虎、矫似雄鹰,它又是一项极具美感和观赏性的运动,被许多人称为"峭壁芭蕾"。

（二）攀岩的运动形式

攀岩运动从不同的角度可进行不同的分类。按照组织形式可分为竞技攀岩和自由攀岩;按保护方式可分为有先锋攀登和顶绳攀登;按运动场地所可分为人工场地和自然场地攀登。按比赛形式又可分为世界杯赛和世锦赛;20 岁以上的成人赛和 19 岁以下的青少年赛;男子组赛和女子组赛;国际赛、洲际赛及国家级比赛。另外值得一提的是,攀岩还是各级极限运动会中很重要的一个项目。

世界赛可分为几种形式进行,如难度、速度和抱石赛。难度赛是各队员在同一难度的人工墙或线路上比赛。越攀得高或远便是胜利者;速度赛顾名思义是以速度决定胜负。在最短的时间内完成路线,便得以晋级,直至产生冠军;抱石赛是队员在指定时间内,不限次数去尝试完成多条线路。尝试次数越少而又能完成线路者为冠军。

（三）攀岩的装备与动作要领

1. 攀岩的基本装备

装备器材是运动的一部分,是攀岩者的安全保证。攀岩装备分为个人装备和攀登装备。个人装备指的是安全带、下降器、安全铁锁、绳套、安全头盔、攀岩鞋、镁粉和粉袋等。攀登装备指的是绳子、铁锁、绳套、岩石锥、岩石楔,有时还包括悬挂式帐篷。

2. 攀岩的基本动作要领

攀岩的基本方法是三点固定法,对身体各部位的姿势和动作均有一定要求。攀登岩石峭壁时身体要自然放松,以双手双脚中的三个支点稳定身体重心,重要要随着攀登动作的转换而移动,这是攀岩时身体稳定、平衡、省力的关键。

攀登自然岩壁时手臂的动作变化比较大,要视支点情况不同而采用如抓、攀、抠、拉、张、推、跨、蹬、挂、踏等各种用力方法。

在攀登的过程中脚的动作要领是将两脚微屈、外旋,大脚趾内侧紧贴岩壁面,以脚踩支点来维持身体重心,在自然岩壁支点大小和方向不同的情况下要灵活运用。在攀登的过程中膝部都不要接触岩面,在用脚踩支点时,要掌握用力的方向切忌用力过猛。在攀登程中还要注意手脚配合。在学习攀岩的过程中,首先要练好上肢力量,上肢又以手指和手腕、手臂力量为主,再配合以脚腕、脚趾以及腿部的力量,使身体重心随着用力方向的不同而协调地向前移动。

3. 攀岩时的基本要求

① 尽量节省手的力量:攀岩是用手和脚,通过寻找岩面上一切可利用的支点,克服攀爬者自身的体重及所携带的重量向上进行攀登。所有攀登者应该有一定的手臂、手指、肢尖及腰腹力量。由于手臂力量相对很有限,在攀登的过程中,应尽量用腿部力量,而节省手的力量。

② 控制好重心:控制重心平衡是攀岩过程中最关键的问题,重心控制得好就省力,反之,就会消耗许多不必要的力量,同时也就影响了整个攀登过程。

③ 有效地休息:在一条攀登路线中肯定是有些地方简单,有些地方难,要想一口气爬完全程比较困难(除非这条线对你来讲很容易),所以想爬的高一些,应该会有效地进行休息,一般是到达一个比较容易的位置,以最省力的姿势,边休息边观察下一段要攀爬的线路。这一点在比赛过程中显得更为重要,作为正式的比赛,攀登的路线是完全陌生的,而且只有一次机会。

④ 主动去调节呼吸:初学者往往忽略这一点。攀爬一条线路是一个连续的过程,从一开始就应该主动去调节呼吸,而不应等快坚持不住了再去调整。另外要强调一点,攀岩是一项很具危险性的运动,若装备质量合格,保护技术过硬,保护人员操作规范、认真,就不会有危险;反之,若装备质量有问题,保护人员操作不规范、不认真,就容易出危险。因此,攀岩运动中的保护是每个参与者都应该时刻注意的问题,而不管他是初学者还是有经验的老手。

(四) 攀登时的保护方法

攀登者在保护人通过登山绳给予的保护下进行攀登。登山绳的一端通过铁锁或者直接与攀登者腰间的安全带连接,另一端穿过保护者与其腰间安全带相连的铁锁和下降器,中间穿过一个或多个固定的安全支点上的铁锁。

保护者在攀登者上升过程中不断给绳或收绳,在攀登者失手时,接紧绳索制止其坠落。攀登者在突然发生坠落时冲击力是很大的,直接手握绳索很难将其拉住。冲击力主要是通过绳索与铁锁及下降器之间的摩擦力而抵消的。因为保护支点上有很大的摩擦力,所以体重较轻的人也可以保护较重的人。保护的形式按保护支点的相对位置一般分为上方保护和下方保护两种。

1. 上方保护

这是保护支点在攀登者上方的一种保护形式。在攀登者上升的过程中,保护人不断收绳使攀登者胸前不留余绳,但也不要拉的过紧,以免影响攀登者行动。上方保护对攀登者没有什么特殊要求,发生坠落时冲击力也较小,较为安全。进行上方保护使用的器材一般有安全带、铁锁和下降器。保护人收绳时要注意随时用一只手握住下降器后面的绳索,或把下降器两头的绳索紧紧抓在一起。因为在发生事故时,只抓住下降器前面的绳子是很难制止坠落的。

2. 下方保护

这是保护支点位于攀登者下方的一种保护方式。该保护方式没有上方预设的保护点,只是在攀登者上升的过程中,不断把保护绳挂入途中安全支点上的铁锁中。这是国际比赛中规定的保护方法,实用性较大。但这种保护方式要求攀登者自己挂保护,而且发生坠落时由于坠落距离大且冲击力强,适合于技术熟练者使用。

复习思考题

1. 野外生存的意义是什么?

2. 野外生存所需要的物品有哪些? 野外生存应注意什么问题?

第十八章 体质健康标准测试及锻炼方法

第一节 《国家学生体质健康标准》简述

《国家学生体质健康标准》是由国家教育部、国家体育总局共同组织研制并正式颁布，是《国家体育锻炼标准》的组成部分。《国家学生体质健康标准》在各级各类学校全面实施，是促进学生体质健康发展、激励学生积极进行身体锻炼的教育手段，也是学生体质健康的个体评价标准和学生毕业的基本条件之一。

一、体质的概念

体质，即人体的质量。它是在遗传性和获得性的基础上表现出来的人体形态、生理功能和心理因素的综合的、相对稳定的特征。其影响因素是多方面的，其中遗传、营养、体育锻炼这三方面起了重要的作用。

体质在其形成和发展过程中，具有明显的个体差异和阶段性。不同人体质的差异，主要表现在形体发育、生理机能、心理状态、身体素质、运动能力以及对环境的适应和对疾病抵抗力等方面；从水平上包括了从最佳功能状态，到严重疾病和功能障碍的多种不同的水平。同时，人的不同生长发育阶段，如儿童期、青少年期、中老年期，体质的状况是不断发展和变化的，既有共同的特征，又有不同年龄阶段的特殊特征。人们可以通过改善物质生活条件、建立健康的生活方式和有目的、有计划、科学的身体锻炼手段等，来保持良好的体质状况，不断增强体质。

体质的范畴，主要包括以下五个方面：

① 身体形态发育水平。即体型、姿势、营养状况、体格及身体成分等。

② 生理功能水平。即机体新陈代谢水平以及各器官、系统的工作能力。

③ 身体素质和运动能力的发展水平。即心肺耐力、柔韧性、肌肉力量和耐力、速度、爆发力、平衡、灵敏、协调、反应等素质及走、跑、跳、投、攀、爬等身体活动能力。

④ 心理发育水平。即本体感知能力、个性、意志等。

⑤ 适应能力。即对内、外环境条件的适应能力、应急能力和对疾病的抵抗力。

这五个方面的综合状况是否处在相对稳定的状态，决定着人们的不同体质水平。

二、实施《国家学生体质健康标准》的意义

（一）是贯彻落实"健康第一"指导思想的一项重要举措

学校教育，特别是学校体育直接肩负着"增强全体学生体质"和"促进全体学生健康"的使命。《国家学生体质健康标准》的贯彻实施，对于强化广大师生的健康意识、提高学生的体质健康水平，必将发挥积极的促进作用。

（二）满足社会发展的需要

科技的进步，社会的发展，物质生活的极大丰富，使影响人类健康的因素发生了很大的变

化。但是社会环境的剧变,对于任何一种生物来说未必都是好事。当前,处于"亚健康"状态的人群剧增,非传染性疾病的快速增长都是这一变化的"副作用"。社会上疾病发生的类型,也足以反映出人们的生活习惯和生活方式存在的问题。为了解决这些社会问题,适应社会的发展和人们对健康的迫切需要以及对高质量生活的不追求,必须从学生抓起。因此,《国家学生体质健康标准》的制定与实施不仅是个人健康的需要,也是社会发展的需要,是全面提高国民素质,振兴中华民族的需要。

三、《国家学生体质健康标准》的实施办法

(一)《国家学生体质健康标准》的实施工作在国家教育部、国家体育总局的领导下,由各级教育行政部门管理,体育行政部门指导,由学校负责实施。

(二)《国家学生体质健康标准》应在校长领导下,由教务处、体育教研部、校医院、学生工作部、辅导员协同配合,共同实施。各测试项目的成绩,由体育教研室汇总,并按照《国家学生体质健康标准》的要求评定成绩、确定等级,记入《国家学生体质健康标准登记卡》,在毕业时放入学生档案。

(三)达到《国家学生体质健康标准》良好等级以上者,方可评为三好学生、获奖学金;达到优秀成绩者,方可获奖学分。对测试成绩不及格者,在本学年度准予补考一次,补考仍不及格,则学年评定成绩不及格。学生毕业时,成绩达到《国家学生体质健康标准》60 分为及格,准予毕业;《国家学生体质健康标准》成绩不及格者,高等学校按肄业处理。

(四)奖励与降低分数的办法

1. 属于下列情况之一者,奖励 5 分,不同项可累计加分:

(1)早操、课间操和课外体育锻炼出勤率达到 98%,并认真锻炼者;

(2)获等级运动员称号者;

(3)参加校运动会体育比赛获名次者;

(4)学生体育干部在组织各项体育活动中,工作认真负责者;

2. 对体育课、早操、课间操、课外体育锻炼无故缺勤,一年累计超过应出勤次数 1/10,获因病、事假缺勤,一年累计超过 1/3 者,其《国家学生体质健康标准》成绩应定为不及格,该学年《国家学生体质健康标准》成绩最高记为 59 分。

(五)因病或残疾学生,可向学校提交免于执行《国家学生体质健康标准》的申请,经医生证明,体育教研室核准后,可免于执行《国家学生体质健康标准》,所填表格存入学生档案。

第二节　《国家学生体质健康标准》的内容与锻炼方法

一、《国家学生体质健康标准》的测试项目

(一)测试项目

大学生测试项目为六项,其中身高、体重、肺活量为必测项目,选测项目有三项:50 m 跑、立定跳远中选一项;男生从台阶测试、1 000 m 跑中选测一项,女生从台阶测试、800 m 跑中选一项;男生从坐位体前屈、握力中选测一项,女生从仰卧起坐和握力中选测一项。

(二)评价标准

大学生的评价标准有五项:身高标准体重、肺活量体重指数两项为必评指标;选评指标有

三项,分别从台阶测试、1 000 m 跑(男)、800 m(女)、中选评一项;从 50 m 跑、立定跳远中选评一项;从坐位体前屈、仰卧起坐(女)、握力体重指数中选评一项。评价、评分指标和得分如表 18-1 所示。

表 18-1　评价、评分指标和得分

评价指标	评分指标	得分
身高标准体重	必评	15
台阶测试、1 000 米跑(男)、800 米跑(女)	选评一项	20
肺活量体重指数	必评	15
50 米跑、立定跳远	选评一项	30
坐位体前屈、仰卧起坐(女)、握力体重指数	选评一项	20

二、锻炼方法

（一）身高标准体重

项目评价:身高是反映人体骨骼生长发育和人体纵向高度的主要形态指标。体重是反映人体横向生长和重量的指标。身高标准体重是将身高和体重综合起来,测试值以每厘米身高的体重分布,直接查表就可以判断学生体形的匀称度,体重是否超重,超了多少公斤;是否体重过轻或营养不良,轻了多少公斤。该指标对于学生形成正确的身体形态观具有非常直观的教育作用。

（二）台阶测试

1. 项目评价:台阶测试是一项定量负荷机能测试,主要用以测试心血管系统的功能,也可以间接推断机体的耐力。

台阶的高度和运动的频率是固定的,台阶测试是在固定的时间(3 分钟)内完成固定的负荷,根据恢复期心跳频率的快慢计算指数来反映心脏对运动负荷的承受能力,在运动负荷相对等同的情况下来比较心脏功能的优劣。这就要求在完成定量负荷时心血管机能要达到以下要求:运动开始后能迅速动员心血管系统进行活动,以满足运动的需要;运动结束以后能很快恢复到安静状态的水平。

2. 锻炼方法:耐力项目的锻炼能有效地改善心肺功能,加快运动后心率的恢复,提高台阶试验的水平。例如长跑、足球、篮球、游泳、滑冰、健美操、自行车和跳绳等运动项目都能够使心血管的机能得到明显改善,有利于提高体质健康水平。

（三）1 000 m 跑(男)、800 m 跑(女)

1. 项目评价:1 000 m 跑(男)、800 m 跑(女)项目既测试有氧耐力,也测试无氧耐力的水平。由于耐力是衡量人的体质健康状况和劳动工作能力的基本因素之一,是从事各项运动必不可少的一种运动素质,因此测试耐力水平对于评价学生体质健康状况有着非常重要的意义。

长跑测试既可以反映肌肉耐力,又可以反映呼吸系统和心血管系统的机能水平,测试方法简单易行,有其他测验项目不可代替的作用。更为重要的是,《国家学生体质健康标准》把长跑测试作为一种手段,用以引导学生更多地关注自己的耐力和心肺功能,主动积极地参加长跑等体育锻炼,发展体能,增强耐力,提高体质健康水平。

2. 锻炼方法:

(1) 匀速跑 800～1 500 m:整个全程都以均匀的速度跑。

(2) 中速跑 500～1 000 m:要跑的轻松自然、动作协调、放开步子跑。

(3) 重复跑:反复跑几个段落(如 200 m、400 m、800 m 等),中间休息时间较长。跑的距离、重复次数、快慢强度都可根据自己的情况而定,发展速度耐力。

(4) 加速跑 40～60 m:反复跑,中间有较短时间的间歇。

(5) 变速跑 1 500～2 500 m:要求快跑与慢跑结合,如采用 100 m 慢跑、100 m 快跑或 100 m 慢跑、200 m 快跑等方法交替进行,发展速度耐力。

(6) 越野跑:利用自然地形条件练习,如在公路、田野或山坡练习,可以发展耐力、灵敏、弹跳等素质。

(7) 跑台阶、跑楼梯等练习。

(8) 篮球、足球等项目的比赛。

(四) 肺活量、肺活量体重指数

1. 项目评价:肺活量是指在不限时间的情况下,一次最大吸气后再尽最大力量所呼出的气体量。肺活量是反映人体生长发育水平的重要机能指标之一。

肺活量的大小与身高、体重、胸围的关系密切,因此,可采用肺活量体重指数来进行评价。

$$肺活量体重指数＝肺活量÷体重$$

2. 锻炼方法:经常运动的人比一般人的肺活量要大,呼吸次数、呼吸深度、肺活量和肺通气量这四个指标都会出现良好的变化。长跑、游泳、健美操、跳绳、跑楼梯、上下台阶、长距离竞走、篮球和足球等项目的锻炼都是提高人体肺活量的有效方法。

(五) 50 m 跑

1. 项目评价:50 m 跑是国际上通用的测试项目,通过较短距离的高强度跑测试速度素质。

速度素质可以反映人体中枢神经系统的机能状态和神经与肌肉的调节机能,也可以综合反映人体的爆发力、灵敏、反应、柔韧等素质。

2. 锻炼方法:

(1) 小步跑:体会前脚掌快速扒地的动作和上下肢的放松协调配合。

高抬腿跑:提高大腿高抬的幅度,增强腿部力量和动作频率。

后蹬跑:体会、纠正后蹬不充分和"坐着跑"等缺点,增强腿部力量。

(2) 小步跑转入加速跑,约 50～60 m。

高抬腿转入加速跑,约 50～60 m。

后蹬跑转入加速跑,约 50～60 m。

(3) 顶风跑、顺风跑、上坡跑、下坡跑。

(4) 30 m、50 m 计时跑。

(5) 重复跑 60～80 m:以中等速度反复练习。

另外,还可采用负重练习,以增强腿部力量。方法参照立定跳远的锻炼方法。

(六) 立定跳远

1. 立定跳远是发展下肢肌肉力量、腰腹力量、协调性及跳跃能力的指标之一,是测试爆发力的项目,爆发力要求在最短时间内发挥最大的力量。爆发力的大小不仅取决于力量,而且取决于力量和速度的结合。它在人们日常生活、劳动中有重要的意义和作用。

2. 锻炼方法:采用快速力量的各种跳跃练习以及负重练习,能够有效地发展腿部肌肉力量和肌肉速度,提高弹跳能力。

（1）深蹲跳：全蹲下去，双脚同时用力向上跳起，连续做。

（2）单脚跳：用左脚连续向上或向前跳一定的次数，再换右脚做连续跳。

（3）多级跨步跳：连续以最少的步数，跨出最远的距离。

（4）多级蛙跳：屈膝半蹲，上体稍前倾，双脚同时用力蹬地，充分伸直髋、膝、踝三关节，同时两臂迅速上摆，身体向前跃出，双腿屈膝落地缓冲后再接着向前跳。

（5）跳台阶：原地双脚起跳，跃上台阶或其他物体，然后再跳下，反复进行。

（6）跳绳：各种方式、方法的跳绳练习。

（7）身体负重(肩负杠铃或沙包、腰和腿绑沙袋、身穿沙衣等)做各种跳跃练习。

（七）坐位体前屈

1. 项目评价：坐位体前屈是用于反映人体柔韧性的测试项目。柔韧性指人体完成动作时，关节、肌肉、肌腱和韧带的伸展能力。一个人的柔韧性程度越好，表示其关节的活动幅度越大，关节灵活性越强。

柔韧素质与健康的关系极为密切，柔韧性的提高，对增强身体的协调能力，更好地发挥力量、速度等素质，提高技能和技术，防止运动创伤等都有积极的作用。

2. 锻炼方法：

（1）正压腿：一腿直立，另一腿举起放于高度适当的高物上，身体正对高腿，上体向前尽量用胸部贴腿，双膝不得弯曲，复原姿势后连续再做。

（2）侧压腿：一腿直立，另一腿举起放于高度适当的高物上，身体侧对高腿，上体尽量侧屈，用头的一侧贴腿，不要前倾或后仰，复原姿势后连续再做。

（3）正踢腿：直立，两臂平举，左脚向前迈出一小步，右腿绷脚面伸直，急速有力的向上踢腿，落下时要有控制。两腿交替练习。

（4）并腿体前屈：两腿并立，上体前屈，两手触地，上体与腿尽量贴近，复原姿势后连续再做。

（5）两腿左右开立(大于肩宽)，上体前屈，臀部自然后移，双膝伸直，两手先向左腿外侧摸地面，复原姿势后再向右腿外侧摸地面，连续做。

（6）双腿伸直坐于垫上或床上，上体前屈，两臂向前伸，尽力用双手触脚尖，膝关节不得弯曲，复原姿势后连续做。

（八）握力、握力体重指数

1. 项目评价：握力是反映前臂及手部肌肉的力量，测试其肌肉静力的耐力状况。一个人的握力与其全身力量成高度相关，握力能够间接反映一个人的健康状况，握力增长或维持在较高水平时，健康状况就好；握力下降时健康状况就不好。握力与体重的大小有关，故采用握力体重指数进行评分。

$$握力体重指数＝握力÷体重×100$$

2. 锻炼方法：

（1）负重前臂屈伸：两脚自然分开，两臂下垂反握或正握杠铃杆，做前臂屈伸。也可以用哑铃、拉力器、砖头等重物进行练习。

（2）负重腕屈伸：前臂放在桌子上或腿上，两手正握(反握)杠铃杆或持小哑铃等重物，做腕关节的向上、下屈伸动作。也可以单手持哑铃做练习。

（3）手抓放铅球：单手持铅球(或其他重物)，手心朝下，手指松开铅球后又马上合拢并抓住铅球(重物不落地)，如此反复进行。

（4）引体向上练习：正握或反握单杠做反复向上引体练习。还可以做压臂悬垂。

（5）两臂伸直握木棍，木棍中间结扎一条捆着重物的绳子，两手交替向前或向后转动木棍。

（6）爬杆或爬绳练习。

（九）仰卧起坐（女）

1. 项目评价：仰卧起坐是测试腹肌力量和耐力的一个项目。测试方法简单易行，多年来在学校体育的锻炼和测验中一直受到重视。尤其是女生的腰腹肌力量对她们将来在生育等方面有着十分重要的作用。

2. 锻炼方法：

（1）垫上练习

直腿仰卧起坐：仰卧于垫上，双腿并拢伸直，两臂上举。上腹用力，使上体坐起，两臂前伸用手触脚。然后复原姿势连续做。

仰卧团身：两手上举仰卧于垫上，双腿并拢屈膝（大小腿成90度）。收腹起上身，同时双膝上提，臀部随之离地，两臂抱腿，头尽量碰膝，仅腰部贴地。复原姿势后再连续做。

仰卧起坐：两手抱头仰卧于垫上，双腿屈膝（大于90度）。左膝上提，同时收臂夹肘起上身，尽力用右肘碰左膝。复原姿势后，再右膝上提，同时收腹夹肘起上身，尽力用左肘碰右膝。连续做。

仰卧举腿：直体仰卧于垫上，用两手抓住垫子。连续做向上直腿举腿动作。

（2）垫上负重和其他器械练习

斜板仰卧起坐：两臂上举，仰卧在稍有高度的斜板上，脚朝上，头朝下，将双脚固定。当上身起坐时，两手尽量往脚尖伸去。复原姿势再做。

支撑举腿：两臂伸直，支撑在双杠或其他物体上，身体保持正直，双腿并拢后，快速收腹举腿，使大腿与上体成90度，保持几秒钟后复原姿势再做。

悬垂举腿：双手正握单杠或肋木呈悬垂。双腿伸直最大限度地向上举起。放下还原再做。

仰卧双腿举重物：仰卧于垫上，双手抓住固定物体。双脚夹重物或踝关节绑沙袋向上举起后放下。连续做数次或数十次。

负重仰卧起坐：仰卧于垫上，双腿伸直，双手在头后持重物。腹肌迅速收缩，使上体坐起并前屈，然后再慢慢躺倒还原。反复练习。

第三节　《国家学生体质健康标准》测试的操作方法

一、身高

（一）测量仪器

身高测量计

（二）测试方法

受试者赤足，立正姿势站在调整好的身高计的底板上，上肢自然下垂，足跟并拢，足尖分开成60度，足跟、骶骨部及两肩胛区与立柱相接触，躯干自然挺直，头部正直，两眼平视，耳屏上沿与两眼眶下沿最低点呈水平位。测试人员站在受试者右侧，将水平压板轻轻沿立柱下滑，轻压于受试者头顶。测试人员读数时双眼应与压板水平面等高进行读数。以厘米为单位，精确到小数点后一位。测试误差不得超过 0.5 厘米。

（三）注意事项

1. 严格掌握"三点靠立柱"、"两点呈水平"的测量要求，测试人员读数时两眼一定与压板等高。

2. 水平压板与头部接触时，松紧要适度。

3. 测量身高前，受试者不应进行体育活动和体力劳动。

二、体重

（一）测量仪器

杠杆秤或电子体重计

（二）测量方法

测试时，将杠杆秤放在平坦地面上，调整 0 点至刻度尺水平位。受试者赤足，男性受试者着短裤；女性受试者身着短裤、短袖衫，站于秤台中央。测试人员放置适当砝码并移动游标刻度尺至平衡。读数以公斤为单位，精确到小数点后一位。电子体重计显示读数即可。测试误差不超过 0.1 公斤。

（三）注意事项

1. 测量体重前，受试者不得进行剧烈体育活动和体力劳动。

2. 受试者站在秤台中央，上、下杠杆秤动作要轻。

3. 每次使用杠秤时均需较正。测试人员每次读数前都应校对砝码重量，避免差错。

三、台阶试验

（一）测量仪器

台阶（男生台高 40 厘米、女生台高 35 厘米）、节拍器（或录音机及磁带）、秒表、台阶试验仪。

（二）测试方法

受试者站在台阶前方，按节拍器的节律做上、下台阶（频率 30 次/每分钟）。即从预备姿势开始，听到第一响声时，一只脚踏在台阶上；第二声响时，踏台腿伸直，另一脚跟上台并立；第三声响时，先踏台的脚落地；第四声响时，另一脚也下地还原成预备姿势。用两秒上、下一次的速度（按节拍器的节律来做）连续做 3 分钟。做完后，立刻坐在椅子上测量运动结束后的 1 分至 1 分 30 秒、2 分至 2 分 30 秒、3 分至 3 分 30 秒的三次脉搏数。填入相应的方格内。如果受试者在运动中坚持不下去或跟不上上下台阶的频率三次者，要立即停止运动，并以秒为单位记录运动持续的时间。同样测 3 次脉搏数，也填入相应的方格内。

在使用电子台阶指数测定仪测试时，则在连续做完 3 分钟台阶运动，受试者静坐在椅子上，立即戴上指脉仪（中指），使手心向上，放置在桌面上，持续 3 分钟即显示台阶运动指数，将此结果直接填入表内。

（三）注意事项

1. 受试者在测试前不得从事任何剧烈活动。患有心脏病的不能测试。

2. 受试者必须严格按照节拍器的节奏，即每 2 秒完成上、下一次台阶的运动。当受试者跟不上节奏时应及时提醒，如果 3 次跟不上节奏应停止测试，以免发生伤害事故。

3. 受试者在每次登上台阶时姿势要正确，腿必须伸直，膝、髋关节不得弯曲。

4. 对测试中不能坚持完成或明显跟不上频率的受试者,应终止其运动。以实际上、下台阶的持续时间进行计算。用下列公式求得评定指数,计算结果包含有小数点,对小数点后的 1 位进行四舍五入取整数进行评分。

$$评定指数 = \frac{踏台上、下运动的持续时间(秒) \times 100}{2 \times (3 次测定脉搏的和)}$$

四、肺活量

（一）测量仪器

电子肺活量计或桶式肺活量计。

（二）测试方法

各种肺活量计在每次使用前都必须进行测试检验,仪器误差不得超过 3%。

使用电子肺活量计时,首先将肺活量计接上电源,按电源开关,肺活量计通电并进入工作状态。测试时先将口嘴放在叉式管的进气端,受试者手握叉式管,保持导压软管必须在叉式管上方位置(以免口水或杂物堵住气道),面对肺活量计站立,头部略后仰,尽力深吸气,直至再不能吸气为止。然后将嘴对准口嘴,以中等速度和力度深呼气直到不能呼出为止。此时液晶显示器上显示的数字即为肺活量毫升值。测试两次,选取最大值作为测试结果。记录以毫升为单位,不保留小数。

使用桶式肺活量计时,注意待浮桶停稳后,再进行读数。

（三）注意事项

1. 测试前受试者应了解测试方法和工作要领,可做必要练习。

2. 受试者吸气和呼气均应充分,呼气不可过猛,并防止从嘴与口嘴接触部位漏气,防止用鼻呼气。呼气时允许弯腰,但呼气开始后不得再吸气。测试人员应注意观察,防止因呼吸不充分、漏气或再吸气影响测试结果。

五、50 米跑

（一）场地器材

50 米跑道若干条,地面平坦,地质不限,跑道线经清晰。发令旗一面,口哨一个,秒表若干块(一道一表)使用前需要校正。

（二）测试方法

受试者至少两人一组测试。站立起跑,受试者听到"跑"的口令后开始起跑。发令员在发出口令同时要摆动发令旗。计时员视旗动开表计时。受试者躯干部达到终点线的垂直面停表。记录单位为秒。

（三）注意事项

1. 受试者测试时最好穿运动鞋或平底布鞋,赤足亦可。但不得穿钉鞋、皮鞋和塑料鞋。

2. 发现有抢跑者,要当即召回重跑。

3. 如遇风时一律顺风跑。

六、立定跳远

（一）场地器材

沙坑、丈量尺。沙坑应与地面平齐,也可在土质松软的平地上进行。起跳线距沙坑近端不得少于 30 厘米。起跳地面要平坦,不得有坑凹。

（二）测试方法

受试者两脚自然分开站立于起跳线后,脚尖不得踩线,然后两脚原地同时起跳,不得有垫步或连跳动作。丈量起跳线后沿至最近着地点后沿的垂直距离。每人试跳 3 次,记录其中最好一次成绩。以厘米为单位,不计小数。

（三）注意事项

1. 发现犯规时,此次成绩无效。3 次试跳均匀无成绩者,再跳至取得成绩为止。

2. 可赤足,但不得穿钉鞋、皮鞋和塑料鞋测试。

七、坐位体前屈

（一）测量仪器

坐位体前屈测试计。

（二）测试方法

受试者上体垂直坐,两腿并拢伸直,两脚平蹬测试纵板,两脚尖分开约 10～15 厘米,上体前屈,两臂伸直向前,用两手指尖轻轻向前推动游标,直到不能前推为止,保持这一姿势 3 秒钟。测量 3 次,取最大值,以厘米为单位,数值精确到小数点后 1 位。

（三）注意事项

1. 测试前应做短时间的热身活动。

2. 测试中动作要缓慢,以必免受伤。

3. 身体前屈,两臂向前推游标时,两臂用力要均匀,两腿不能弯曲。

八、握力

（一）测量仪器

电子握力计或合格的弹簧式握力计

（二）测试方法

将握力计指针调至 0 位,受试者两脚自然分开,身体直立,两臂自然下垂。用有力的手持握力计,以最大力量紧握。记下握力计指针的刻度(或握力器所显示的数字)。测试 2 次,取最大值,不记小数。

（三）注意事项

1. 保持手臂自然下垂姿势,持握力计要手心向内。

2. 用力时禁止摆臂或接触衣服和身体。

3. 受试者如果分不出有力手,可两手各测 2 次,取最大什值。

九、1 000 米跑（男）、800 米跑（女）

（一）场地器材

地面平坦,地质不限,但必须丈量准确。发令旗一面,秒表若干块,使用前需校正。

（二）测试方法

受试者至少两人一组进行测试,站立式起跑。当听到"跑"的口令后开始起跑。发令员在发出口令同时要摆动发令旗。计时员视旗动开表计时。受试者躯干到达终点线的垂直面时停表。记录单位为秒。

（三）注意事项

1. 受试者测试时最好穿运动鞋或平底布鞋，赤足亦可。但不得穿钉鞋、皮鞋和塑料鞋。

2. 发现有抢跑者，要当即召回重跑。

3. 如遇风时一律顺风跑。

十、仰卧起坐

（一）场地器材

垫子若干块，并铺放平坦。

（二）测试方法

受试者全身仰卧于垫上，两腿稍分开，屈膝呈 90 度左右，两手指交叉贴于脑后。另一同伴压住其踝关节，固定下肢。受试者起坐时，两肘触及或超过双膝为完成一次。仰卧时两肩胛必须触垫。测试人员发出"开始"口令同时开表计时，记录 1 分钟内完成次数。一分钟到时，受测者虽已坐起但肘关节未达到膝关节者不计该次数，精确到个位。

（三）注意事项

1. 如发现受测者借用肘部撑垫或臀部起落的力量起坐时，该次不计数。

2. 测试过程中，观测人员应向受测者报数。

3. 受测者双脚必须放于垫上。

十一、评分标准

使用表 21－2、21－3、21－4、21－5 可以减少计算工作量，简单方便。具体使用时，将测得的成绩直接或计算指数后查出单项的分值，然后，将各单项的分值相加求出总分，按总分进行等级评价，共分为四个等级：

优秀：总分 86 分以上；良好：总分 76～85；及格：总分 60～75；不及格：总分 60 分以下。

表 18－2　大学男生身高标准体重（体重单位：公斤）

身高段（厘米）	营养不良	较低体重	正常体重	超重	肥胖
	7 分	9 分	15 分	9 分	7 分
140.0～140.9	<32.1	32.1～40.3	40.4～46.3	46.4～48.3	≥48.4
141.0～141.9	<32.4	32.4～40.7	40.8～47.0	47.1～49.1	≥49.2
142.0～142.9	<32.8	32.8～41.2	41.3～47.7	47.8～49.8	≥49.9
143.0～143.9	<33.3	33.3～41.7	41.8～48.2	48.3～50.3	≥50.4
144.0～144.9	<33.6	33.6～42.2	42.3～48.8	48.9～51.0	≥51.1
145.0～145.9	<34.0	34.0～42.7	42.8～49.5	49.6～51.7	≥51.8
146.0～146.9	<34.4	34.4～43.3	43.4～50.1	50.2～52.3	≥52.4
147.0～147.9	<35.0	35.0～43.9	44.0～50.8	50.9～53.1	≥53.2
148.0～148.9	<35.6	35.6～44.5	44.6～51.4	51.5～53.7	≥53.8
149.0～149.9	<36.2	36.2～45.1	45.2～52.2	52.3～54.5	≥54.6
150.0～150.9	<36.7	36.7～45.7	45.8～52.8	52.9～55.1	≥55.2

（续表）

身高段（厘米）	营养不良	较低体重	正常体重	超重	肥胖
	7分	9分	15分	9分	7分
151.0～151.9	<37.3	37.3～46.2	46.3～53.4	53.5～55.8	≥55.9
152.0～152.9	<37.7	37.7～46.8	46.9～54.0	54.1～56.4	≥56.5
153.0～153.9	<38.2	38.2～47.4	47.5～54.6	54.7～57.0	≥57.1
154.0～154.9	<38.9	38.9～48.1	48.2～55.3	55.4～57.7	≥57.8
155.0～155.9	<39.6	39.6～48.8	48.9～56.0	56.1～58.4	≥58.5
156.0～156.9	<40.4	40.4～49.6	49.7～57.0	57.1～59.4	≥59.5
157.0～157.9	<41.0	41.0～50.3	50.4～57.7	57.8～60.1	≥60.2
158.0～158.9	<41.7	41.7～51.0	51.1～58.5	58.6～61.0	≥61.1
159.0～159.9	<42.4	42.4～51.7	51.8～59.2	59.3～61.7	≥61.8
160.0～160.9	<43.1	43.1～52.5	52.6～60.0	60.1～62.5	≥62.6
161.0～161.9	<43.8	43.8～53.3	53.4～60.8	60.9～63.3	≥63.4
162.0～162.9	<44.5	44.5～54.0	54.1～61.5	61.6～64.0	≥64.1
163.0～163.9	<45.3	45.3～54.8	54.9～62.5	62.6～65.0	≥65.1
164.0～164.9	<45.9	45.9～55.5	55.6～63.2	63.3～65.7	≥65.8
165.0～165.9	<46.5	46.5～56.3	56.4～64.0	64.1～66.5	≥66.6
166.0～166.9	<47.1	47.1～57.0	57.1～64.7	64.8～67.2	≥67.3
167.0～167.9	<48.0	48.0～57.8	57.9～65.6	65.7～68.2	≥68.3
168.0～168.9	<48.7	48.7～58.5	58.6～66.3	66.4～68.9	≥69.0
169.0～169.9	<49.3	49.3～59.2	59.3～67.0	67.1～69.6	≥69.7
170.0～170.9	<50.1	50.1～60.0	60.1～67.8	67.9～70.4	≥70.5
171.0～171.9	<50.7	50.7～60.6	60.7～68.8	68.9～71.2	≥71.3
172.0～172.9	<51.4	51.4～61.5	61.6～69.5	69.6～72.1	≥72.2
173.0～173.9	<52.1	52.1～62.2	62.3～70.3	70.4～73.0	≥73.1
174.0～174.9	<52.9	52.9～63.0	63.1～71.3	71.4～74.0	≥74.1
175.0～175.9	<53.7	53.7～63.8	63.9～72.2	72.3～75.0	≥75.1
176.0～176.9	<54.4	54.4～64.5	64.6～73.1	73.2～75.9	≥76.0
177.0～177.9	<55.2	55.2～65.2	65.3～73.9	74.0～76.8	≥76.9
178.0～178.9	<55.7	55.7～66.0	66.1～74.9	75.0～77.8	≥77.9
179.0～179.9	<56.4	56.4～66.7	66.8～75.7	75.8～78.7	≥78.8
180.0～180.9	<57.1	57.1～67.4	67.5～76.4	76.5～79.4	≥79.5
181.0～181.9	<57.7	57.7～68.1	68.2～77.4	77.5～80.6	≥80.7

（续表）

身高段（厘米）	营养不良	较低体重	正常体重	超重	肥胖
	7分	9分	15分	9分	7分
182.0～182.9	＜58.5	58.5～68.9	69.0～78.5	78.6～81.7	≥81.8
183.0～183.9	＜59.2	59.2～69.6	69.7～79.4	79.5～82.6	≥82.7
184.0～184.9	＜60.0	60.0～70.4	70.5～80.3	80.4～83.6	≥83.7
185.0～185.9	＜60.8	60.8～71.2	71.3～81.3	81.4～84.6	≥84.7
186.0～186.9	＜61.5	61.5～72.0	72.1～82.2	82.3～85.6	≥85.7
187.0～187.9	＜62.3	62.3～72.9	73.0～83.3	83.4～86.7	≥86.8
188.0～188.9	＜63.0	63.0～73.7	73.8～84.2	84.3～87.7	≥87.8
189.0～189.9	＜63.9	63.9～74.5	74.6～85.0	85.1～88.5	≥88.6
190.0～190.9	＜64.6	64.6～75.4	75.5～86.2	86.3～89.9	≥89.9

注：身高低于表中所列出的最低身高段的下限值时，身高每低1厘米，实测体重需加上0.5公斤，实测身高需加上1厘米，再查表确定分值。

身高高于表中所列出的最高身高段时，身高每高1厘米，其实测体重需减去0.9公斤，实测身高需减去1厘米，再查表确定分值。

表18-3　大学女生身高标准体重（体重单位：公斤）

身高段（厘米）	营养不良	较低体重	正常体重	超重	肥胖
	7分	9分	15分	9分	7分
7分	9分	15分	9分	7分	
140.0～140.9	＜36.5	36.5～42.4	42.5～50.6	50.7～53.3	≥53.4
141.0～141.9	＜36.6	36.6～42.9	43.0～51.3	51.4～54.1	≥54.2
142.0～142.9	＜36.8	36.8～43.2	43.3～51.9	52.0～54.7	≥54.8
143.0～143.9	＜37.0	37.0～43.5	43.6～52.3	52.4～55.2	≥55.3
144.0～144.9	＜37.2	37.2～43.7	43.8～52.7	52.8～55.6	≥55.7
145.0～145.9	＜37.5	37.5～44.0	44.1～53.1	53.2～56.1	≥56.2
146.0～146.9	＜37.9	37.9～44.4	44.5～53.7	53.8～56.7	≥56.8
147.0～147.9	＜38.5	38.5～45.0	45.1～54.3	54.4～57.3	≥57.4
148.0～148.9	＜39.1	39.1～45.7	45.8～55.0	55.1～58.0	≥58.1
149.0～149.9	＜39.5	39.5～46.2	46.3～55.6	55.7～58.7	≥58.8
150.0～150.9	＜39.9	39.9～46.6	46.7～56.2	56.3～59.3	≥59.4
151.0～151.9	＜40.3	40.3～47.1	47.2～56.7	56.8～59.8	≥59.9
152.0～152.9	＜40.8	40.8～47.6	47.7～57.4	57.5～60.5	≥60.6
153.0～153.9	＜41.4	41.4～48.2	48.3～57.9	58.0～61.1	≥61.2
154.0～154.9	＜41.9	41.9～48.8	48.9～58.6	58.7～61.9	≥62.0
155.0～155.9	＜42.3	42.3～49.1	49.2～59.1	59.2～62.4	≥62.5

身高段（厘米）	营养不良	较低体重	正常体重	超重	肥胖
	7分	9分	15分	9分	7分
156.0～156.9	<42.9	42.9～49.7	49.8～59.7	59.8～63.0	≥63.1
157.0～157.9	<43.5	43.5～50.3	50.4～60.4	60.5～63.6	≥63.7
158.0～158.9	<44.0	44.0～50.8	50.9～61.2	61.3～64.5	≥64.6
159.0～159.9	<44.5	44.5～51.4	51.5～61.7	61.8～65.1	≥65.2
160.0～160.9	<45.0	45.0～52.1	52.2～62.3	62.4～65.6	≥65.7
161.0～161.9	<45.4	45.4～52.5	52.6～62.8	62.9～66.2	≥66.3
162.0～162.9	<45.9	45.9～53.1	53.2～63.4	63.5～66.8	≥66.9
163.0～163.9	<46.4	46.4～53.6	53.7～63.9	64.0～67.3	≥67.4
164.0～164.9	<46.8	46.8～54.2	54.3～64.5	64.6～67.9	≥68.0
165.0～165.9	<47.4	47.4～54.8	54.9～65.0	65.1～68.3	≥68.4
166.0～166.9	<48.0	48.0～55.4	55.5～65.5	65.6～68.9	≥69.0
167.0～167.9	<48.5	48.5～56.0	56.1～66.2	66.3～69.5	≥69.6
168.0～168.9	<49.0	49.0～56.4	56.5～66.7	66.8～70.1	≥70.2
169.0～169.9	<49.4	49.4～56.8	56.9～67.3	67.4～70.7	≥70.8
170.0～170.9	<49.9	49.9～57.3	57.4～67.9	68.0～71.4	≥71.5
171.0～171.9	<50.2	50.2～57.8	57.9～68.5	68.6～72.1	≥72.2
172.0～172.9	<50.7	50.7～58.4	58.5～69.1	69.2～72.7	≥72.8
173.0～173.9	<51.0	51.0～58.8	58.9～69.6	69.7～73.1	≥73.2
174.0～174.9	<51.3	51.3～59.3	59.4～70.2	70.3～73.6	≥73.7
175.0～175.9	<51.9	51.9～59.9	60.0～70.8	70.9～74.4	≥74.5
176.0～176.9	<52.4	52.4～60.4	60.5～71.5	71.6～75.1	≥75.2
177.0～177.9	<52.8	52.8～61.0	61.1～72.1	72.2～75.7	≥75.8
178.0～178.9	<53.2	53.2～61.5	61.6～72.6	72.7～76.2	≥76.3
179.0～179.9	<53.6	53.6～62.0	62.1～73.2	73.3～76.7	≥76.8
180.0～180.9	<54.1	54.1～62.5	62.6～73.7	73.8～77.0	≥77.1
181.0～181.9	<54.5	54.5～63.1	63.2～74.3	74.4～77.8	≥77.9
182.0～182.9	<55.1	55.1～63.8	63.9～75.0	75.1～79.4	≥79.5
183.0～183.9	<55.6	55.6～64.5	64.6～75.7	75.8～80.4	≥80.5
184.0～184.9	<56.1	56.1～65.3	65.4～76.6	76.7～81.2	≥81.3
185.0～185.9	<56.8	56.8～66.1	66.2～77.5	77.6～82.4	≥82.5
186.0～186.9	<57.3	57.3～66.9	67.0～78.6	78.7～83.3	≥83.4

注：身高低于表中所列出的最低身高段的下限值时，身高每低1厘米，实测体重需加上0.5公斤，实测身高需加上1厘米，再查表确定分值。身高高于表中所列出的最高身高段时，身高每高1厘米，其实测体重需减去0.9公斤，实测身高需减去1厘米，再查表确定分值。

表 18-4 大学男子评分表

分值项目	优秀				良好				及格				不及格	
	成绩	分值	成绩	分值	成绩	分值	成绩	分值	成绩	分值	成绩	分值	成绩	分值
肺活量体重指数	75以上	15	74~70	13	69~64	12	63~57	11	56~54	10	53~44	9	43以下	8
台阶试验	59以上	20	58~54	17	53~50	16	49~46	15	45~43	13	42~40	12	39以下	10
立定跳远（厘米）	255以上	30	254~250	26	249~239	25	238~227	23	226~220	20	219~195	18	194以下	15
握力体重指数	75以上	20	74~70	17	69~63	16	62~56	15	55~51	13	50~41	12	40以下	10

表 18-5 大学女子评分表

分值项目	优秀				良好				及格				不及格	
	成绩	分值	成绩	分值	成绩	分值	成绩	分值	成绩	分值	成绩	分值	成绩	分值
肺活量体重指数	61以上	15	60~57	13	56~51	12	50~46	11	45~42	10	41~32	9	31以下	8
台阶试验	56以上	20	55~52	17	51~48	16	47~44	15	43~42	13	41~25	12	24以下	10
立定跳远（厘米）	196以上	30	195~187	26	186~178	25	177~166	23	165~161	20	160~139	18	138以下	15
握力体重指数	57以上	20	56~52	17	51~46	16	45~40	15	39~36	13	35~29	12	28以下	10

复习思考题

1. 《国家学生体质健康标准》的测试项目包括哪些内容?

2. 提高人体肺活量的有效锻炼方法有哪些?

第十九章　第九套广播体操

预备节：原地踏步

预备姿势，两脚立正，手臂垂直于体侧，抬头挺胸，眼看前方

口令至原地踏步时，半握拳

第一拍，左脚向下踏步，右腿抬起，膝盖向前，脚尖离地10～15厘米，同时，左臂前摆至身体中线，右臂后摆，第二拍与第一拍动作相同，方向相反

第一节：伸展运动（4×8）

第一拍，左脚向侧一步，与肩同宽，同时，两臂侧平举，头向左转90°

第二拍，右脚并于左脚，同时半蹲，双臂曲臂于胸前，含胸低头

第三拍，手臂伸出至侧上举，同时抬头挺胸眼看前上方

第四拍，手臂落下，还原至体侧

五六七八拍，动作同，方向相反

第二节：扩胸运动（4×8）

第一拍，左脚向前一步，同时手臂经前举扩胸至侧举，握拳，拳心向前

第二拍，身体向右转90°，手臂经体前交叉，曲臂向后扩胸

第三拍，身体向左转90°，同时，手臂经体前交叉，向后扩胸

第四拍，左脚收回成立正姿势，同时手臂经前举，还原至体侧

五六七八拍，动作同，方向相反

第三节:踢腿运动(4×8)

第一拍,左腿向侧摆起 45°,同时,两臂侧平举,掌心向下
第二拍,双腿并拢,屈膝半蹲,同时两臂还原至体侧
第三拍,左腿向后踢起,离地 10~20 厘米,同时,两臂经前摆至侧上举,掌心相对
第四拍,收手收脚,还原成立正姿势
五六七八拍,动作同,方向相反

第四节:体侧运动(4×8)

第一拍,左脚向侧一步比肩稍宽,同时左臂侧平举掌心向下,右臂胸前平屈,掌心向下
第二拍,下体保持第一拍的姿势,同时上体侧倾45°,左手叉腰,右手摆至上举掌心向内
第三拍,左腿并于右腿,同时半蹲左臂上举,右臂贴于体侧
第四拍,还原至立正姿势,同时,左臂经侧还原至体侧
五六七八拍,动作同,方向相反

第五节:体转运动(4×8)

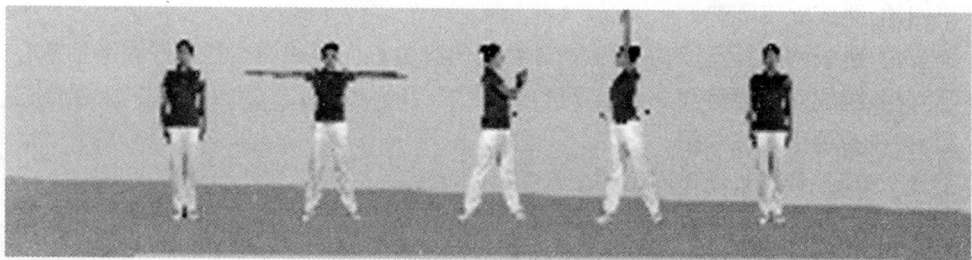

第一拍,左腿向侧迈出,比肩稍宽,同时,两臂侧平举,掌心向下

第二拍,下体保持第一拍姿势,身体向左转 90°,同时,双手胸前击掌两次

第三拍,上体向右转 180°,同时,双臂伸直至侧上举掌心向内

第四拍,左脚还原成立正姿势,同时,身体转正,两臂经侧还原至体侧

五六七八拍,动作同,方向相反

第六节:全身运动(4×8)

第一拍,左脚向左迈出,比肩稍宽,两臂经侧摆至上举交叉掌心向前,抬头看手

第二拍,身体前屈,双臂体前交叉,掌心向内,低头看手

第三拍,收左脚,成半蹲姿势,同时双手扶膝,肘关节向外低头,眼看前下方

第四拍,站起,成立正姿势

五六七八拍,动作同,方向相反

第七节:跳跃运动(4×8)

第一拍,跳成左脚在前的弓步,同时撑手叉腰,肘关节向外,虎口向上

第二拍,跳成立正姿势

第三拍,跳成右脚在前的弓步

第四拍,跳成立正姿势

第五拍,跳成两脚开立,脚尖微微向外膝盖向脚尖方向缓冲,同时,两臂侧平举掌心向下

第六拍,跳成立正姿势

第七八拍,动作同五六拍

第二至第四个八拍,动作同第一个八拍

第八节：整理运动（2×8）

一至四拍,原地踏步四拍

第四拍还原至立正姿势

五六拍,左脚向侧迈出,比肩稍宽手臂经侧摆起至侧上举,抬头 45°眼看前上方

七八拍,左脚收回,同时手臂经体侧还原成立正姿势

第二个八拍同第一个八拍动作,但方向相反

附录　田径运动员技术等级标准

（总局公布版 2013 年 11 月 28 日）

男子

项　目		国际级运动健将	运动健将	一级运动员	二级运动员	三级运动员
100 米	手计	—	—	—	11.50	12.40
	电计	10.25	10.50	10.93	11.74	12.64
200 米	手计	—	—	—	23.60	25.50
	电计	20.62	21.35	22.02	23.84	25.74
400 米	手计	—	—	—	53.00	56.50
	电计	45.74	47.60	49.60	53.14	56.64
800 米		1:46.30	1:51.00	1:54.50	2:03.00	2:16.00
1 500 米		3:38.20	3:48.00	3:54.90	4:15.00	4:40.00
3 000 米		—	—	8:35.00	9:10.00	10:05.00
5 000 米		13:31.45	14:10.00	14:40.00	16:10.00	17:40.00
10 000 米		28:19.00	29:45.00	30:50.00	34:00.00	37:00.00
110 米栏	手计	—	—	—	16.00	18.00
	电计	13.78	14.20	14.73	16.24	18.24
● 110 米栏（青年组栏高 0.990）	手计	—	—	13.99	15.40	17.40
	电计			14.23	15.64	16.64
● 110 米栏（少年组栏高 0.914）	手计	—	—	13.49	14.80	16.80
	电计			13.73	15.04	17.04
● 110 米栏（少年乙栏高 0.914.栏距 8.7）	手计	—	—	—	14.30	16.30
	电计				14.54	16.54
● 300 米栏（少年乙栏高 0.762）	手计	—	—	—	41.99	47.99
	电计				42.13	48.13
400 米栏	手计	—	—	—	1:00.00	1:08.00
	电计	50.00	51.50	54.14	1:00.14	1:08.14
● 400 米栏（少年组栏高 0.840）	手计	—	—	52.86	58.36	1:06.36
	电计			53.00	58.50	1:06.50

男子

项　　目		国际级运动健将	运动健将	一级运动员	二级运动员	三级运动员
3 000 米障碍		8:28.80	8:47.00	9:15.00	10:10.00	11:20.00
● 2 000 米障碍		—	—	6:25.00	6:35.00	7:00.00
马拉松		2:13.00	2:20.00	2:34.00	3:10.00	4:00.00
10 000 米竞走(场地)		—	—	44:00.00	49:00.00	54:00.00
20 公里竞走		1:21.20	1:24.00	1:35.20	2:03.30	2:24.30
50 公里竞走		3:55.00	4:05.00	4:23.20	4:45.30	5:18.30
跳　高		2.27 米	2.20 米	2.00 米	1.83 米	1.60 米
撑竿跳高		5.50 米	5.15 米	4.80 米	4.00 米	3.50 米
跳　远		8.00 米	7.80 米	7.30 米	6.50 米	5.60 米
三级跳远		16.85 米	16.40 米	15.35 米	13.60 米	12.10 米
铅球(7.26 千克)		20.10 米	18.00 米	16.20 米	12.50 米	9.50 米
● 铅球(青年组 6 千克)		—	—	17.80 米	14.00 米	11.10 米
● 铅球(少年组 5 千克)		—	—	—	15.25 米	12.35 米
铁饼(2 千克)		63.00 米	55.00 米	49.60 米	38.00 米	29.00 米
● 铁饼(青年组 1.75 千克)		—	—	51.60 米	40.00 米	31.00 米
● 铁饼(少年组 1.5 千克)		—	—	55.00 米	42.50 米	34.50 米
● 铁饼(少年乙 1 千克)		—	—	—	46.00 米	37.00 米
标枪(800 克)		78.00 米	71.00 米	66.10 米	51.00 米	36.00 米
● 标枪(少年组 700 克)		—	—	70.00 米	55.00 米	40.00 米
● 标枪(少年乙 600 克)		—	—	—	59.00 米	44.00 米
链球(7.26 千克)		75.30 米	64.00 米	57.00 米	48.00 米	36.00 米
● 链球(青年组 6 千克)		—	—	60.00 米	52.00 米	42.00 米
● 链球(少年组 5 千克)		—	—	62.00 米	54.00 米	44.00 米
● 链球(少年乙 4 千克)		—	—	—	56.00 米	46.00 米
十项全能	手计				4 800 分	3 500 分
	电计	7 990 分	7 000 分	6 320 分	4 700 分	3 400 分
● 八项全能(少年组)	手计	—	—	—	—	—
	电计	—	—	5 040 分	3 680 分	2 640 分

女子

项　　目		国际级 运动健将	运动 健将	一级 运动员	二级 运动员	三级 运动员
100 米	手计	—	—	—	12.80	13.80
	电计	11.38	11.70	12.33	13.04	14.04
200 米	手计	—	—	—	27.00	29.00
	电计	23.10	24.00	25.42	27.24	29.24
400 米	手计	—	—	—	1:03.00	1:08.00
	电计	51.89	54.00	57.30	1:03.14	1:08.14
800 米		2:00.10	2:06.00	2:12.80	2:26.00	2:38.00
1 500 米		4:08.00	4:18.00	4:31.00	5:05.00	5:30.00
3 000 米		8:55.00	9:20.00	9:50.00	11:00.00	12:00.00
5 000 米		15:30.00	15:45.00	17:10.00	20:00.00	23:00.00
10 000 米		32:30.00	33:00.00	37:00.00	42:00.00	48:00.00
100 米栏	手计	—	—	—	15.50	17.00
	电计	13.20	13.70	14.33	15.74	17.24
● 100 米栏（少年组栏高 0.762）	手计	—	—	13.59	15.00	16.30
	电计	—	—	13.83	15.24	16.54
● 100 米栏（少年乙栏高 0.762）	手计	—	—	—	14.70	15.80
	电计	—	—	14.14	14.94	16.04
● 300 米栏（少年乙栏高 0.762）	手计	—	—	—	46.70	52.70
	电计	—	—	—	46.84	52.84
400 米栏	手计	—	—	—	1:07.00	1:15.00
	电计	55.50	58.50	1:01.00	1:08.00	1:16.00
● 3000 米障碍		10:00.00	10:08.00	11:10.00	12:30.00	14:00.00
● 2000 米障碍		—	—	7:20.00	7:40.00	8:00.00

女子

项　　目		国际级运动健将	运动健将	一级运动员	二级运动员	三级运动员
马拉松		2:34.00	2:40.00	3:19.00	3:50.00	4:10.00
5 000 米竞走(场地)		21:19.80	22:19.80	24:55.00	27:30.00	30:00.00
10 公里竞走(公路、场地)		43:27.00	44:43.00	51:28.00	57:30.00	1:02.30
20 公里竞走		1:30.00	1:33.00	1:46.30	2:14.30	2:35.30
跳　高		1.90 米	1.84 米	1.75 米	1.56 米	1.40 米
撑竿跳高		4.30 米	4.00 米	3.60 米	3.00 米	2.40 米
跳　远		6.65 米	6.35 米	5.85 米	5.20 米	4.50 米
三级跳远		14.15 米	13.50 米	12.50 米	11.00 米	9.40 米
铅球(4 千克)		18.30 米	17.30 米	15.30 米	12.50 米	10.00 米
●铅球(少年乙 3 千克)		—	—	—	13.80 米	11.30 米
铁饼(1 千克)		62.00 米	56.50 米	51.00 米	39.00 米	31.00 米
标枪(600 克)		62.00 米	56.00 米	52.00 米	38.00 米	30.00 米
●标枪(少年乙 500 克)					42.00 米	35.00 米
链球(4 千克)		66.00 米	60.00 米	53.00 米	40.00 米	32.00 米
●链球(少年乙 3 千克)		—	—	—	40.00 米	36.00 米
七项全能	手计	—	—	—	3 600 分	3 200 分
	电计	6 000 分	5 200 分	4 510 分	3 500 分	3 100 分
●五项全能(少年组)	手计	—	—	—	—	—
	电计	—	—	3 400 分	2 800 分	2 400 分

注:标有●的标准为青、少年(青年 18、19 岁,少年为 16、17 岁,少年乙为 14、15 岁)运动员技术等级标准。

参考文献

［1］ 杨乃彤,王建军. 新编体育与健康. 北京:人民体育出版社,2007.

［2］ 陈永生. 体育与健康. 重庆:西南师范大学出版社,2008.

［3］ 程虎,张宇. 大学生体育与健康. 北京:北京邮电大学出版社,2010.

［4］ 汪可一,王艳红. 新编体育与健康. 南京:南京大学出版社,2011.

［5］ 崔云霞. 健美操(第二版). 北京:高等教育出版社,2010.

［6］ 陈永生. 体育与健康. 长春:吉林大学出版社,2009.